KB186376

역사와 이성

연세대 철학연구소 기획연구논문집 1

역사와 이성

「 김형석 외 지음 」

철학과현실사

▣ 머리글

연세대 문과대학 부설 철학연구소는 1995년 10월에 설립되어 이제 5년에 이르렀다. 처음에는 우리 연구소에 할당된 별도의 연구 공간이 없었고 재정 지원이 전무한 상태에서 시작한 것이다. 김형철 교수가 초대 소장이 되어서 윤병태 교수, 신규탁 교수, 이승종 교수와 합심하여 연구소의 기틀을 닦았다. 연구소가 무엇을 해야 할 것인가에 대한 희망과 꿈은 컸다. 우리는 그 꿈이 단시간에 이루어질 수 없음도 잘 알고 있다. 그러나 조만간에 연구소가 원래 품었던 계획대로 운영되기를 기대하고 노력을 중단하지 않고 있다.

연구소가 설립되었을 때 세웠던 설립 목적은 한국의 정신적인 토양 위에서 보편 철학의 가능성을 모색하는 연구와 현대 사회의 문제들을 철학적으로 성찰하는 과제 수행 및 다른 학문들과의 공동 연구를 추진하는 것에 두었다. 그 동안 연구소는 몇 개의 연구 과제를 맡아서 훌륭한 결과물을 내놓았을 뿐만 아니라 수차례에 걸쳐서 공동 학술 회의를 개최하였다. 그리고 연구소에 소속된 전문 연구원들 자체의 연구 발표도 중단 없이 이어져왔다. 또한 국제적으로 인정받는 전문 학자들을 초청하여 강연과 세미나를 개최하는 가운데 한국의 문화와 사상을 그들에게 소개하면서 상호 교류할 수 있는 기회를 갖기도 했다. 연구소의 전임 연구원들은 특별한 보상을 기다리지 않고 자신의 소임을 다하며 연구소의 발전에 기여해왔다. 몇 해 전부터 연구소의 학술지를 출판하려는 계획을 세웠으나 여러 가지 사정으로 마음과 같지 않았다. 이제 미루어왔던 것을 실현하게 되었다.

연구소의 첫 번 기획 연구 논문집의 제호를 『역사와 이성』으로 결정하였다. 그리고 이 연구 논문집을 김형석 교수의 팔순 기념 논문집으로 편집하였다. 평생을 연세대 철학과에서 가르쳤고 지금 명예 교수로 계신 김형석 교수의 관심 영역에 맞추어 제목을 결정했던 것이다. 김형석 교수는 철학과에서 역사철학에 대한 논문을 많이 내었고 학부와 대학원 강의에서도 역사철학의 문제를 계속 다루었다. 그의 관심은 유한한 인간 존재가 시간 속에 살면서 이 제한된 시간을 넘어서 있는 것의 의미를 부단히 질문하는 것이었다. 그것이 먼저 역사의 의미로 나타났고, 또 다른 하나가 종교의 의미에서 드러났다.

역사와 종교는 우리가 파악할 수 없는 초월적인 대상에 대한 탐문을 계속하고 있다. 그리고 거기에 어떤 의미를 찾고 있다. 수많은 사상가들이 역사의 의미를 물어오고 거기에 대답하려 했지만 아직도 그 대답은 우리에게 숨겨져 있다. 마찬가지로 종교의 의미도 그러하다. 그러나 김형석 교수는 역사와 종교의 의미를 우리의 삶을 떠나 전적으로 피안에 있는 것으로만 파악하지 않는다. 역사와 종교의 의미는 우리의 구체적인 삶에서 실현되고 있기 때문이다. 그래서 그는 거듭 거듭 시간과 영원의 관계를 질문하였다. 우리의 삶은 유한하지만 순간 속에서 영원을 만날 수 있는 길이 무엇인가를 모색하였다. 이 길을 그는 역사와 종교가 합일되는 신앙의 종말론적 체험에서 찾아내고 있다. 이런 종말론적인 체험에서 비로소 인간은 시간 속에 살고 있으면서도 구원의 뜻과 은총의 질서를 체험하게 된다는 것이다. 그러므로 인간이 영원을 현재 속에서도 마주칠 수가 있다는 것이다.

역사는 완성을 향해서 나가고 있다. 그러나 그 완성은 결코 인간 자신이 스스로 축적한 결실로서의 완성이 아니다. 그리고 어떤 발전 법칙에 따른 완성도 아니다. 역사는 신의 은총에 의해 완성된다고 한다. 그렇다고 인간의 노력이 무의미한 것이 아니다. 김형석 교수는 역사가 인간의 노력과 신의 은총이 대립되는 것으로 보지 않는다. 오히려 양자의 변증법적 종합이 이루어지는 상황을 그는 이미 체험하고 있듯이 말한다. 그래서 김형석 교수는 역사의 완성을 위해서 인간에게 지워진 책임과 의미를 제시하고 있다. 인간의 책임을 그는 휴머니티(인간성)의 인격을 이루는 일과 사랑의 질서를 확립하는 것이라고 말한다. 인격성과 사랑의 질서는 그 원천이 신적인 은총에 있다. 은총에 힘입고 있다. 이것이 역사철학과 종교철학에 대한 김형석 교수의 대답이다. 그리고 그는 자신의 삶 속에서 역사와 종교의 의미를 몸소 실현해보이려고 했다.

김형석 교수의 팔순 생애는 한국 철학계뿐만 아니라 연세대학교 철학과를 위해서 중요한 의미를 갖고 있다. 철학이 이 땅에 뿌리를 내리기 시작하고, 연세대 철학과가 한국전쟁 이후 새로운 출발을 걸음을 내디뎠던 당시에 그는 어려웠던 길을 먼저 걸어갔던 분이다. 철학이 궁핍한 시대에 대중을 철학으로 계몽시키던 일과 젊은이들에게 철학에 대한 흥미와 관심을 불러일으키는 일에서 그는 후학들에게 길을 열어주었다. 생존해 계신 몇몇 분과 함께 그는 이 과제를 충실하게 수행해내었다. 그리고 김형석 교수는 철학자들이 소홀히 여길 수도 있는, 학문과 삶을 통합하고 철학을 자신의 인격 속에서 실현하였던 몇 분 안 되는 한국 철학계의 스승에 속한다. 후학들이 그가 걸었던 삶을 보고 많은 것을 배우고 또 본받을 수 있게 해주었다.

철학연구소는 앞으로 기획 연구 논문집을 정기적으로 내놓기를 희망하고 있다. 그리고 자주 기획 연구 저작도 출판하게 되기를 바라고 있다. 우리 연구소의 실적이 계속 쌓여 가기를 원하는 언젠가 이루어져야 할 소망이다. 이번 창간호에 기고하여준 동학 철학자 여러분에게 감사드리며, 무엇보다도 이 책이 출판되도록 전폭적으로 지원해준 해성문화재단의 단재완 이사장에게 감사드린다. 그는 김형석 교수에 대한 각별한 존경의 표시로 이번 일을 시작하도록 해주었고 완결시키기도 하였다. 철학연구소의 임원, 상임 연구원, 전임 연구원 여러분에게, 특히 크고 작은 일을 도맡아 수고한 최소인 박사에게도 감사드린다.

2000년 10월 7일
연세대 철학연구소 소장 박 순 영

차 례

■ 나의 길, 철학의 길

김 형 석

1

1936년의 일이다.

내가 다니고 있던 평양의 숭실중학교는 일제가 강요하는 신사 참배를 거부했기 때문에 폐교를 당하는 비운에 처하게 되었다.

미국 북장로교 선교부가 설립했고 경영해오던 학교였다. 총독부의 미움을 산 것은 물론 민족 정신을 키워온 기독교 학교를 그대로 둘 수는 없다고 판단했던 것이다.

내가 중학 3학년을 끝내는 봄이었다. 신사 참배를 하더라도 학업을 계속하고 싶은 학생들은 한국인으로 경영권이 넘어간 후에도 4학년으로 진학했으나 신앙적 양심에 비추어 신사 참배를 반대하는 학생들은 학교를 자퇴할 수밖에 없었다. 또 그것이 민족 정기를 지키는 길이라는 생각도 없지는 않았다.

나는 학교를 떠나기로 결심했다. 자퇴를 한 친구들 중에는 시인 윤동주도 있었다. 윤형은 신사 참배가 없는 북간도 용정 학교로 전학했던 것으로 알고 있다.

졸지에 학교를 떠난 나는 갈 곳이 없었다. 그래서 매일 출퇴교하는 시간에 맞추어 평양시립도서관을 찾기로 했다. 기초 공부는 혼자 할 수가 없었으나 긴 시간을 독서로 보내는 것을 일과로 삼았다.

그때 비로소 철학에 관한 책들을 들치게 되었다. 우리말로 씌어진 철학 책에는, 한치진 씨의『철학개론』과『인생론과 우주관』이라는 책이 있었을 뿐이었다. 그래서 할 수 없이 일본어로 씌어진 책들을 찾게 되었다.『철학사』,『철학개론』,『윤리학』,『논리학』,『형이상학』등의 이름이 붙은 책들이었다. 지금은 저자가 누구였는지도 기억이 없고 중심 내용이 어떤 것이었는지도 아리송하다. 뚜렷하게 남은 것은 대표적인 철학자들의 이름이었다. 그 중에서도 데카르트와 칸트의 이름은 수없이 되풀이되고 있었다.

아직 어린 나이에 그 내용들이 이해 될 수 있었다면 거짓말일 것이다. 그래도 철학은 이런 학문인 것 같다는 윤곽은 느낄 수 있었던 것 같다. 그 일이 계기가 되어 중학을 끝낸 뒤 일본으로 유학의 길을 택하게 되었고 철학 공부를 하는 동기가 주어졌던 것은 확실하다.

2

그 당시의 일본 철학계는 서구 철학, 그것도 따지고보면 독일 철학의 지점 비슷한 위상을 띠고 있었다.

칸트와 헤겔에 관한 연구와 강의가 대부분을 차지하고 있었다. 영국철학도 경험론을 중심으로 연구되고 있었으나 프랑스 철학은 별로 소개되지 않고 있었다. 베르그송만이 유일하게 연구되었을 뿐이었다.

내가 택한 곳은 가톨릭 계통의 죠오치(上智)대학이었다. 외국에서는 소피아(Sophia)대학으로 알려지고 있다.

일본 안에 있는 독일 계통의 대학이었기 때문에 두 가지 면에서는 장점을 안고 있었다. 그 하나는 스콜라철학, 즉 네오 토미즘에 접할 수 있었다는 점이고 다른 하나는 일본의 대학들에 비해 철학의 과제들을 역사적 전통에서 살필 수 있게 되었다는 점이다.

지금도 그 점에 대해서는 고마운 생각을 갖고 있다. 동양출판사에서 출간한 『현대 사상 강좌』 10권 중 철학과 사상 분야는 내가 편집한 셈인데, 우리나라에서는 처음으로 일반 철학과 스콜라철학을 접목시키는 역할을 감당했던 것으로 기억하고 있다. 우리 철학계에서는 스콜라철학은 영역 밖의 것으로 여기고 있을 때였다. 그리고 철학을 학자 중심, 즉 개인 중심으로 연구하는 분위기 속에서 문제를 역사적으로 관찰하는 길을 찾게 된 것은 직접 서구 교수들의 지도를 받았기 때문이라고 생각한다.

그러나 대학에 있는 동안 정규적인 강의 이외에 관심을 가진 것은 쇼펜하우어, 니체, 키에르케고르 같은 사람이었다. 그들의 철학과 사상을 그대로 받아들인 것은 아니었으나, 그들의 영향은 적잖이 받았던 것이 사실이다. 특히 키에르케고르는 내가 일찍부터 기독교 정신계에서 자랐기 때문에 큰 영향을 받았고, 그의 철학적 논리 전개에 큰 도움을 입었던 것 같다. 그를 철학자로 보기보다는 기독교 사상가로 보는 편이 좋으리라는 생각은 누구나 갖는다. 그러나 내가 그에게서 얻은 바는 인간학적인 과제를 철학과 신학 양면에서 취급한 업적에 매력을 느낀 것 같았다. 니체에게서도 비슷한 면을 발견할 수가 있었다.

그 당시 다른 대학에서는 신칸트학파에 속하는 철학자들과 삶의 철학을 주제로 하는 철학자들이 소개되는 것이 보통이었으나, 우리 대학에서는 그들을 소개해주는 데 그치고 있었다.

생존해 있는 철학자들을 강의 과제로 삼는 일은 삼가는 것 같은 인상이었다.

내가 소개를 받고 관심을 모았던 철학자는 딜타이, 후설, 하이데거 등이었다. 그후에도 계속해서 도움을 받은 철학자들이다. 딜타이의 해석학은 철학뿐 아니라 다른 학문적 연구에도 적지 않은 영향을 주었던 것이 사실이다. 이에 비해 후설은 오스트리아학파를 계승한 철학자였다. 그럼에도 불구하고 그의 인식론적 비중은 대단히 클 것이라고 생각했다. 데카르트, 칸트의 뒤를 잇는 거장 같은 느낌이 들었다. 그러면서도 나에게는 거리가 먼 철학자로 느껴졌다. 그를 이해하고 극복하기에는 나 같은 사람의 능력이 미치지 못할 것 같았고, 그의 철학이 우리 (즉 한국적) 문제가 되기에는 긴 세월이 필요할 것이다.

일본 학자들 중에는 칸트를 연구하다가 칸트의 연못 속을 헤어나오지 못하는 사람이 많았고, 평생을 헤겔 연구에 바치지만, 독일의 이성적 발전을 파악하지 못하는 학자들이 많았다. 왜 그런지 후설에 손을 댔다가는 그 독 속에 빠져버릴 것 같은 예감이 들었다.

오히려 나에게 큰 충격을 준 책은 하이데거의『존재와 시간』이었다. 그 당시의 심정으로는, '여기에 새로운 철학과 형이상학이 있다'고 고백했을 정도였다. 지나치게 높이 평가했는지는 모르나 새로운 철학의 문을 열어줄 수 있는 개척자라는 생각을 갖기도 했다.

사람들은 그를 해석학적 현상학의 길을 밟은 철학자로 평하고 있다. 그러나 내가 보기에는 하이데거에 내면적 문제 의식을 준 사람은 키에르케고르였기에 더욱 관심이 컸던 것 같다. 서울대의 김석목 교수에게 내 견해를 얘기한 일이 있었다. 두 사람을 다 살피고난 김석목 교수도, "하이데거의 철학은 키에르케고르에게서 신(神)을 제거한 신학이더군요"라고 공감해주었다.

지금은 키에르케고르의 신관이 발트의 신학으로 발전했고, 그의 인간학이 하이데거의 철학을 탄생시켰다는 견해는 누구나 갖고 있는 것 같다.

일본에서 대학 생활을 하는 동안 측면적 관심을 갖게 한 것은 일본의 대표적인 철학자들 중 몇 사람이었다. 그 당시는 도쿄대학보다는 쿄토대학이 좋은 철학자들을 배출하고 있을 때였다. 그들 중에서도 니시다(西田) 교수와 다나베(田辺) 교수의 업적은 뚜렷했었다. 그들은 동양, 특히 불교철학의 깊은 경지를 서양철학에 가미시킬 수 있었기 때문에 일본철학의 독자성을 창출해냈던 학자들이다.

연세대의 김하태 교수는 미국에서 연구비를 받아 니시다철학을 연구했던 것으로 알고 있다. 그도 그의 철학이 서양말로 씌어졌다면 외국에서도 연구되었을 것이라는 점에 동의하고 있었다.

윤리학에서는 와츠시(和辻) 미학 분야에서는 오니시(大西) 종교철학에서는 하다노(波多野) 같은 이들이 두드러진 업적을 남겨주고 있었다.

그들을 제외하고서는 학문적 관심을 갖게 하는 학자들이 없었던 것 같다. 미키 키요시(三木淸)에 관심을 두는 학생들은 있었던 것 같다.

이렇게 정리되지 못한 과제들을 안고 대학 생활을 하는 동안에 예상하지 못했던 비운의 먹구름이 우리의 온갖 꿈을 앗아가 버렸다. 태평양전쟁이 발발했던 것이다.

많은 한국 학생들이 일병(日兵)으로 끌려가야 했고, 철학과 같은 사치스러운 학문은 자리잡을 곳이 없어지고 말았다.

<h2 style="text-align:center">3</h2>

여기서 한 가지 지적하고 지나가야 할 것이 있다. 그것은 내 성장 과정과 더불어 사상 및 철학적 과제와 연결된 문제이기 때문이다.

나는 철학을 선택하기 이전부터 기독교 신앙을 갖고 자랐다. 지금도 가까운 친구들 중에는 내가 신학자나 성직자가 되지 않은 것을 이상하게 생각할 정도로 기독교 정신을 강하게 지니고 왔다.

사람들은 종교와 철학이 양립할 수 있는가 하는 문제를 제기한다. 두 정신 세계 사이의 벽은 두터울 수도 있고 때로는 발전적인 조화를 이룰 수도 있다는 견해가 공존하는 것 같다. 나에게서는 후자에 속한다.

거기에는 이유가 있다. 지금도 생각해보면 나에게서는 철학은 인간과 삶의 과제로서의 학문이었다. 그렇다면 종교 또한 인간과 삶의 과제일 수밖에 없을 것이다. 물론 둘이 같은 비중을 차지하지는 못한다. 신앙보다는 이성적 사고가 앞서야 하며, 어떤 메시지를 전달하기보다는 논리적 추구가 중심이 되어야 한다. 비이성적이거나 반지성적인 신앙은 존립할 수가 없다. 그렇다고 해서 초이성적이거나 초지성적인 삶의 영역이 배제되어서도 안 된다.

그런 점에서는 내가 기독교 정신을 갖고 철학적 과제에 접하게 되었다는 것은 어떤 운명적 해후일지도 모른다. 둘 중 어느 하나도 버릴 수 없었고 둘 중 어느 한쪽을 주종 관계로 예속시킬 수도 없는 어려움은 있었다. 그러나 대립이 아닌 발전적 조화와 창조적인 도약이 가능하다면 더 소망스러운 길이 될 수도 있다는 생각을 갖고 오늘까지 지내오고 있다.

우리는 어떤 서양인이, "나는 유교는 모르지만 동양철학을 전공하고 있다"고 말하거나, "나는 불교와는 담을 쌓고 있으나 인도철학은 연구하고 있다"고 말한다면 약간 이상한 생각을 할 수 있다. 사실 나와 같은 위치에서 본다면 기독교 정신이나 사상과는 무관하게 서양철학을 연구한다는 것은 상당히 어려움을 동반하는 것이라고 생각한다. 물론 영역에 따라 차이가 있으나 서양철학의 역사적 고찰이나 20세기 전반기까지의 철학의 큰 영역에서는 그러하다.

그런 점에서 나는 우리 시대의 대표적인 철학자면서 신학자였던 틸리히 같은 이의 사상은 상당히 서구 정신의 본류를 타고 있는 것으로 생각한다. 크로넬이 독일 관념론을 연구한 주목할 만한 저서에서, '기하학을 모르는 사람은 플라톤의 아카데미아에 들어갈 자격이 없었다면, 신은 정신이다는 명제를 배제하고는 헤겔의 철학에 들어올 수 없다'고 말한 것은 인정할 수 있는 견해라고 생각한다.

사람은 어렸을 때는 철학보다 신앙에 살도록 되어 있고 늙으면 다시 철학에서 신앙으로 간다는 말이 일반적인 견해인지도 모른다. 선배였던 박종홍 교수도 말년에는 그러했을지 모른다.

그런 점에서 나는 기독교 정신과 철학적 과제를 함께 안고 살아온 것을 후회하지는 않는다. 지금도 가장 인간적인 과제가 버림받을 수 없는 철학적 문제며, 그 문제의 해결을 위해서는 종교, 예술 등 많은 분야의 학문이 공존할 수 있다고 생각한다.

아직도 상당한 기간은 인간의 과제로서의 철학이 우리 사회에서는 필요한 시대에 살 것이라고 생각하기 때문이다.

해방은 우리의 정신 세계를 송두리째 뒤엎어놓았다. 나는 평양에서 공산 치하에 머물러야 했기 때문에 그 상황은 더욱 심각했다.

할 수 없이 2년간을 고향에서 농촌 청소년들을 위한 중등 교육에 바치기로 했다. 모든 노력이 무위로 돌아가도 교육의 열매는 헛되지 않는다고 믿었던 것이다. 그러나 그 일도 불가능했다. 자연히 반공 교육으로 방향이 바뀔 수밖에 없었고 신변의 위기를 느낀 결과 1947년 여름에 탈북하는 신세가 되었다.

그해 가을, 나는 서울의 중앙중고등학교의 교사 자리를 얻게 되었다. 다행히 윤리학과 가벼운 논리학도 강의할 수 있게 되면서 오랜 철학적 공백기를 채워가고 싶었다. 그러나 그 뜻도 허사로 끝났다. 정신적 안정기가 찾아오기도 전에 한국전쟁이 벌어졌던 것이다. 부산에서 피난 나온 학생들을 모아 학교 교육의 재건을 의도해보았으나 학문적 관심은 점점 멀어져가고 있었다. 휴전이 되고 환도(還都)한 후에도 비슷한 상황은 계속되었다.

오히려 우리 주변에서 가장 모범적인 사립 중고등학교를 육성해보는 것이 어떨까 하는 교육의 꿈을 가져보기도 했다. 학문과 정신적 공백기가 너무 길었기 때문이다.

그러던 중 중앙중고등학교의 교감직을 떠나면서 두세 대학교의 초청을 받게 되었다. 결국은 1954년에 연세대학교로 직장을 옮기기에 이르렀다.

그 당시 연세대학교는 프랑스에서 학업을 끝낸 정석해 교수와 일본에서 철학을 전공한 전원배 교수가 주축이 되어 학과를 이끌고 있었다. 불행하게도 전교수는 한국전쟁 때 월북했기 때문에 정교수가 남았을 뿐이었다. 그나마 정교수가 미국 국무성 초청으로 1년간 도미(渡美)하면서 그 빈자리를 내가 도와야 하는 처지가 되었던 것이다.

후에 신학계로 옮아간 한철하 교수와 연세대 초창기 졸업생인 조우현 교수와 함께 많은 과목을 담당하는 짐을 지게 되었다.

얼마 후에 김하태 교수가 신학과와 더불어 철학 강의를 돕게 되었고 긴 기간은 아니었으나 김태길 교수의 노고도 컸었다.

그러는 동안에 동양철학을 위해 배종호 교수와 구본명 교수가 동참해주어 초창기의 철학과는 면목을 갖추기에 이르렀다. 정석해 교수가 떠나면서는 이규호 교수가 뒷자리를 이어주었다. 때문에 졸업생 제자들이 교수직을 계승할 때까지의 진용은 갖춘 셈이 되었다.

이런 상황이었기 때문에 나는 마음의 정리도 끝내지 못한 채, 과가 필요로 하는 여러 과목을 맡아야 했다. 공부에 도움은 되었을지 모르나 내 길을 찾아가야 하는 노력에는 차질이 올 수밖에 없었다.

그렇게 몇 해의 세월이 지났을 때 4·19가 일어났다. 4·19는 학원은 물론 우리 교수들에게도 무엇인가 반성할 많은 과제를 안겨주었다. 정신계의 어떤 지향점을 학생들은 갈망하고 있었던 것이다. 그때 나는 대학에는 학자, 그것도 기술적이며 기능적인 지성은 있으나 교수 중에 사상가가 없다는 사실을 절감하게 되었다. 보직을 노리는 열성만큼 정신적 지도력을 갖추려고 노력하는 동료 교수들이 적은 것 같았다. 이대로 가다가는 언젠가는 학생들에게 버림받는 교수들이 늘어날 것 같은 우려를 느끼기도 했다.

이런 고민을 거듭하고 있는 동안에 기대하지 못했던 행운의 기회가 생겼던 것이다. 미 국무성 초청으로 1년 동안 미국에 가 머무는 기회가 생겼던 것이다.

나는 4·19의 후유증과 박정희 군사 쿠데타의 소용돌이를 벗어나 외유라는 혜택을 얻게 되었던 것이다. 또 일본에서 공부한 나로서는 처음 갖는 서구의 문물을 보는 기회이기도 했다. 1961년 가을 학기를 시카고대에서, 다음해 봄 학기를 하버드대에서 머물기를 원했고 또 그 뜻이 이루어졌다. 그 당시에는 이 두 대학이 미국 대학계를 대표하는 위치를 차지하고 있었다. 철학에 대한 관심과 더불어 서구의 대학 풍토도 엿볼 수 있기를 바랐다.

많은 것을 보고 깨닫게 되었다. 한국 대학의 진로와 철학의 방향에도 새로운 발전적 변화가 있어야겠다는 꿈을 안아볼 수 있었다. 내가 연세대와 한국 대학계에 어떤 미래 지향적 관심을 갖게 되는 동기가 되기도 했다.

그 당시의 미국 철학계는 프래그머티즘에서 철학의 과학적 탐구와 분석철학으로 방향을 전환하는 기간이었다. 이미 분석철학의 주류가 형성되었을 때였다. 우리 대학과 같이 고르게 균형 잡힌 강의를 하기보다는 대학 자체가 한 학파의 흐름을 형성해 사회적 인정을 받는 길을 택하고 있었다. 하버드의 존 와일드 교수가 분석철학 계통에 밀려나 노스웨스턴대학으로 가 현상학파 중심의 학과를 운영해가던 예가 그 하나인지도 모른다.

물론 두 대학에서 내가 관심을 모은 것은 철학 계통이다. 그러나 시카고대학에서 엘레아드 교수와 하버드에서 틸리히 교수의 강의에 동참할 수 있었던 것은 큰 도움이 되었다. 예측했던 대로 두 교수는 후에 미국을 대표하는 세계적 학자로 각광을 받기에 이르렀던 것이다.

미국 체류를 끝내고 귀국하는 길에는 유럽의 정신적 유산에 접할 수 있었고 관심 있는 대학들을 방문하는 혜택을 누렸다. 이런 1년 동안의 외유가 내 시야와 사고를 한 차원 높은 위치로 끌어올린 것이 사실이다.

5

그러나 그 때문에 새로운 문제에 부딪치게 된 것도 자연스러운 결과였다. 그 하나는 서양 학문을 하는 한국 교수의 분수를 알게 되었고 겸손한 자세를 찾게 된 일이다. 많은 젊은이들은 내가 모든 철학에서 완성된 학자가 되는 것으로 착각하기 쉽다. 그러나 철학은 독자적으로 자란 큰 나무가 아니라 하나의 숲과 같은 것임을 깨닫게 되었다. 또 큰 나무라고 해도 뿌리와 줄기와 열매의 역할을 나누어 갖는 것이 한국과 같은 초창기의 철학적 임무일 것이라는 생각이었다. 모든 학문은 주어진 시대의 산물이면서 학자들은 그 부분들을 맡아 책무를 다하게 되어 있다. 나와 같은 시대의 책임은 철학의 토양을 키우고 뿌리와 밑동을 키우는 단계에 있다는 생각이었다. 후배들이 그 위에 철학의 줄기와 열매를 얻으면 되는 것이다. 그리고 그런 노력들이 합쳐 철학의 숲을 만들게 되는 것이다. 말하자면 독자적인 전체의 역할이기보다는 부분적인 시대적 임무를 성실히 담당하는 노력이 필요하다는 생각이었다.

또 하나의 생각은 서구의 선진국들은 자신들의 체질에 맞는 자기들의 철학을 개척해가고 있는 데 비해 우리는 우리 생태계에 맞지 않는 철학을 이식시키고 있다는 걱정이었다.

영미의 철학자들은 독일이 후설을 따르듯이 후설을 추종하지 않는다. 독일철학자들은 영미학자들같이 비트겐슈타인에 매달리지 않는다. 프랑스는 또 자기네들의 토양에 맞는 철학을 육성해가고 있다.

그러나 우리는 우리들의 사회 학문적 토양에는 관심이 없이 내가 연구했기 때문에 그 철학을 이식하는 일을 하지 않을 수 없는 위치에 처해 있었다. 그래서 뿌리도 내리지 못했고 열매도 확실치 못한 서구의 철학자들을 빨리 소개하는 일에 앞장서는 것이 보통이었다.

이런 고민은 나만의 문제는 아니었던 것 같다.

마치 우리는 객차와 화물차는 뒤에 떨어져 있는데 기관차만이 앞에서 왜 따라오지 않느냐고 불만을 호소하는 상황과 비슷한 현상을 만들고 있었다. 철학만이 아니다. 다른 서구의 학문 대부분이 그런 위상을 벗어나지 못하고 있었다. 적어도 1960년대 전후는 확실히 그러했다.

여기에 필요한 것이 철학적 계몽이었던 것 같다. 기관차가 후진해서 객차나 화물차를 끌고 올 수 있는 노력이 필요했던 것이다. 일본의 경우도 그러했던 것 같다. 먼저는 사상적 깊이가 있는 문학이 앞장섰고 그 후에 철학적 관심과 공감대가 필요했던 것 같다.

이런 생각이 표면적으로 제기되지는 않았으나 자연스레 그 운동이 전개되었던 것이 사실이다. 그 책임을 가장 폭넓게 수행해준 이가 안병욱 교수였고 나도 거기에 가담했는가 하면 김태길 교수의 역할도 컸던 것으로 생각한다. 후배들의 위치에서 본다면 학문적 수준에 미치지 못하는 노력이지만, 그래도 철학적 토양을 장만하는 데는 필요한 시기의 일이었다고 자위해본다. 씨를 뿌리고 나무를 가꾸는 일은 후배들의 더 소중한 책임일 수 있다. 그 밭에 뿌려지는 씨들은 다양할 수 있다. 그래도 밭은 필요했던 것이다.

둘째로 떠오르는 문제는 우리, 즉 한국인의 철학이다. 아무리 서구적인 철학을 소개하고 도입했다고 해도 그것은 우리의 정신과 철학이 되어야 하고 또 그렇게 될 수밖에 없다. 그렇다고 해서 한국철학이나 동양철학만 할 수는 없는 일이다. 또 서양철학의 문제와 내용을 그대로 우리의 것으로 삼을 수도 없다. 서양 옷을 입더라도 체질은 옷에 따라 바뀌지 않는다. 그래서 적지 않은 철학자들이 한국철학으로 돌아오거나 한국적 과제로 방향을 바꾸기도 했다. 양복을 입은 한국인은 겉모양으로는 보편화되어 있어도 정신적으로는 어울리지 않는 것이다.

누구나 그 문제를 갖고 고민했듯이 나도 강의를 계속하면서 그 문제에 부닥치지 않을 수 없었다. 그래서 얻은 것이 인간적인 보편성과 시대적인 과제를 묶어 강의를 해보자는 결론이었다. 인식론적 이론 철학을 하기에는 내 능력도 부족했으나 인간적인 삶의 과제로서의 철학을 찾게 된 것이 윤리 문제, 역사 철학, 종교의 철학적 이해 등으로 굳어지기 시작했다. 누구의 학설을 소개하는 위치보다는 우리 시대를 사는 우리들 자신의 삶에서 윤리, 역사, 종교 등을 살펴보고 싶었던 것이다. 거기에는 동서 철학을 가릴 필요도 없고, 새롭고 까다로운 과학적 이론에 크게 붙잡힐 여유도 없었다. 그 일들은 후일에 누군가가 더 발전시켜줄 것이기 때문이다.

이런 선택이 대학 후반기에 이르러서는 '나의 철학'을 강의하는 작은 풍토를 만들었던 것 같다. 철학 교수는 누구나 안고 있는 고충이 있었다. 나도 잘 모르는 내용도 강의해야 했고, 내 것은 아니지만 알려진 철학을 소개하는 일이었다. 그러나 그 껍질을 벗는 일은 쉽지 않았다. 아마 그 점에서는 서울대의 박종홍 교수가 가장 선구적 역할을 담당했던 것 같다.

그러면서도 내 생각을 풀이해서 학생들에게 설명해주는 어려움은 남아 있었다. 그 당시만 해도 대학원 중심의 강의가 거의 없었기 때문이다.

6

그러는 동안에 몇 권의 저서를 남기게 되었다.

1959년에 나온『철학개설』은 비교적 내 입장에서 철학의 역사와 과제를 설명해본 책이다. 연세대 철학과에서는 그래도 처음 나온 졸작이기도 했다.

그 내용을 풀이해서 누구나 읽고 이해할 수 있도록 한 것이 『철학입문』이다. 1960년에 초판이 나왔다 이 책은 상상외로 많은 독자를 이끌어냈다. 젊은이들을 철학으로 안내해준 보람있는 책 중의 하나가 되었다.

『윤리학』은 대학에 있을 때 내놓은 책이다. 우리의 윤리 도덕의 문제를 우리 입장에서 정리해본 것이다. 다행히 몇 대학에서 교재로 쓰게 된 것을 감사히 생각하고 있다.

『역사철학』은 대학에서 강의했던 내용을 퇴임한 후에 정리해본 것이다. 강의 현장의 분위기가 어느 정도 풍기고 있는 것 같아 추억에 남는다.

『종교의 철학적 이해』는 평소에 가지고 있던 기독교 종교관을 주제에 따라 철학적 설명을 가한 것이다. 철학적 이해면서 인간학적 과제일 수 있는 내용이라고 본다.

『헤겔과 그의 철학』은 연세대 출판부에서 청탁을 받아 쓴 것이다. 헤겔과 주변 문제들, 헤겔 이해의 길잡이가 되기를 바라는 뜻에서 썼으나, 변증법에 관한 부분은 들어가 있지 못해 유감스러움을 남기고 있다.

『철학 이야기』는 철학 입문과 더불어 철학을 뜻하는 초보 독자들을 위한 역사책이다. 샘터사에서 여러 판을 거듭해주어 고

맙게 생각하고 있다.

7

대학 강단을 떠난 지 벌써 15년의 세월이 흘렀다. 철학에 대한 애정은 여전하나 앞으로는 누군가가 더 좋은 업적을 남겨주기 바라는 마음이다.

가장 인상깊었던 사실이 있다.

1985년 9월 13일이었다. 연세대 교정은 온통 최루탄 가스로 뒤덮여 있었다. 근래에 드문 격렬한 반정부 시위가 절정에 이르고 있었다. 불행하게도 그날 낮, 내 고별 철학 강연회가 인문관 110호 종합강의실에서 있기로 되어 있었다.

과에서는 취소 또는 연기 등을 상의하고 있었다. 그러나 몇 명이 모이더라도 강행키로 했다.

강연 시간의 정각이 되었다. 데모대에 참가했던 학생들이 몰려들기 시작했다. 강의실 밖에까지 청중이 서서 들을 정도였다. 강의실 안은 최루탄 가스 때문에 눈물이 나고 재채기가 그치지 않았다. 나와 과 교수들은 감격스러운 시간을 가졌다.

그날의 내 연제(演題)는 '시간의 구조상에서 본 자유의 가능성'이었다.

나는 마지막 강의를 끝내고 나오면서 철학과 자유는 사라지지 않을 것이라고 다짐해보았다.

그렇게 되기를 바라는 마음이다.

역사철학의 윤리 종교적 근거

— 김형석의 『역사철학』에서의 이성과 신앙의 변증법

박 순 영 (연세대 철학과 교수)

1. 서론 — 실천 철학의 출발점

김형석 교수는 칠순을 넘긴 연세에 『역사철학』이란 저작을
내놓았다. 서양의 철학자들에게서는 흔한 일이라고는 하지만,
우리 사회의 통념에 의하면 이미 필을 거두고 인생을 관조하기
에 알맞은 연세라고 말할 것이다. 그러나 그는 쉼 없이 자신의
관심사를 향해 진지하게 추구하는 모습을 후학들에게 보여주
었다. 그가 평생 끈질기게 추구해왔던 문제들은 주로 실천철학
에 관한 문제들이었다. 그는 일찍이 이 저작에 대한 계획을 세
운 바 있었다.[1] 연세대학교 재직시에 그가 맡았던 강의들이

---

[1] 김형석 교수는 1981년 회갑 기념 논문집에서, 자신의 철학적 과제를 실천
철학에 두고서 "결국 나는 그 문제를 실천철학적 분야에서 찾기로 했다. 윤
리, 역사, 종교 등의 과제가 나에게 비중을 크게 하고 있었기 때문이다. 시간
의 문제를 정리해본 이유도 거기에 있었으나 (중략) 몇 해 전 역사 문제에
관한 저서에 손을 댔다. 그러나 아직 진전을 보지 못하고 있다. 한때 신과 대
학생들을 위해 강의 준비했던 종교철학의 내용도 그대로 남아 있다. 시간과

"역사철학", "종교철학", "윤리학", "헤겔철학" 등이었듯이, 그의 저작들도 주로 이 분야의 연구에 속한다. 우선 그는 철학을 생활 속에 정착시키고 젊은이들을 철학적으로 계몽하는 구체적 실천에서 뿐만 아니라 우리의 구체적 삶과 더불어 있는 문제들을 철학적 성찰의 지평으로 고양시키는 작업에 열정을 쏟았다. 그의 강의와 저작이 말하듯이 그의 철학은 윤리학, 종교철학, 역사철학에 연계된 철학을 추구했다는 점에서 그를 실천철학적 이론에 대해서 고민했던 철학자라고 특징지을 수 있다.

왜 그가 실천철학에 관심을 기울이게 되었는가는 자신의 회고에 관한 글(1981년)에서 읽을 수 있다. 그는 한국철학의 상황을 진지하게 반성함에서 그의 철학적 연구의 방향이 결정되었던 계기를 밝혀준다. 그는 한국에 서양의 철학이 수용되면서 철학이 한국적인 삶의 상황에 대한 어떤 고려 없이 수입되는 것에 비판적인 입장에 서 있었다. "철학은 우리들 자신의 문제여야 한다고 생각되었다. 적어도 우리들 시대에서는 그 과업이 중요할 듯싶었다. 결국 나는 그 문제를 실천철학적 분야에서 찾기로 했다."[2] 그의 실천철학으로의 관심 전환은 다시금 1985

환경이 허락되면 정리해야겠다는 책임감을 느끼고 있다"고 썼다. "60년을 돌이켜보면서", 김형석 외 저, 『人間과 世界에 대한 哲學的 理解』, 三中堂 1981, 432쪽.
2) 김교수는 같은 글에서 다음과 같이 밝히고 있다. "내가 연세대에서 철학 강의를 시작했을 때는 실존철학이 유행하고 있었다. 누구나 실존을 말했다. 철학 교수들만이 아니었다. 그러나 실존의 뿌리와 열매를 동시에 주는 학자는 거의 없었다. 문제 의식이 빈곤한 학설의 피상적 소개로 그치곤 했다. 얼마 후부터는 분석철학이 유행의 무대를 바꾸어 가졌다. 또 교수들은 앞을 다투어 도입과 소개에 열을 올렸다. 구조주의가 새롭다고 해서 몇몇 교수들이 그 안테나 구실을 했다. 언제까지나 그런 학문적 자세로 만족할 수는 없을 것 같았다. 철학은 우리들 자신의 문제여야 한다고 생각되었다. 적어도 우리들 시대에서는 그 과업이 중요할 듯싶었다. 결국 나는 그 문제를 실천철학적 분야에서 찾기로 했다." 위의 글, 같은 쪽.

년의 정년 퇴임 강연에서 더욱 분명하게 밝혀지고 있다. 그는 학문의 전제 조건을 학문하는 사람의 주체의 자아와 자아성을 배제할 수 없는 것으로 보고 있다. 그러므로 학문을 수행하는 자아는 부단히 자신에게 주어진 현실을 반성하고 이를 학적인 수준으로 성찰하여야 한다는 사명을 부여받는다고 보았다. 삶의 현실이 바로 철학자의 현실이며, 이것이 곧 학문의 원심점이라고 한다. 우리가 탐구해야 할 "현실은 언제나 지금 여기에 있는 사실이다. 지금이라는 시간은 '나와 더불어'의 시간이며 여기라는 공간은 '나와 함께'한 장소다. 그 시간과 공간은 자아가 있어 비로소 가능해진다. 이때의 삶이나 현실은 언제나 주체적 자아를 전제로 삼는다."3) 주체적 자아, 즉 학문하는 철학자는 늘 구체적인 현실과 부딪쳐 있으며 이 문제를 외면할 수 없는 과제를 안고 있다. 그래서 그는 철학자가 자신의 의식을 괄호에 넣거나 어떤 행위를 수행함을 떠나서는 학문을 할 수가 없다고 보아 실천적인 학문의 의미를 재삼 강조하고 있다. 그뿐만 아니라 실천적인 학문은 윤리나 역사의 문제를 도외시할 수 없으며, "실천학의 발단과 목적은 언제나 가치 판단과 행위를 통해서 이루어진다"4)고 하여 윤리학과 역사철학이 실천학의 중심이 됨을 밝힌다.

김교수가 실천철학 중에서도 역사철학에 특별한 관심을 가지게 된 이유는 종교와 윤리와 역사를 꿰뚫고 있는 주제가 인간의 시간성과 역사성에 초점이 모인다고 생각했기 때문이다.5)

---

3) 김형석, "윤리와 역사의 관계 — 시간의 구조와 성격을 중심으로", 인문과학 제53호(김형석 교수 정년 기념호), 연세대학교 인문과학연구소. 1985. 2쪽. 이하 「윤리와 역사의 관계」로 약기함.
4) 위의 글, 3쪽.
5) 김형석 교수 자신도 회갑 기념 논문집의 회고에서 다음과 같이 말하고 있다. "(나는) 인문과학 제2집에 "시간의 실천적 구조"를 처음 발표해보았다. 역

그가 자주 언급하고 있는 아우구스티누스도 시간관에서 출발하여 그의 신학과 철학을 형성하였다. 그의 종교철학과 역사철학에서 어느 곳에서든 아우구스티누스를 언급하지 않고서는 넘어가지 않는다. 아우구스티누스는 그의 『고백록』 전13권 중 1권에서 9권까지는 자신의 방황, 마니교와의 결별, 회심, 개종을 다루고, 10권의 "고백"과 11권의 "창조의 말씀"이 『고백록』의 핵심을 이루고 있으며, 이 부분이 철학적 성찰의 중심이 되고 있다. 특히 11권의 신의 천지 창조와 영원 불멸을 거론하는 곳에서 아우구스티누스는 시간의 의미를 묻고 있다. 14장 「시간이란 무엇인가?」에는 아우구스티누스의 진솔한 고백이 나온다. "시간도 당신이 지으신 것이니, 당신께서 아무것도 하시지 않은 시간이란 도대체 있을 수 없습니다. 그리고 어떠한 시간도 당신처럼 영원할 수는 없습니다. 당신은 항상 계시기 때문입니다. 시간이 만일 항상 있다면 그것은 이미 시간이 아닐 것입니다. 그렇다면 시간이란 무엇이겠습니까?"라고 질문한다. 질문이라기보다는 고백이다. 아우구스티누스처럼, 김교수가 시간을 문제 삼는 것은 전적으로 그의 종교적인 배경에서 시작된 것이라고 여겨진다.

우리가 익히 알고 있는 델피의 신전에 각인되어 있다고 하는 글, "너 자신을 알라"는 말은 나 자신에 대한 내면적 성찰을 심리적으로 추적하라는 뜻으로 해석하기도 했지만, 여기서 "너 자신"은 스스로 신에 비해 네가 가진 유한성을 인식하라는 경고의 말로 이해하기도 한다. 인간 존재는 영원한 존재에 비해서 유한성을 그 특징으로 삼고 있다. 인간은 시간에 의존해 있

사, 윤리, 종교 등의 실천적 철학 분야를 위해서는 시간론의 새로운 해석이 필요하다고 생각했기 때문이었다."『人間과 世界에 대한 哲學的 理解』, 삼중당, 431쪽.

는 존재이고 영원은 인간이 소유할 수 없다. 시간과 영원, 인간과 신 사이의 간격은 전혀 메워질 수 없는 간극이다. 김교수가 시간과 영원의 관계를 중요한 주제로 삼고 있지만, 영원은 단순히 시간의 연장, 즉 양적으로 무한히 긴 시간이라는 개념으로 이해될 수 없는 것이다. 그래서 차용된 개념이 질적인 비약이란 말이다.6) 우리는 김교수가 생각하는 시간과 영원의 문제를 다음에서 더욱 소상하게 다룰 것이다. 하지만 인간의 시간 이해라는 토대 위에서, 영원은 어떤 유비로 이해될 수 없는 영원 그 자체. 김교수의 실천철학은 아우구스티누스에게서처럼 창조주 하나님 앞에 선 시간적인 존재로, 키에르케고르에서처럼 신 앞에서 선 단독자로서의 유한자로 인간을 이해하는 윤리적 종교적인 토대에서 출발하고 있다. 그러므로 그의 실천철학은 종교철학과 기독교적 역사철학에서 이해되어야 한다. 김교수는 자신의 철학적 관심이 종교에 의해 왜곡되지 않도록 세심한 주의를 기울인다. 그러므로 그는 많은 논문들에서 기독교적인 귀결을 배경에 깔고 있으면서도 그것을 적극적으로 드러내는 일을 삼가고 있다. 그것은 그의 철학적 이성과 신앙 사이의 균형을 위한 절제를 의미한다.

결국 그의 관심사는 시종 역사의 문제에 있었다고 보아야 할 것이다. 연세대 철학과 교수로 부임하고나서 1958년에 첫 논문을 「시간의 실천적 구조 — 역사적 시간관을 위한 철학적 시론」으로 발표하였다.7) 다시 1966년에는 「시간의 종말론적 성격과 그 구조 — 시간과 영원의 관계」를 발표하였고, 1985년의 정년 퇴임 강연은 「윤리와 역사의 관계 — 시간의 구조와 성격을 중

---

6) 김형석, 「윤리와 역사의 관계」, 13쪽.
7) 김형석, 「시간의 실천적 구조 — 역사적 시간관을 위한 철학적 시론」, 인문 과학 제2집, 연세대학교 인문과학연구소, 1958년 7월. 이하 「시간의 실천적 구조」로 약기함.

심으로」로 매듭짓고 있는데, 정년 퇴임 논문에서 시간과 영원의 문제는 우리가 해결해야 할 과제로 주어져 있다고 한다. 실제로 그는 "시간과 영원"의 문제를 1958년 논문에서부터 그가 해명해야 할 문제로 삼고 있었다. 그는 이 과제에 대한 성찰을 1992년의 『종교의 철학적 이해』와 1993년의 『역사철학』에서 완결지었다. 김교수의 역사철학적 발상을 연구하는 이 논문에서는 다시 한 번 1958년의 글에서 시작하여 『역사철학』의 출판에까지 진행된 그의 사고의 과정을 살펴보고, 그가 역사의 의미와 방향을 왜 윤리와 종교에서 해명해야 했는지를 추적해보려고 한다.

2. 실천적 시간과 역사 의식

김교수의 연구 내용은 시간의 문제와 역사 문제로 집약된다. 시간에 대한 고찰은 김교수의 논문이나 저작의 어느 곳에서나 빠지지 않고 등장하고 있다. 「시간의 실천적 구조」(1958년)에서는 시간에 대한 철학적 견해를 처음 체계적으로 제시한 철학자로 칸트를 지목한다. 이 논문은 그의 저작 어느 곳에서도 찾아보기 힘든 지적 진지성을 발휘하고 있다. 논의의 차분함과 논거를 찾아가는 긴박감을 보여주고 있다. 그는 여기서 전통 철학에서의 시간관을 칸트, 베르그송, 하이데거 3자의 변증법적인 발전을 살펴주고 있으며, 논문의 서두에서 제시한 아우구스티누스의 시간관이 위 3자의 시간관을 넘어서 진정한 실천과 결단적 시간의 구조를 지니고 있음을 증명하는 데 이 논문의 의도가 있었다. 그리고 김교수 자신의 시간관도 아우구스티누스에 근거해 있으며, 그의 시간관이 동시에 자신의 역사철학의 발판이 된다는 것을 논의의 끝에서 밝히고 있다.

1) 전통적 시간 이해

먼저 칸트의 시간관이 철저히 뉴턴적인 절대적 관념적 시간 관을 철학화시켰다는 것과 칸트는 시간을 내감의 형식으로, 그리고 시간이 인식의 선천적 조건으로 작용함을 밝힌 다음에, 칸트의 시간관을 평가하고 있다. "칸트적인 시간은 우리들의 생활 존재와 깊은 체험의 내적 의미를 제공하거나 그것과 관련된 시간은 못된다는 것이다. 거기에는 실질적인 생명과 생활의 시간이 잠겨 있지를 못하며 어디까지나 공간성과의 관계에서 본 감성 형식에 국한된 시간관을 넘어서지 못하고 있다"[8]고 말하면서, 그가 추구하려는 "실천적 의미와 내용, 사실의 가치와 행위의 의미 등과는 하등의 관계가 없는 죽은 형식에 불과한 시간"이 되고 만다는 것이다. 자신의 의도하는 실천적인 의미를 시간에 담기 위해서 그는 칸트에 대한 베르그송의 시간관, 그리고 하이데거의 시간관을 대치시키고 있다.

시간의 실천적 구조를 밝히기 위해서 그는 베르그송과 하이데거의 시간관을 거의 두 개의 장에 걸쳐서 다루고 있다. 칸트의 시간관에 비하여 베르그송은 '내적, 질적 시간'으로, 시간을 단순한 계기에 대비시켜 '의식과 더불어 지속'으로, 내감 형식으로서의 시간에 대비하여 '기억의 작용으로서의 시간', 공간화된 시간관에서 '내면화된 시간'으로, 객관성에서 '주관성'으로, 형식과 도식에 비하여 '작용과 실재의 시간'으로 넘어간다. 이렇게 베르그송의 시간관을 통해서 자연과학적인 시간 관념을 극복한다. 그럼에도 불구하고 베르그송은 『창조적 진화』에 와

---

8) 위의 글, 80쪽.

서는 기계론과 목적론 사이에서 고민하게 되며 결국 그는 목적론을 거부한다는 입장으로 나아간다. 베르그송은 시간의 실천적 성격을 고려하지 않았으며, 그의 시간관에는 역사성이 결여되어 있다고 김교수는 비판하고 있다. 이런 논의는 하이데거의 시간관을 도입하기 위한 예비적 단계의 평가다.

시간의 역사성에 대한 통찰은 하이데거에게서 얻어진다. 하이데거의 시간관은 일상적인 삶과 역사성에 관련짓고 있다는 점에서 특이하다고 평가한다. 하이데거의 용어들인 세계 안에 있음, 세계의 세계성으로서 환경 세계, 관심의 존재론적 의미로서의 시간성(Die Zeitlichkeit als der ontologische Sinn der Sorge), 선구적 도래성(vorlaufende Zukommenheit), 죽음에의 선구(Vorlaufen in den Tod) 등을 풀이하면서 하이데거의 존재론과 시간과의 관련성을 해명하고 있다. 결국 김교수는 자신이 도달하려는 시간의 이론적 작업을 하이데거에게서 마감한다. 그는 하이데거의 시간 이해를 "그의 철학과 시간관만큼 생활환경과 실천에 입각한 태도는 다른 누구에게서도 엿볼 수 없음만은 사실이다. 그리고 그의 시간관은 누구보다도 실천적 의미를 중요시하고 있다. 즉, 그에게서 비로소 시간이 행위성과 연관을 가져오게 되는 동시에 깊이 역사성과 관여하게 되어 있음을 알게 된다. 물론 그의 의도하는 바가 존재의 해명이었고 시간 자체가 제1대상이 못되고 있는 느낌을 주지 않는 바 아니다. 그러나 그만큼 시간의 존재성을 깊이 기초지어준 이도 드물며 그의 전 내용이 생존의 시간성에서 풀려지고 있음은 정히 경의를 표해서 옳을 것이다"[9]라고 평하고, 그는 하이데거의 시간관에서 종결된 결론을 자신이 실천적 구조에서의 시간 이해를 위한 토대로 삼고 있다.

---

9) 위의 글, 92쪽.

2) 자연의 시간과 의식의 시간

이제 시간의 실천적인 구조가 이론적으로 조명되었고 김교수는 이 위에 자신의 역사철학을 설명할 준비를 완결하였다. 이런 의미에서는 그는 자연과학적인 시간 이해를 극복하고 있는데, 그렇다고 그는 자연과학자들의 시간관을 전혀 도외시하지 않는다. 예를 들면 초기의 논문에서는 시간 일반에 대한, 다시 말하면 자연과학적 시간관을 반성해보는 의도에서 뉴턴의 절대적 관념적 시간과 아인슈타인의 상대적 시간관을 대비시키거나, 아인슈타인의 시간관보다 더욱 철학적인 의미를 담지하고 있는 화이트헤드의 시간관을 대비시켜 시간의 실천적인 의미를 부여하려는 노력을 보여주었다. 그리고 물리적 자연의 시간을 의식적 지속의 시간과 대비시키는 작업이나 아인슈타인과 화이트헤드의 자연과학에서의 시간관을 비교 검토하는 진지한 논의를 거의 하나의 장으로 다루는 열정을 보여주기도 하였다. 심지어 1958년의 논문에서는 칸트, 아인슈타인, 베르그송, 윌리엄 제임스 등의 시간관을 총체적으로 검토하는 장을 마련해서 상호 비교하는 노력도 돋보인다. 자연과학적인 의미에서의 시간에 대한 상세한 추적 작업은 이후의 논문이나 저작에서는 더 이상 나타나지 않는다. 자연과학적인 의미에서의 인과 관계와 역사적 시간에서의 인과 관계를 비교하는 것을 제외하면10) 자연과학적인 의미의 시간관에 대한 과학자들의 입장을 고려하는 작업에 별다른 의미를 두지 않은 것이다. 왜냐 하면 이런 시간관에서 그는 어떤 의미를 찾을 수 없었을 뿐만 아니라 시간은 언제나 의식의 소산이며 의식의 지속성이 시간의

---

10) 김형석, 『역사철학』, 철학과현실사. 1993, 28쪽. 이하 『역사철학』으로 약기함.

근원이 된다고 보았기 때문이다.11)

실천적 시간 개념을 도출하기 위해서 김교수는 하이데거의 발상을 의미 있게 평가하고 있다. 특히 자연의 시간과 지속의 시간은 과거, 현재, 미래로 시간의 방향이 흐른다고 생각하는 데 반하여, 하이데거의 시간은 과거, 미래, 현재의 방향으로 흐른다고 보았다. 자연과학적인 방식의 직선적 진행 방향에서는 의식의 실천적인 개입이 불가능하다는 것이다. 하이데거에게서 비로소 김교수 자신이 설정하고 있는 윤리성과 역사성을 시간 위에 정초지을 수 있다는 것이다. 그리고 흐르는 시간에 타자의 개입과 진입이 가능해진다는 의미에서, "실천이란 어떠한 의미에서든지 목적을 전제로 하는 것이며 그 내용과 가치에서는 반드시 어떠한 반복이 아닌 발전이 있어야만 한다. 그런데 하이데거의 이러한 결의의 시간은 충분히 목적론을 내포하고 있으며 내용의 진정한 발전적 자각을 가지고 있기 때문에 우리는 다른 어떠한 시간보다도 실천적이라 부르기에 자책을 느끼지 않는다."12) 이런 근거에서 그는 그의 실천적 구조 해명이 곧장 역사 의식으로 넘어갈 수 있는 디딤돌로 삼았다.

3) 시간과 역사 의식

김형석 교수는 실천적 시간 개념을 규정하는 것에서 만족하지 않는다. 실천적 시간 규정은 역사 의식에까지 귀결되어야 한다. 여기까지는 하이데거의 시간관이 유의미했다고 보지만 진정한 역사 의식에 이르게 하는 시간 의식은 오히려 히브리

---

11) 김형석, 『종교의 철학적 이해』, 철학과현실사, 1992, 200쪽. 이하 『종교』로 약기함.
12) 「시간의 실천적 구조」, 99쪽.

민족을 중심으로 출현한 유대교와 기독교적 세계관에서 가능해진다고 말한다. 유대적 기독교적 실천적 시간의 의미를 그는 아우구스티누스를 통해 대변시키고 있다. 아우구스티누스는 베르그송과 하이데거의 시간관을 선취하고 있으며 특히 하이데거의 과거, 미래, 현재의 시간 방향과 통하고 있음을 지적한다. 흔히 우리가 영원을 유비하여 사용하는 그리스어의 '아이온(aion)'과 그 안에서 활동하는 신의 역할을 지시하는 '순간', 즉 '카이로스(kairos)'의 개념을 대비시켜 성서적인 종말론의 시간을 '카이로스'로 구원의 시간을 의미하는 종말론적 시간을 지칭한다. 이렇게 성서적인 시간 개념이 진정한 실천적 시간 개념을 대변하는 것이며, 역사적 종말을 의미하는 역사철학적인 시간으로 확정된다. 이것은 김교수가 이미 아우구스티누스의 시간관에 자신의 입장을 세워놓고 귀결을 끌어가고 있다는 것을 의미한다. "시간의 실천적 구조"에서 그는 아우구스티누스에 대해서 평가하는 말에서, "물론 그의 시간관이 신앙적이며 바울을 중심으로 하는 성서적인 견해를 터전으로 삼고 있음은 사실이나 그의 존경할 만한 관찰력과 치밀한 사색은 참으로 많은 시간에 대한 암시를 아직도 남겨주고 있다"고 말한다.13)

이 말이 지시하는 것은, 특히 아우구스티누스의 경우를 참작한다면, 시간 구조 해명을 통해서 얻어진 귀결은 실천적 시간 구조의 배경에 성서적 신앙이 자리잡고 있다는 것이 아닌가? 다시 말하면 시간 이해를 이끌어가는 배후의 어떤 특정한 관심이 내재해 있다는 것을 뜻한다. 그리고 분명하게 그는 실천적 시간 이해는 역사 의식에서 발현된다는 것을 말한다. "실천적 시간 의식의 배후에는 실천적 관심, 즉 역사성의 문제가 자리잡고 있었음이 사실이며, 우리들의 지론은 언제나 시간은 실천

13) 위의 글, 77쪽.

성에서 이해되어야 하며 시간적 실천성은 역사 의식에서 발원되어야 한다는 데 있었다."14) 실천적 시간 의식의 배후 또는 실천적 시간 의식을 유도하는 관심은 특정 문화적인 관심이나 기독교적인 또는 종교적인 관심이라 할 수 있다.15) 그러나 김교수가 실천적 시간 의식을 유도하는 것을 총칭해서 역사 의식이라고 하는데, 그 역사 의식은 무엇을 말하는가? 김교수의 일차적 정의에 의하면, 역사 의식은 우리의 삶과 더불어 있는 생활 의식 중 하나라고 말한다. 생활 의식 중에는 종교 의식, 도덕 의식, 과학 정신이 있는데, 거기에는 필연적으로 역사 의식이 포함되어 있다는 것이다. 역사 의식을 분명하게 정의하는 부분은 생활 의식과 더불어 있는 문맥에서 이해해야 할 것인데, 그는 우리 주변에서 일어나는 사건들, 특히 역사적 사건들에 대한 이해나 그 사건들에 대한 "시간적인 해석"이 추가되었을 때 그 것을 우리가 바로 역사 의식이라 부른다고 김교수는 말한다.16) 그리고 그는 "우리의 생활 의식이 역사 의식을 포함하고 역사 의식 위에 어떤 역사관이 수립되는 것이다"17)고 한다.

이런 개념 정의만으로는 그가 말하는 역사 의식을 완전히 이해하기는 힘들다. 우리는 그가 암시하는 생활 의식이란 말에 초점을 맞추어보아야 할 것이다. 생활은 삶의 과정이며, 삶의 과정을 의식하는 것은 당연히 생활 과정에서 부닥치는 사건의 시간적인 해석이다. 일상적 생활에서 하나의 사건을 과거, 현

---

14) 「시간의 실천적 구조」, 105쪽.
15) 김교수는 하이데거와 아우구스티누스에 대한 평가에서 이 두 사람의 시간관 자체는 "오직 그것이 종말론을 전제로 하고 있으며 종말론에의 방향을 内含하고 있는 것만은 사실이나 그렇게 되기 위하여서는 신앙적 시간관 성서적인 시간관이 실천적인 면을 초월하여 종교적인 면에서 다시 연구되지 않으면 안 되기 때문이다"라고 설명한다. 「시간의 실천적 구조」, 110쪽.
16) 『역사철학』 42-43쪽
17) 위의 책, 같은 쪽.

재, 미래라는 시간적 계기로 미루어보고 현재의 사건이 과거와 미래에 관련해서 어떤 의미를 주는가를 추적할 경우에 역사 의식이 된다고 했다. 그렇다면 이런 생활 의식은 자신의 삶의 방향과 의미를 가정하지 않고는 발생할 수 없는 의식이다. 생활 의식을 역사 의식과 연관시키기 위해서는 그의 초기의 저작 『철학입문』에서 그가 철학을 규정하는 것에서 암시를 얻어낼 수 있다. 즉, 그는 철학은 삶의 현실 문제에서 출발하며, 철학은 우리의 삶의 방향과 의미를 제시하는 학문이라고 했다. 이 철학 규정 자체가 이미 역사 의식을 동반하고서 하는 말로 이해해야 한다.18) 자신의 삶에서 방향과 의미를 찾는 태도는 철학하기 위한 기본 태도가 되기도 하지만, 주변에서 일어나는 문제에 대한 의미를 묻는 태도가 바로 역사 의식을 표출하는 것이 된다. 그렇기 때문에 역사적 사실은 인간과 더불어 있는 구체적인 사실이고, 인간이 역사를 만들어왔고 인간의 삶이 역사적 자각 속에서 이루어졌다고 한다면,19) 인간성과 역사성은 불가분리의 양면성을 이룬다. 이로써 역사 의식은 인간의 본질적인 속성이 될 수밖에 없다. 그렇게 되면, 김교수는 역사 의식을 인간의 특이한 의식이라기보다는 생활과 더불어 있는 보편적 의식이라고 규정해야 할 것이다.

한편, 그는 그의 글에서 역사 의식이 있는 민족과 역사 의식이 없는 민족을 구분해내고 있다. 인도 문화(초월적 관념적, 현실 도피적인 성격의 문화)나 중국과 동양의 경우 강한 윤리 의식은 가졌으나 역사 의식을 갖지 못했다고 평가한다. "동양 사람들이 보수적인 전통과 회고적인 사고에 치중하고 있는 원인이 역사 의식의 빈곤 때문이라고 보는 사람들이 많이 있다"

---

18) 김형석, 『철학입문』, 삼중당, 1960.
19) 『역사철학』 21, 23쪽.

(『역사철학』44/45). 기독교의 영향을 받은 서구 사회의 개척적인 사고나, 한국의 근대화는 기독교의 영향을 크게 받고 있으며 크리스천들은 누구보다도 강한 역사 의식을 가지고 있었다고 말한다. 기독교와 역사 의식 간의 밀접한 관계를 지시하고 있다. 이런 관점은 그의 역사철학에 깊이 뿌리내려 있는 전제다. 동양에서의 역사 의식이 결핍되었다는 이야기는 역사 의식이 인간에게 보편적인 생활 의식이라고 보기 힘들다는 것을 의미한다. 말하자면 역사 의식의 보편성에 관한 모순이 발생한다. 이 문제에 대해서는 충분한 근거를 가지고 해명하지 않고 있다. 그뿐만 아니라 그의 저작 어느 곳에서도 동양 및 한국 사회의 역사철학에 대한 본격적인 논의가 없다는 사실이다. 그리고 왜 동양에는 역사철학이 없는지에 대한 추적이 없다. 역사철학이 아우구스티누스와 헤겔에 의해서 주도되어왔던 것으로만 서술하고 있다. 어떤 방식으로 한국의 역사철학을 찾아보거나 구성해보려는 의도를 갖고 있지 않다. 「시간의 실천적 구조」로부터 『역사철학』에 이르기까지 그는 한국이나 동양의 자료를 인용하고는 있지만 자료 인용의 모두가 서양의 역사철학, 즉 기독교 역사철학을 더욱 확증시키기 위한 참고 자료로만 활용하고 있다. 이것을 달리 설명할 길이 있다. 1981년의 회갑 논문집에서 그는 자신의 연세에 인접한 서양철학을 하는 동료들이 "왜 한국적 문제에 관심을 갖게 되는지를 심각하게 공감할 수 있었다"고 말하면서 자신은 "한국적 철학이 아니라 우리 현실을 위한 철학이 아쉬웠던 것"이라고 고백하고 있다.[20] 이런 맥락에서 볼 때 그는 섣불리 한국적인 또는 동양적인 문제를 다룰 의사가 없음을 명확히 한 것이다. 그의 학적인 성숙이 완결되어 나온 『역사철학』애서도 한국적인 문제, 즉 한국적 역사철학에

---

20) 『人間과 世界에 대한 哲學的 理解』, 432쪽.

대한 언급은 찾기가 힘들다. 그래서 그의 저작에서는 서양의 역사철학적 도식에 모든 지역 역사 사료가 포괄된다. 오히려 그의 근본적인 입장, 즉 구원사와 세속사의 통합을 기독교적 구원사를 토대로 구성했다고 보는 것이 아닌가 추측해보기도 한다. 그렇지 않으면, 한국의 역사철학에 관한 연구는 후학들에게 남기려는 것이 오히려 그의 의도였는지도 모른다.

4) 역사 의식의 내용

역사 의식에 대한 구체적 내용 규정은 이미 「시간의 실천적 구조」에서 포괄적으로 제시하고 있다. 역사 의식의 내용이란 역사 의식이 어떤 방향과 의미를 담고 있는가를 살피는 문제다. 역사 의식은 원래 의식의 작용적인 측면을 부각시키는 것으로 완결되지만 그 작용의 내용에 대해서 언급하는 것은 마치 현상학에서 '의식 작용(Noesis)'와 '의식 내용(Noema)'을 구분하는 것과 같다. 그래서 역사 의식은 작용만큼 의식된 내용을 중요시한다. 여기서 시간의 실천적 성격이 나오게 되며 역사철학의 방향을 지시하게 된다. 그러나 김교수는 「시간의 실천적 구조」에서 대략적인 것을 서술한 바 있기 때문에, 그 이후의 논문이나 저작에서는 새롭게 발전시킨 것이 없다. 후기의 저작 『역사철학』에서는 다른 방식으로 이 문제를 다시 수용하고 상세하게 다루지만 그 근본 구조에서는 「시간의 실천적 구조」와 다른 변화를 보여주지 않는다.

첫째로, 역사 의식은 언제나 사실에 관한 의식이라고 말하면서 철학이 역사적 사실에 대한 존재의 문제를 대상으로 삼아서 추상화되고 있는 데 비하면 역사 의식은 늘 계기적으로 변화하고 생성되는 구체적 사실에 대한 의식이라고 설명한다. 그러므로 사실은 자연적 사실과 달리 새롭고 또 새로운 의미로 다가온다고 보았다.[21] 이 부분은 『역사철학』에서도 그대로 수용되고 있다. 역사 의식의 가장 기본적인 조건이다.

둘째로, 역사 의식은 발전 의식을 내포한다. "역사가 단순한 사실에 끝난다면 그것은 자연의 반복을 그대로 말할 수 있을 것이다. 유기적인 변화를 그대로 역사 법칙으로 보아도 잘못은 아닐지 모른다. 그러나 역사가 발전이라는 것은 역사는 그러한 사실 안에 어떤 한 의미를 내포한다는 것이다. 인과 법칙이 그대로 역사가 못되면 유기적인 자연관이 그대로 역사관을 대표할 수 없음도 그 때문이다." 그가 말하는 역사 발전의 원리는 대립과 모순의 발전 과정을 겪고 있는 변증법적인 과정으로 풀이한다. 다시금 그는 이런 역사 의식의 바탕에 "실천적 시간 구조"가 기초되어 있다고 한다. 발전은 오늘보다 내일이 더 나을 것이라는 실천적 의미의 관심이 내재해 있다고 보아야 한다. 그는 이 부분을 더욱 발전시켜 『역사철학』에서는 "역사의 의미는 어떻게 발생하는가?"로 다시 심화시키고 있다.

셋째로, 역사 의식은 심판 의식을 전제로 삼고 있다고 「시간의 실천적 구조」에서 밝히고 있다.[22] 그러나 이 문제를 『역사철학』에서는 "인과 의식과 심판 의식"이란 새로운 장절을 별도로 설정하여 세밀하게 다룬다. 쉴러의 말을 다시금 헤겔이 인용한 "세계사는 세계 심판"이라는 말로 그는 역사적 발전에 게재해 있는 역사적 사건의 책임의 문제를 다루고 있다. 그는 역사적 사건이 자연과학의 단순한 인과 관계와는 다른 의미에서 가치 판단이 사건에 개입함을 강조한다. "어쨌든 우리는 역사적 사실이 인과적인 역사 의식을 동반한다면 거기에는 사실과

---

21) 「시간의 실천적 구조」, 105쪽. 『역사철학』 46쪽.
22) 위의 글, 107쪽.

윤리 의식의 결합에 따르는 심판 의식이 탄생된다는 삶의 현실적 의미를 부정하지 않는다."23) 이런 관점은 초기에는 두드러지게 나타나지 않았다가 정년 퇴임 강연 "윤리와 역사의 관계"에서 "시간적 해석을 내릴 수 있는 것을 역사 의식이라고 부르며 선악의 가치와 연결되는 내용을 윤리적인 의식이라고 구별해본다"고 말했는데, 그는 윤리와 역사를 연결시키려고 노력하고 있다.24) 윤리와 역사가 모두 인간의 행위, 즉 윤리적 행위와 역사적 행위라는 점에서 가볍게 연결시켰다. 그러나 근본적으로 그는 역사를 시간에 한정하고, 윤리를 자유와 관련된 공간에 귀결시킴으로써 서로간의 분열을 막을 수 없다.

"어떤 사람은 시간 속에 윤리가 들어가면 심판이 되고 윤리 속에 시간이 잠입하면 발전이 된다고 말한다. 둘은 언제나 공존하면서 서로를 보충해주기 때문이다. 둘이 공존하는 사실이 앞서고, 그것이 윤리 의식과 역사 의식으로 분리되면서 나타나게 된다. 둘은 내적으로 체험 속에 공존하는 때문이다."25) 공존과 구별의 원리가 분명하게 나타나 있지 않다. 그러나 분명한 것은 시간 속에 윤리가 들어가면 심판이 된다는 말인데, 이것은 역사 의식이 곧 심판 의식이라는 말의 뜻이다. 오히려 초기의 글 「시간의 실천적 구조」에서 나타난 역사 의식과 역사 심판의 의미가 후기의 저작에서보다 더 분명하다. "역사에는 자유만큼 책임이 뒤따른다는 것을 말한다. 무책임한 결정의 결과는 언제나 후속적인 시대에 심판을 받는다. 자유로운 선택과 결의에 의한 시간적 자각이기 때문이며 항상 도래할 것, 즉 장

---

23) 『역사철학』 56쪽.
24) 김형석, 「윤리와 역사의 관계 — 시간의 구조와 성격을 중심으로」, 인문과학 제53집(김형석 교수 정년 기념호), 연세대학교 인문과학연구소, 1995, 10쪽. 이하 「윤리와 역사의 관계」로 약기함.
25) 위의 글, 11쪽.

래 예기하는 결정의 시간이기 때문이다. 우리들이 대표적인 실천적 시간의 구조를 긍정하는 이유의 또 하나다."26) 윤리와 역사 의식과의 관계를 김교수는 1981년의 『윤리학』에서 한 번 더 다룬다. 여기서 그는 역사와 윤리의 관계는 그 가치관과 가치 근거에서 동일성을 갖는다는 뜻이다. 그리고 "모든 인간이 가지고 있는 역사 의식이란 어떤 것인가. 역사 의식이란 어떤 사회적 사건을 시간적 차원에서 보았을 때의 의미(가치) 판단의 내용이다"고 말한다.27) 그가 말하는 심판 의식은 종교적인 의미만큼 더욱 시간의 계기성에 따른 인과응보의 의미를 강하게 드러낸다. 심판 의식의 종교적인 관점에서의 논의는 『종교의 철학적 이해』에서 더욱 심화되어서 나타나고 있다.

마지막으로 역사 의식은 종말 의식과 대결하고 있다. 역사의 종말에 관한 이론은 기독교에서 잘 드러나고 있다. 역사 의식을 종말 의식과 연결시키거나 대결시키는 것은 김교수가 기독교적인 관점에 서 있다는 증거다. 초기의 글과 후기의 저작에서는 내용에서의 상이함이 없고 이 문제를 하나의 장으로 다루어본 것이 『역사철학』의 특징이다. 성서에서는 메시아의 도래와 그리스도의 재림이 역사의 종말이면서 동시에 역사의 완성이다. 문제는 김교수 자신이 밝히고 있듯이 역사 의식이 종말 의식과 연결되어서 이해될 수 있는 것은 기독교적인 신앙이 전제되어야 하며 이런 역사 의식은 기독교인에게만 제한된다. 그런 의미에서 그의 역사 의식은 앞에서 제시한 두 개의 내용, 즉 역사적 사실에 관한 의식과 발전 의식이 일반적인 역사 의식으로 이해될 수 있을 것이며, 심판 의식과 종말 의식은 철저히 기독교 신앙에 근거해 있다고 보아야 할 것이다. 발전 의식도 칼

---

26) 「시간의 실천적 구조」, 107쪽.
27) 김형석, 『윤리학』, 삼중당, 1981, 237쪽.

뢰비트에 의하면 기독교적인 종말론이나 구속사적인 신앙의 영향 아래 형성된 것이라고 보는데, 이런 관점은 역사철학의 토론 주제로 등장하기도 했다.[28] 김교수가 기독교 신앙에 근거해서 설정된 관심, 즉 시간의 실천적 구조나 역사 의식을 단순하게 신앙만을 강조하거나 철저하게 이성화시키는 양극단으로 나가지 않고 이 두 극단 사이에 조화를 이루어보려고 애쓰는 태도를 그의 글이나 저작 여기저기서 발견하게 된다. 이 문제는 다시 마지막 장에서 다루게 될 것이다.

3. 역사의 보편적 법칙과 역사의 의미

김형석 교수의 역사철학에 대한 연구는 초기의 글에서 시작하지만 그때의 글에서 많은 발상을 보여주고 있다. 그리고 그 토대는 아주 탄탄하게 마련되어 있었다. 오히려 초기의 글이 정년 퇴임의 강연보다 더 폭넓고 깊은 사색을 드러내고 있었으며, 실제로 그의 시간과 역사에 대한 사상은『종교의 철학적 이해』나『역사철학』에 이르기까지 거의 새로운 것 없이 반복 진행된다. 그 사이에 발표된 논문은「시간의 종말론적 구조」와「기독교 사관의 철학적 이해」가 있으나 이 두 논문은 모두 초기의 글을 펼쳐낸 것에 불과하다. 그런 의미에서 그의 역사철학적 발상은 27년간 성숙하는 시간을 기다려야만 했다. 그러다

---

28) 칼 뢰비트와 한스 불루멘베르크(H. Blumenberg) 간의 논쟁은 발전 의식의 기독교적 세속화라는 테제를 놓고 상호 이해를 달리하고 있다. K. Löwith,"Die Legitimität der Neuzeit von H. Blumenberg", in : Löwith, Weltgeschichte und Heilsgeschehen -zur Kritik der Geschichtsphilosophie, Stuttgart. 1983. pp.452-459 H, Blumenberg, Säkulariseirung und Selbstbehauptung, Stuttgart 1983.

가 다시 후기의 저작에서 다른 모습으로 나타났다고 볼 수 있다. 초기의 글에서 발전한 형태의 역사철학적 발상은 역사의 발전이 어떤 과정을 거치고 있으며, 어떤 성격의 것인가에 대한 논의에서 나타난다. 『역사철학』의 한 장절을 그는 역사의 보편적 법칙의 가능성에 대한 질문으로 채우고 있다. 거기서 그는 마르크스주의의 역사법칙론과 세계사의 유기적 발전 이론과 변증법적인 역사 발전 이론, 세 가지를 비판적으로 검토하고 있다. 우리가 만약 역사의 사건이 가지고 있는 우연성과 예측 불가능성을 기본적으로 전제함에도 불구하고 역사가 어떤 방향으로 진행되고 있다고 주장할 수 있을까 하는 것이 그의 질문이다.

1) 세 가지 역사 법칙 이론

먼저 마르크시즘의 역사결정론에 대한 비판은 "생산과 경제가 우리의 삶과 사회를 이끌어가는 유일한 기능을 갖는다고도 생각지 않는다. 정치, 문화, 도덕, 종교 등 모두가 경제와 대등한 역사적 기능을 갖는다고 믿는다. 경제 문제 해결을 가장 중요한 과제로 믿었던 공산 사회가 결제를 정치의 부산물로 만들었으며, 가장 경제에서 실패한 사회로 전락한 현실은 어떻게 설명할 수 있는가"(『역사철학』 87)라고 물으면서 그는 익히 알려진 마르크스주의에 대한 반박 근거를 제시하거나, 마르크스 결정론이 등장하게 된 19세기의 절대주의 철학의 분위기를 들어서 그 이론의 역사적 제약성을 거론한다. 김교수의 마르크시즘 비판은 도덕성과 관련된 비판에서 돋보인다. "폭력을 정당시하는 정치 집단은 존속될 수가 없으며 자신들이 수립해놓은 목적을 위해서는 어떤 수단과 방법을 사용해도 정당하다고 믿는 사회 체제는 패망을 자초한다는 원칙에는 누구도 반대하지 않는다"고 말하면서 이미 공산주의가 실패한 상황에서 결과적 증거들을 중심으로 마르크스적 역사결정론은 비판하고 있다.

유기적 발전 이론에 대한 비판은 다윈의 진화론에 영향을 받은 이론가들을 거론한다. 브라이치히(Breysig), 슈펭글러를 언급하였고, 특히 스펜서의 사회진화론을 집중적으로 검토하고 있다. 역사는 유기적인 발전 단계를 거쳐서 진화하고 있다. 사회는 점차적인 향상과 전진을 거듭하게 된다. 모든 사회는 생명적 진화의 법칙을 따르며 생물학적인 역사관은 유기적 사회의 통합된 원리에 일치하는 사관이다.[29] 김교수는 사회진화론자의 생물학적 토대에서 바라본 역사법칙론을 다시금 자연주의적 발상에서 벗어나지 못함을 반박하고 공자, 석가, 그리스도, 마호메트의 탄생과 의미를 단순히 생물학적인 법칙으로 설명할 수 없을 뿐만 아니라, 역사 발전에 역사 주체가 부여할 수 있는 의미와 목적의 개입이 차단될 수밖에 없음을 반박 근거로 내놓고 있다. 그의 반박은 그 외에도 역사법칙론의 아이디어들이 자연과학의 급속한 발전이나 절대 왕권의 몰락이라는 정치적인 분위기를 타고 나타난 역사관으로 보았다. 그런 의미에서 이들 이론이 가진 역사적 제약성을 밝혀내고 있다.

마지막으로 그는 토인비의 역사 발전의 원리를 소개하고 있다. 토인비는 흡사 사회 진화론적 토대에 서 있는 것 같지만, 문명권의 쇠퇴와 번영의 법칙을 단순히 자연적 진화론으로 설명할 수 없다고 보았다는 점에서는 이들과 다른 차원의 역사관을 제시한다고 보았다. 토인비는 이런 사유의 근거 위에서 도전과 응전의 법칙을 제시한다. 하나의 국가 사회가 자연과 사회의 도전에 대해서 응전력을 상실하게 되면 문명적 생명을 유지하

---

29)『역사철학』, 91쪽.

지 못한다. 그러므로 계속적인 충돌과 자극이 필요하다. 김교수가 세 가지의 역사 발전의 법칙 이론 중에서 그래도 토인비의 이론을 인정하려고 하는 이유는 토인비의 역사관이 유기적인 세계관에 접근해 있지만, 내부적으로는 인간의 정신적 기능과 자유의 작용이 역사를 움직여가고 있다고 보는 견해를 의미 있는 것으로 평가하고 있기 때문이다.30) 그러나 이런 도전과 응전의 역사법칙론을 포함하여 김교수는 다른 역사의 원리를 제시하고 있다. 그것은 역사 발전의 변증적인 원리다. 변증법적 사고는 이미 바울이나 아우구스티누스의 역사관에서도 찾을 수 있다고 한다. 그러나 근대 이후에 변증법이란 이름으로 역사 법칙을 제시했던 마르크스, 포이에르바하, 헤겔을 열거하면서 그는 이들이 변증법을 사유의 논리로서의 구체성을 담고 있지 않으며, 관념적 주장과 요청일 뿐 누구도 그 사실을 그대로 시인하지 않는다고 지적한다.31) 그러나 그는 이런 유형의 변증법과는 다른 형태의 변증적인 사고, 즉 키에르케고르의 변증법을 제시하면서 역사가 변증적으로 전개되고 있음을 예시한다. 적어도 키에르케고르의 변증법은 헤겔의 것과 다르다. 헤겔이 지나치게 형식적 법칙론에 매어 있는 데 비하여 키에르케고르는 정신적 발전의 원리로서의 변증법을 의미 있게 평가하였다는 점에서 김교수가 선택하려는 역사관이라고 할 수 있다.32) 로마 가톨릭 교회에 저항했던 마르틴 루터의 행적이 종교사의 변화를 유도한 사실과 키에르케고르와 니체가 전통 서양철학에 대한 도전을 통해서 서양의 철학이 새로운 국면을 맞았다는 사실을 변증적인 원리의 사례로 들고 있다. 김교수는 "변증적

---

30) 위의 책, 94쪽.

31) 김형석, 『역사철학』, 204쪽.

32) 위의 책, 98쪽.

사고를 용인할 수 있다면, 우리는 유기적 사관이나 토인비의 역사관에 비해 훨씬 역사에서의 인위적인 면들을 발견하게 된다. 때로는 개인의 자유도 의미를 가지며 의도적인 집단이 차지하는 역사의 역할도 이해할 수 있다"(『역사철학』 204). 그가 개인의 자유를 진지하게 받아들이는 것 역시 기독교적인 세계관에서 나온 것이며, 『역사철학』에서 이 문제를 심도 있게 다루고 있다.

개괄적으로 말하여, 김교수는 역사법칙론에 대해서 유보적인 태도를 취하고 있다. 그러나 정신사적인 발전 원리로서의 변증법에는 의미를 부여하고 있다. 즉, 인간의 행위와 그 결단이 역사적 행위로서 가지는 의미를 인정하고 있다. 이것은 그가 역사철학적 발상을 윤리적, 종교적인 원리에서 끌어내고 있기 때문이다. 결정적으로 그가 역사법칙론이나 변증법에 대해서 비판적인 태도를 취하는 것은 그 대안으로 기독교적인 사관을 제시하기 위함이다. 그는 역사법칙론 논의의 마지막에서 기독교 역사관을 소상하게 설명한다. 기독교 역사관의 세 가지 특징을 언급하는데, 첫째로 기독교 사관은 유토피아적 미래 지향성을 함축하고 있으며,[33] 둘째로 기독교 사관은 역사에서의 심판 의식을 포함하고 있다. 그리고 마지막으로 기독교 역사관은 종말론적 사관이라는 점이다.[34] 이것은 그의 역사 의식의 내용과 기독교 사관의 일치를 보여주는 부분이다. 김형석 교수는 1971년에 발표한 글「기독교 사관의 철학적 이해」에서 최근의 저작 『역사철학』에서 논의하고 있는 기독교 사관의 특징을 모두 총괄하여, 아우구스티누스의 역사관에 근거로 하여 이미 상세하게 설명한 바 있다.[35]

---

33) 위의 책, 103쪽.
34) 위의 책, 104쪽.

2) 역사의 의미와 윤리 의식

역사가 어떤 방향으로 어떤 목적을 가지고 발전하고 있는가라는 문제는 이미 역사 발전의 법칙 이론에서 암시되어 있지만, 앞에서 서술한 역사 발전의 법칙들은 모두가 자연적 인과 관계에 의한 필연적인 과정으로 서술되어 있다. 김교수는 이런 법칙론자들의 주장은 "물리학과 역사학을 동일시하는 어리석음"이라고 비판한다. 역사에서의 인과 관계는 자연 시간에 나타나는 사건의 계기가 아니라 오히려 그 사건과 공존하는 내용과 의미의 인과라고 보았다.[36] 역사의 의미는 결코 자연적 인과처럼 다루어질 수 없는 것이다. 마치 바다 표면의 운동은 바다 속에 흐르고 있는 조류에 의해서 발생하는 것처럼, 표면의 파동은 그보다 더 깊은 토대를 가지고 있다는 것이다. "역사의 표면적인 물리적 사건을 일으키는 것은 오히려 그 밑에 깔려 있는 조류에 기인하는 것이다. 역사적 사건의 내용과 그 의미는 바다 속을 흐르고 있는 조류와 같은 것이다"(『역사철학』 207). 김교수가 말하는 역사의 의미는 구체적으로 발현된 사건에 의미가 부여되고 의미 부여된 하나의 사건이 또 다른 역사적 사건을 추동시킬 수 있다고 보았다. 그런 점에서 역사는 사건과 사건 간의 단순한 물리적인 인과 관계가 아니고 의미와 의미 간의 연관성에서 역사 발전의 원리를 보고 있다.

그는 이러한 주장의 근거를 재미있게 표현하고 있다. 역사는

---

35) 김형석, 「기독교 사관의 철학적 이해 — Augustinus의 경우」, 연세논총 제8집, 연세대학교 대학원, 1971. 여기서 김교수는 아우구스티누스의 역사관과 관련해서 기독교 역사관은 첫째로 변증법적이라는 것, 미래 지향적이라는 것, 심판 의식과 종말 의식을 갖고 있다는 것을 자세하게 설명하고 있다. 참조, 44-51쪽. 이하 「기독교 사관」으로 약기함.
36) 김형석, 『역사철학』 206쪽.

정신과학에 속하며 정신과학은 인간의 학으로서의 성격을 배제해서는 안 된다. "벼나무는 밭에서 자라는 것이 아니고 논에서 자라는 법이다. 역사는 자연이나 논리의 밭에서 자라는 식물이 아니다. 그런 점에서 역사적 인과는 사고의 방향과 전통을 달리해야 하는 것이다"(『역사철학』209). 그는 덧붙여서 지금까지 역사를 보는 시각에 지나치게 인과 관계에 비중을 두어 왔다는 것에 비판적 입장을 취하고 있다. 이 부분에서 그는 다시금 원래의 주장으로 되돌아간다. 즉, 「시간의 실천적 구조」에서 언급되었던 실천적 관심 또는 역사 의식의 역할이다. 여기서 한 번 더 분명하게 그 역사 의식 속에 포함된 내용과 의미들을 열거한다. 역사 의식 속에는 "변화, 인과, 성장, 발전, 심판 때로는 종말 의식 등"이 포함되어 있다는 것이다. 또 이러한 역사 의식은 "더 좋은 삶"에 대한 의욕과 그에 따르는 가치관이다. 그러므로 "확실한 사실의 하나는 역사 의식 속에 가치 의식이 공존하며 깔려 있는 엄연한 현실이다."[37] 윤리 의식을 배제한 역사 의식이 없고 역사 의식이 없는 윤리 의식도 존재하지 않는다. 역사의 기본 방향도 악을 버리고 선을 택하라는 가치 의식을 등지고는 성립되지 못한다. 우리가 역사적인 선택과 행위가 잘못되었을 때는 그 결과를 초래하게 되며, 우리의 선택과 노력이 옳고 정당했을 때는 그에 해당하는 결과가 뒤따른다는 사고는 인간 모두가 갖고 있는 버릴 수 없는 윤리적이면서도 역사적인 기본 관념인 것이다. 역사의 의미가 절대적이고 고정적인 내용으로 규정될 수 있는 것은 아니다. 역사는 특수성을 가지고 있으면서도 보편적인 합의가 가능하다. 이런 보편적인 합의에 가까운 역사의 의미는 결국 "삶의 총체적인 가치의 구현", 즉 "더 좋은 삶을 얻기 위한 총체적인 가치의 추구"

---

37) 『역사철학』 210쪽.

에 있다고 보아야 한다.[38] 좀더 쉬운 말로 표현하여, 역사의 궁극적인 의미는 더 많은 사람이 좀더 인간답게 살 수 있는 미래를 찾아가는 데서 나타난다고 보았다.

김교수는 이런 가치의 실현이라는 역사의 의미는 칸트적인 발상으로 돌아가는 듯한 주장을 펼친다. 도덕적 행위의 전제가 자유라는 칸트의 도덕 이론에서나 「세계시민적 관점에서 본 보편사의 이념」[39]에서처럼 인간은 자신에게 주어진 이성을 최대한 계발하여 세계 시민이 영구한 평화를 누리고 자유가 실현되는 형태의 역사철학적 발상을 제시한 바 있는데, 인류사는 자유의 실현이라는 방향으로 향해서 진행되고 있다는 생각 등이 그러하다. 여기서는 자유가 도덕적인 역사 행위의 조건이면서 동시에 추구할 가치로 인정된다. 그래서 김교수는 "역사적 의미를 위한 총체적 가치관이 중요했듯이, 전체적인 자유의 구현 또한 큰 비중을 차지해왔음을 잊어서는 안 된다"(『역사철학』 218)고 말하고 있다. 역사를 움직이게 하는 힘은 역사의 의미에 있다. 역사의 의미는 윤리 의식, 가치 의식, 자유 의식이다. 그렇다면 인류의 역사는 과연 역사의 의미를 실현했는가? 만약 실현의 과정에 있다면 역사의 과정은 진보나 발전이라고 부를 수 있는가?

물질적 풍요나 문화의 발달과 기술의 진보가 진정 삶의 총체적인 가치를 구현하는 데 기여했는가? 발전과 진보는 상대적인 평가의 대상이며, 관점에 따라서 전혀 달리 볼 수 있으므로 객관적인 결정을 내리기 힘들다고 한다. 김교수는 "오히려 더 심한 번거로움과 정신적 혼란과 인격의 분열상을 초래한 결과가 되고 있지 않은가"라고 반문하면서도 긴 시간의 위치에서 역사

---

38) 위의 책, 213쪽.
39) Kant, Idee zu einer allgemeinen Geschichte in weltbürgerlicher Absicht, 1784.

를 평가한다면 역사는 진보와 발전을 거듭해왔다고 볼 수 있다고 잠정적인 결론을 내린다. 아무리 우리가 역사를 긍정적인 발전으로 본다고 하더라도 인류의 역사는 발전과 퇴보, 흥망성쇠의 과정이었음은 분명하다. 김교수는 여기서 자신의 역사철학에 대한 관심이 다른 차원으로 넘어갈 수밖에 없음을 확인한다. 인간에게 주어진 자유를 최대한으로 활용하고, 최선의 목표를 설정하였다고 하더라도 인간은 원하는 바를 얻지 못하며, 원하지 않았던 바를 얻게 되는 유한자라는 것을 다시 한 번 고백한다. "인간은 전능이 못된다. 따라서 인간적 삶의 자취인 역사가 완전한 이상에 도달한다고 볼 수가 없다. 그렇다고 인간은 무능하지도 않다. 역사의 진보나 발전이 불가능하다고 강조해서도 안 된다. 역시 인간은 가능성을 확대시켜가는 불완전에 머물며 완성을 향해 달리면서도 미완성에 머무는 운명을 갖고 있다."40) 김교수는 여기서 인간으로서 우리가 물을 수 있는 최종적인 질문을 제기한다. 이 문제의 해결을 위해서는 "역사의 초월적인 의미가 가능한가"라는 질문이다. 여기서 그는 종교적인 질문으로 진입한다. 역사철학이 미해결로 남길 수밖에 없는 수많은 문제들이 바로 이 질문에 걸려 있다는 뜻으로 그는 이 질문을 제기하였다. 김교수는 역사철학을 윤리 의식과 종말 의식을 함께 포괄하는 문제의 해결을 기독교에서 찾고 있다. 도덕 의식과 종말 의식에 관련해서 그는 다음과 같이 말한다. "기독교가 갖고 있는 역사관의 하나는 역사에서의 심판 의식이다. 본래 심판 의식을 강하게 갖는 것은 도덕 의식과 종교 의식이다. 도덕 의식과 종교 의식이 없다면 심판 의식은 자취를 감출 것이다"(『역사철학』 104).

---

40) 김형석, 『역사철학』 232쪽.

4. 역사의 초월적 의미와 기독교 사관

역사철학에서 남겨진 문제들이 역사의 초월적인 의미를 찾음으로써 해소될 수 있을 것인가? 김교수는 「시간의 실천적 구조」에서부터 시작하여 『역사철학』에 이르는 모든 논문과 저작에서 종교적 역사관의 대표자로 예외 없이 아우구스티누스를 거론해왔다. 김교수에겐 아우구스티누스가 시간에 대한 명쾌한 해명을 시도했던 철학자이자 신학자로 다가오고 있다. 그리고 그의 사고 모형이 김교수의 역사철학적 발상의 요소 요소에 나타나 있다. 1971년의 기독교 사관에 대한 모형으로 아우구스티누스를 정리한 것도 바로 이러한 의도였을 것이다. 아우구스티누스의 역사철학적 저작 『신국론(De civitate Dei)』은 기독교 변호가 근본 관심사였지만, 이를 통해 아우구스티누스는 신에 의한 구원의 역사를 밝히려고 했다. 이 저작은 최초의 역사철학에 관한 저술이면서 동시에 기독교 역사관을 명쾌하게 해명한 책이다. 인류의 역사와 구원의 역사, 세계사와 신의 역사, 사회와 교회, 인간과 신의 이원 대립적인 구도를 아우구스티누스가 문제로 삼았다. 우리의 관심은 어떤 방식으로 그가 인간의 역사를 구원의 역사로 정당화시킬 수 있는가에 쏠려 있다.

1) 지상의 나라와 하나님의 나라

아우구스티누스의 『신국론』은 지상의 나라와 하늘 나라를 구분한다. 창세기로부터 이 두 나라는 서로 병행, 대립하면서 역사를 구성했다는 것이다. 지상의 나라에서 카인과 아벨이 대립한다. 카인은 인간의 나라에 속하고 아벨은 하늘의 나라에 속한다. 카인이 형제 살인 이후 지상의 나라를 세운다. 그러나 아벨은 나라를 세우지 않았다. 최초의 살인 동기는 신이 아벨을 더 사랑한 것에 대한 질투였다. 그러므로 이 질투는 권력과 지배를 둘러싼 질투가 아니라 선한 것과 악한 것이 신의 사랑과 자기애(自己愛) 사이의 투쟁이다. 카인이 나라를 세움에 따라서 인간은 두 원리로 분리되면서 실제의 역사가 시작한다. 『신국론』 2부의 역사에 대한 구체적인 설명들을 아우구스티누스는 발생, 진행 그리고 두 나라에 각각 상응하는 귀결이라는 3단계로 구성하고 있다. 그리고 각 단계마다 각기 4장씩을 할애하고 있다. 여기서 서술되고 있는 두 역사는 부분적으로 서로 아무런 영향을 미치지 않고 병행하는가 하면 또한 부분적으로는 직접적인 관계를 통해서 서로에게 영향을 미치기도 한다. 그 중 하나는 대부분 성서에서 출현하고 있는 유대 민족의 역사며, 나머지 하나는 앗시리아와 로마의 두 왕국에 대한 내용이다. 아우구스티누스는 두 개의 나라에 실현되는 평화의 상태를 대립시킨다. 세속적인 인간의 공동체에서는 모든 평화가 불안정하고 잠정적이다. 왜냐 하면 지상에서의 평화는 개인의 욕심에 근거하고 있기 때문이다. 하늘의 나라에서는 참되고 영원한 평화가 실현된다고 아우구스티누스는 말한다.

문제는 이 두 개의 나라가 어떻게 서로 대립을 해소하게 되는가에 초점이 있다. 아우구스티누스가 두 개의 나라를 분리시키는 것은 아마 플라톤의 이원론에 근거해 있는 것 같다. 플라톤의 이데아의 세계와 현상의 세계의 관계를 구분한다. 하나는 원본이고 다른 하나는 그 그림자며, 모사(模寫)다. 플라톤은 이원론의 해소를 신화적인 방식으로 동굴의 비유에서 해명한다. 즉, 두 세계를 인식론적으로 상기함(anamnesis)에서 해소시키고 있다. 그러나 플라톤은 두 세계의 실재적인 차이를 극복할 어떤 대책도 마련해놓지 못하였다. 아우구스티누스는 이런 이원론에 기초하여 지상의 나라와 하늘 나라를 구분하고 있다. 그렇다면 이 두 세계의 화해는 어떻게 성취될 수 있는가를 아우구스티누스에게 질문해봐야 할 것이다. 여기에 대한 대답을 통해서 세속사(지상의 나라)가 어떻게 기독교 사관(하늘의 나라)으로 통합될 수 있는가를 밝혀주게 된다. 김형석 교수는 아우구스티누스의 기독교 사관의 특징을 몇 가지 제시하면서 그 중에 특별히 두 대립의 변증법적인 요소를 부각시키고 있다. "모순과 상반되는 두 개의 것이 서로 대립 작용을 일으켜 지양 발전하는 것이 정신의 특색인 변증법이라면 바울을 비롯한 아우구스티누스의 역사관이 바로 이러한 변증적인 것이 아니겠는가? 우리는 바울의 글과 아우구스티누스의 내용에서 이스라엘 백성과 이방인과의 대립, 가인과 아벨의 관계, 이삭과 이스라엘의 상반성, 야곱과 에서의 입장이 세상과 교회, 로마와 신앙인 등등의 대립 관계를 엿볼 수 있다."41) 아우구스티누스에게는 이러한 대립이 더 발전하여 이성과 신앙, 유신론과 무신론, 종교와 철학, 향락과 경건, 통치와 봉사, 육체-물질적인 것과 정신-인격적인 것의 대립으로 나타난다. 말하자면 지상의 나라와 하늘의 나라 간의 대립이다. 그러나 이 두 개항의 대립이 어떻게 변증법적으로 해소된단 말인가?

김교수는 이런 대립들이 해소되는 길을 제3의 것으로 통합하게 되는데, 여기서 말하는 제3의 것이 무엇인가를 묻지 않을 수 없다. 바울과 아우구스티누스는 제3의 것을 "신" 또는 "신의 의지"라고 말한다.42) 이 부분에서 우리는 두 개의 나라가 "신"에서 변증법적인 종합을 이루는 듯하지만 그것이 어떻게 실제로 가능한가를 묻게 된다. 김교수가 설명하는 것과는 달리 아우구

---

41) 「기독교사관」, 44-45쪽.
42) 위의 글, 45쪽.

스티누스는 두 개의 대립된 세계는 대립 상태 그대로 남아 있고 신으로, 신의 의지로 귀의하는 자들에게서만 그런 변증법적인 전환이 이루어지게 된다고 생각하였다. 말하자면 악한 이 지상의 나라에 속해 있는 기독교인들만이 동시에 지상과 하늘이란 두 나라의 대립을 해소하고 있을 뿐이다. 변증법의 형식을 헤겔에서 빌어온다면, 양비(兩非), 양시(兩是)의 과정을 거쳐서 종합에 이르게 되는 것이다. 그러나 두 나라는 이런 방식으로 결코 통합이 될 수 없다. 이 문제를 의식하지 못한 채 김교수는 새로운 관점의 변증법을 키에르케고르에게로 넘긴다. 키에르케고르는 제3자로 향한 관계는 "자기 관계"라는 점을 명시하고 있는데, 아우구스티누스의 변증법적 해소와는 전혀 다른 의미를 김교수가 어떤 방식으로 의식했는지를 잘 알 수 없다.43) 아우구스티누스의 신앙 체계를 대체로 받아들인 마르틴 루터도 지상의 나라와 하늘 나라의 대립을 그대로 남겨두고 있다. 그는 세상이 악하면 악할수록 기독교인들에게는 하늘 나라를 희구하는 열정이 더욱 강렬해질 것이며 이로 인해 더욱 신앙의 연단을 받는다고 생각한다. 김교수가 여기서 언급하고 있는 "사랑의 변증법", "사랑의 신앙", "신의 뜻에 순종함"이라는 용어들은 지상과 하늘 두 나라의 대립이 근본적으로 성취되는 것이 아니라 기독교인의 신앙적인 삶 속에서만 실현될 수 있다. 지상의 나라가 하늘의 나라에 통합되어야 하거나 지상의 나라를 전적으로 하늘의 나라로 변화시켜야 한다는 요청을 아우구스티누스는 내놓지 않았다. 다만 그는 최후의 순간이 하늘 나라의 승리로 돌아갈 것이라는 희망만을 비쳐준다. 김교수의 말처럼, "비록 아우구스티누스는 박해를 받고 있는 신도들에게 위안과 희망을 안겨주며 최후의 심판을 성서적인 입장에서 예

---

43) 위의 글, 45쪽.

고해주고는 있으나 이러한 사랑의 변증적 구원사를 꾸준히 지속시키고 있다. 기독교 전체의 최후의 목적이 거기에 있기 때문이다."[44] 그리고 기독교인에 대한 로마의 박해에 대해서 기독교인은 아무것도 할 일이 없다. 있다면 "하늘 나라를 위한 인내다. …… 그러므로 이 땅에서는 순례자의 길을 택해야 하는 신의 나라의 백성들은 모든 점에서 참고 견뎌야 한다. 진리를 위해서, 그리고 마지막 승리가 찾아올 때"까지다.[45] 이런 주장의 근거들은 오히려 우리가 다음에서 언급하게 될 키에르케고르의 변증법에서 해명될 것이다.

2) 역사의 종말과 심판

아우구스티누스의 사관이 바로 기독교 사관이라는 것을 김 교수는 누누이 부각시키고 있다. 그리고「기독교 사관의 철학적 이해」에서는 두 가지의 기독교 사관의 특징을 들고 있다.[46] 하나는 미래 지향적 일회성이라는 것이며,[47] 다른 하나는 종말론이다. 물론 종말론은 역사의 심판이라는 최종적인 사건이 포함되어 있다. 이런 시간관은 성서에서 나온 것이다. 구약에서는 항상 나타날 메시아에 초점이 맞추어져 있고, 신약은 다시 찾아올 그리스도의 재림과 하늘 나라에 모든 관심을 모아왔다고 보았다.[48] 그리고 종말은 세계의 끝과 완성을 의미한다. 완성을 향한 역사의 흐름은 언제나 미래 지향적일 수밖에 없고 미래에

---

44) 위의 글, 46쪽.
45) 위의 글, 52쪽.
46) 위의 글, 48-52쪽.
47) 김형석 교수는『역사철학』에서도 "기독교 사관이 갖고 있는 가장 뚜렷한 특성은 유토피아적 미래 지향성에 나타나고 있다"고 말한다.『역사철학』103쪽.
48)「기독교 사관」, 49쪽.

일어날 하나의 사건은 종말과 심판이다. 이러한 의식이 기독교인의 신앙에 자리잡고 있다. 기독교에 의하면 모든 시간은 그리스도에게서 충족되며 또 완성된다는 것이다. 김교수는 성서에 나타난 두 가지 의미와 내용의 종말을 소개한다. "첫째는 근본적이며 전체적인 신의 계획에 의한 재림을 통하여 나타나는 만인 공유의 종말이며, 다른 하나는 그 종말적 사실을 현재에 받아들여 종말의 주인인 그리스도, 즉 신을 현실에서 체득한다는 사실이다. 이렇게 되어서 종말은 때를 따라서 가능하나 마침내는 존재 세계와 역사 자체의 그리스도에 의한 심판과 완성의 종말이 된다는 것이다."49) 김교수는 종말의 초월적, 내재적인 의미를 동시에 언급하고 있다. 초월적 의미의 종말은 이미 성서에 나와 있는 것이고 이것은 신앙에서 결단해야 할 믿음에 속하지만 내재적인 종말은 철학자로서 김교수가 실현해야 할 책임으로 인식하고 있다.

  김교수는 초기 논문(1958년)에서와 「시간의 종말론적 성격과 그 구조」(1966)에서 기독교의 종말론과 역사의 종말에 대해서 다루고 있다. 초기의 논문에서는 주로 하이데거와 키에르케고르를 중심으로 다루었지만, 그 다음의 논문에서는 종말에 대한 의식이 일상적으로 우리의 삶 속에 내재해 있다는 종말 의식(미래 예측을 인간의 생활에서는 불가피하다는 방식의 근거에서)에 대해서 언급하고 있으며, 베르쟈에프(Berdjajew)의 『역사의 의미』를 많이 취급하고 있다. 베르쟈에프는 역사의 종말은 필연적이라고 말한다. 말하자면 "역사는 그 종말을 가져야 하며 만일 종말이 부정된다면 그와 동시에 모든 의미, 목적, 완성의 뜻도 상실하게 된다"는 것이다.50) 베르쟈에프의 이런 주

---

49) 「시간의 실천적 구조」, 109쪽.
50) 베르쟈에프의 『역사의 의미(Der Sinn der Geschichte)』 제1장. "시간의

장의 근거 역시 성서적이라고 김교수는 덧붙이고 있는데, "성서는 우리들의 세계를 신의 창조에 의한 시발(始發), 메시아의 오심에 의한 중심, 그리스도의 재림에 의한 종말로 짜여져 있다. 따라서 모든 역사적 사건들은 일회적이며 인류는 역사의 종국에 구원을 받아야 한다"는 것이다.[51] 여기서는 성서의 종말론과 인류 역사의 세속적인 종말과 전혀 구분이 없다.

종말과 심판에 대해서 김교수는 아우구스티누스의『신국론』의 마지막 두 개 장절의 제목을 명시함으로써 그 증거로 삼고 있다. "악한 자의 형벌에 관하여"와 "신의 나라의 영원한 정복에 관하여"는 종말에 이르러, 최후의 심판에서는 악의 멸망과 신의 승리가 결론으로 등장한다. 종말관에 대한 그의 설명은 그의 초기 논문에서부터 계속 등장하고『역사철학』에서 정돈되고 있는 기독교 사관의 핵심 이론이다. 왜 김교수는 역사의 끝과 기독교의 종말론을 역사의 중심 문제로 두고 있을까? 그는 기독교의 종말 사관을 역사철학의 결론으로 삼으려는 고백적인 관심을 갖고 있다. 김교수가 완숙한 사색의 경지에 이르렀던『역사철학』에서 다음과 같이 말하고 있다. "우리는 역사철학을 취급하는 마당에 종교적인 사관을 등단시킬 필요가 있겠느냐는 의문을 가질 수 있다. 그러나 두 가지 사실은 인정해야 할 것이다. 그 하나는 기독교가 다른 어떤 종교나 사상 체계보다도 강렬한 역사 의식의 종교라는 사실이며, 다른 하나는 기독교의 정신만큼 영향력이 큰 역사 의식을 남겨준 일관된 역사관이 없었다는 점에서다"(『역사철학』102, 104). "유교 사상을 배제하고 동양의 윤리나 도덕을 논하는 것이 불가능함이 사실이라면,

---

종말론적 성격과 그 구조", 311쪽에서 재인용.
51) 김형석, 「시간의 종말론적 성격과 그 구조 ― 시간과 영원의 관계」, 인문과학 제14, 15합집본(조의설 박사 환력 기념 논총) 1966, 311쪽. 이하 「시간의 종말론적 성격」으로 약기함.

기독교 정신을 소외시키고 역사 의식을 논한다는 것이 불가능할 정도로 기독교의 역사관은 중요한 의미를 갖고 있다"(『역사철학』 102, 103). 그러나 기독교의 역사 의식이 보편적 인류사의 역사 의식 또는 종말의식과 연결되는 부분이 느슨하다.

김교수는 역사를 보는 시각, 즉 역사의 패러다임은 유대교-기독교에서만 나타난다는 확신을 갖고 있다. 기독교적 종말 사관이 철학적인 의미를 갖는 것은 다만 "종말론적 시간의 구조가 이미 말해온 실천적 시간 구조와 형태를 동일하게 함으로 그것이 그대로 종말론적인 것이 아니고, 보다 더 시간 구조 자체의 근원이 되는 실재성에 관한 문제라고 보아야 한다는 것"이라고 하여 기독교의 종말관과 시간의 구조와 연결시켜보려는 시도를 했다.52) 김교수는 기독교의 사관이 인류사의 사관으로 무조건 정당화시키려고 하지는 않는다.53) 그는 신앙과 이성의 절대적 통합은 불가능함을 시사하고 있다. 그러면서도 그는 기독교 사관이 역사철학의 중요한 모형이 되고 있음을 부인하지 않는다. 그는 시간의 종말론적 성격에 대해서는 역사철학의 문제 자체의 연구 대상으로 되돌려주거나, 이것을 신학적인 과제로 넘겨주어야 한다는 것을 합당하게 생각하였다. 그래서 김교수는 파스칼의 말을 인용하여 "아브라함의 신, 이삭의 신, 야곱의 신 그러나 철학자 및 지자의 신이 아니라는 말을 회상한다. 우리들의 현재의 과제는 오히려 철학자나 지자의 문제를 엿어보는 데 있기 때문이다"라고 말하면서.54) 역사철학에서도

---

52) 「시간의 실천적 구조」. 109쪽.
53) 김교수는『역사철학』에서 기독교의 종말론적 해석이 일반화되었는가, 아니면 보편화되어 있었던 종말론적인 역사 의식을 기독교가 이론 체계로 바꾸어놓았는가를 질문하기도 하지만, 기독교 종말론에 공감을 갖지 않는 비기독교적 체계를 언급하기도 한다. 여기서도 결국 그는 결단코 선택의 문제로 남겨둔다. 『역사철학』, 259쪽.

이런 입장이 견지될 수밖에 없음을 시사한다.

만약 지식과 신앙의 구분, 이성과 신앙의 구분이 정당화된다면, 기독교의 종말론을 어떻게 인류사와 연결시키고, 어떻게 개인사와 연결시킬 수 있을 것인가라는 문제에 우리가 당도해 있다. 그 길은 기독교의 종말론을 종교적인 실재로 인정하면서도 그것이 유한한 역사에 속해 있는 실존적인 인간에게 어떤 의미를 줄 수 있을 것인가를 규명하는 일이다. "기독교의 종말관은 실천적인 결의와 행위에 대하여서는 이질적이며 초월적인 내용의 체험을 말하고 있기 때문이다. 즉, 기독교의 종말관은 종말의 체험에서 얻은 내용인 것이다. 비로 그것이 역사적인 세계사의 사건으로서는 영구히 역사와 시간의 종말에 와야 할 것이지만 현실 생활에서 그리스도의 은총과 축복과 구원의 사실에 접한다는 그것 자체가 벌써 종말의 체험인 것이다."[55] 그러므로 역사의 종말은 이제 합리적인 논의의 대상이 아니다. 종교적인 체험의 문제로 넘어간다. 그래서 "기독교의 종말론적 신앙은 이미 역사적 현실 생활하는 시간 속에서 종말에의 체험을 체득한 이에게만 믿을 수 있는 내용이 되는 것이다."[56]

「시간의 종말론적 성격」에서 김교수는 이 문제를 더 깊이 파고 들어간다. 일반적인 의미에서의 종말이 무(無)로 돌아감을 지시할 수도 있지만, 그는 종말을 마지막에 일어날 일(last thing)로 이해한다. 거기서 그는 종말을 형식적 개념이나 역사의 시종이라는 도식으로 이해하지 않고 구체적인 체험을 지시한다. "그리고 이러한 종말에의 체험은 사실에서 그것이 영원 또는 더 완전한 실재에의 체험의 발단이 되고 있음을 잊어서는 안

---

54) 「시간의 실천적 구조」, 111쪽.
55) 위의 글, 110쪽.
56) 위의 글, 110쪽.

된다. 또 그러기에 그것이 체험을 통한 종말론으로 성립될 수도 있다는 것이다."[57] 종말을 내재하는 것으로 인식함은 신앙과 종교의 체험류에 속한다. 신앙의 종말론적인 체험, 시간 속에 있으면서도 구원의 뜻과 은총의 질서를 체험함, 신앙의 사실을 근거로 삼아 믿게 되는 종말론적 교훈, 신앙적인 종말과 신생(新生)의 체험(새로운 탄생으로 과거와의 종말을 고하는 영원한 신의 나라가 새로 탄생된다는 것), 영원한 실재로 돌아감, 스스로의 비약을 감행하는 일 등이라고 해석한다.[58] 김교수는 "지금까지 자유의 역사를 통해 등에 지고 찾아올 종말을 보았을 때, 과거를 버리고 역사의 주인, 섭리주의 뜻으로 돌아가는 일이다. 자아의 부정을 통한 신의 긍정이다. 시간적인 것을 버리고 영원한 실재로 돌아감이다. 자아의 시간 속에 신의 뜻과 생명을 받아들임이다. 말하자면 신앙적인 종말과 신생을 체험함이다."[59]

이제 김교수는 초기 논문(1958년)에서 과제로 남겨놓았던 시간과 영원의 문제로 돌아간다. 그래서 그는 시간과 영원을 다루기 전에 다음과 같이 말한다. "그러면 왜 우리는 이러한 시간의 종말론적인 성격과 구조를 문제 삼게 되는가. 예로부터 연구의 대상이 되어온 시간과 영원의 관계가 바로 여기서 밝혀질 것으로 믿어진 때문이다."[60]

3) 시간과 영원의 문제

김교수는 초기 논문(1958년)에서 제기했던 시간과 영원의 문

---

57) 위의 글, 110쪽. 『역사철학』, 262쪽.
58) 「시간의 종말론적 성격」, 312-315쪽.
59) 위의 글, 313쪽.
60) 위의 글, 315쪽.

제를61) 「시간의 종말론적 성격」(1966)에서 하나의 장을 할애하여 아주 심도 있게 다루고 있다. 여기서는 초기의 논문에서와 달리 시간과 영원의 관계가 종말론과 관련하여 다루어진다. 이 논문도 그 사색의 깊이와 수준에서는 초기의 논문에 가까울 정도로 진지함을 보여주고 있다.

영원이란 무엇인가? 고대 철학자 플라톤과 그리스적인 의미에서의 영원은 현재 시간의 지속이라는 뜻에서의 영원, 즉 '아이온(aion)'이다. 그러나 이런 영원은 결국 시간이라는 시각에서 본 유한한 시간의 끝없는 지속이라는 의미에서의 영원이다. 시간은 영원의 그림자다. 영원은 운동이 아닌 정지, 다(多)와 이(異)에 대한 통일과 동일, 변화에 대한 영속, 가분성에 대한 불가분성이 시간과 영원의 차이다. 인도나 그리스의 영원은 원환적이며 무한이다. 사실 이런 영원은 우주적 시간의 무한성과 다를 바가 없다. 그러나 김교수는 "이러한 시간의 무한성이 그대로 영원이라면 우리가 그 영원에 도달할 수 있을까" 하고 질문한다. 무한한 시간의 영원은 불가능하다. 그러한 영원이 불가능하기 때문에 그것이 존재한다고 말할 수 있을까? 우리가 시간이라는 시각에서 영원을 관찰하는 한 우리는 결코 진정한 영원에 도달할 수가 없으며, 시간에 대비한 영원은 영원 그 자체가 아니다. 시간과 영원에 대해서 누구보다도 깊이 성찰했던 사람으로 아우구스티누스를 들면서 김교수는 아우구스티누스의 『고백록』을 인용한다. 영원은 하나님 그 자체며, 영원은 시

---

61) 그는 초기의 논문(1958년)에서부터 시간과 영원의 관계를 추적해야 함을 말하고 있다. "그러나 우리는 여기에 지금까지의 입론해온 바를 끝내면서 단 하나의 문제를 남겨두고 있음을 잊을 수는 없다. 그것이 곧 시간과 영원과의 관계인 것이며 우리들이 종말론의 완전한 해명을 보유할 수밖에 없음도 이 시간과 영원에 관한 문제를 고찰해보는 여유를 할애할 수밖에 없었던 때문이다." 김형석, 「시간의 실천적 구조」, 111쪽.

간과 질적으로 다른 "신에게 속하는 것"임을 암시한다.[62] 그러나 신에 속하는 영원의 개념도 시간에서 표상하는 유한한 인간에겐 마찬가지로 이해의 벽에 부닥치고 만다. 그래서 김교수는 실존적 시간 개념을 도입한다. 다시 말하면 실존적 영원의 개념이다. 베르자에프가 구분한 우주적 시간, 역사적 시간, 실존적 시간 중에서 실존적 시간은 초시간적인 '영원의 원자'라고 말한 것에서 암시를 얻어내고 있다.[63] 김교수는 시간을 다시 주체 실존적인 방향으로 끌어들였을 때 우리는 거기에 시간의 종말론적인 성격을 발견할 수 있으며, 또 이 시간의 종말론적인 성격이 우리로 하여금 영원을 밝힐 수 있는 계기를 준다고 말한다.

"실존적 시간은 깊은 곳의 시간이다. 어떠한 수학적 계산에도 순응하는 길이 없다. 그것은 영원의 현재 초시간적 시간이다. 실존적 시간의 일순간은 다른 두 가지 시간(우주적, 역사적 시간)의 오랜 시일이 소유하는 이상의 의의, 충실, 지속을 가진다. 그것은 체험된 환희와 고뇌의 강도에 따라 측정된다."[64] 그리고 더 나아가서 키에르케고르에게서 귀결을 추가한다. 그가 키에르케고르의 『불안의 개념』의 제3장 "죄의 의식을 잃어버렸다는 게 그 자신 죄인데, 그러한 죄의 결과로서의 불안"에서 인간을 영과 육의 종합으로 보았고, 또 영과 육의 종합은 동시에 시간적인 것과 영원적인 것과의 종합이라고 본다. 그리고 그 종합은 "순간"에 이루어지며, 순간 속에는 과거도 미래도 없다. 키에르케고르는 "이제 우리들은 순간 앞에 서 있는 것이다. '순간'이란 것은 상징적인 표현이다. 그렇기 때문에 이것을 상

---

62) 「시간의 종말론적 성격」, 317-319쪽.
63) 위의 글, 314쪽.
64) 위의 글, 318쪽.

대로 하는 건 그렇게 쉬운 일이 아니다. 그러나 우리들은 여기 주목할 만한 하나의 아름다운 말을 갖고 있다. 눈 깜짝할 동안 보다도 더 그렇게 빠른 건 다시는 없다. 그리고 순간은 영원적인 것과의 내용과 질을 함께 갖고 있다"[65]고 말한다. 이처럼 키에르케고르는 순간이 시간과 영원이 접촉하고 있는 곳으로 암시한다.

김교수는 키에르케고르의 입장을 수용하면서, 여기서 더 나아가 이 '순간'의 개념을 신약성서적인 의미의 '카이로스(kairos)'에 결부시킨다. '카이로스'의 시간 개념은 준비하고 예비된 시간이 아니라 어느 순간, 덮치듯 나의 삶에 신적인 개입과 진입이 이루어지는 시간이다. 이것은 신앙적 체험의 순간이다. 시간을 초월한, 무엇과의 만남이 이루어진다. 이런 체험 속에서는 지나간 과거와 다가올 미래가 아무런 의미를 갖지 않는다. 그리고 우주적 시간의 영원(aion)도 더 이상 문제가 되지 않는다. 순간에서 영원을 체험하는 것의 의미를 밝히고 있다. '카이로스' 이후의 영원은 어떤 내용을 갖는가? 그 내용은 "이미 자기의 시간인 유한은 아니다. 신의 시간, 키에르케고르가 말하는 그리스도와의 동시성(同時性)이다. 영원한 현재 무궁한 신의 시간을 말함이다. 질적인 타자와의 합일, 공시성이다."[66] 그리스도와의 동시성은 시간과 영원의 공존을 가리키며, 이것은 그리스도에게서 가능한 것이라고 김교수는 말한다. 그래서 아우구스티누스도 "영원한 지금"은 "영원한 동시성"이라고 표현하고 있다.[67] 달리 우리가 영원을 인식할 길이 없다. 그러나 영원에 대한 체험은 가능하다. 그리고 시간 속의 유한자가 영원을 만날

---

65) 키에르케고르, 『불안의 개념』(심재언 역), 청산서림, 1962, 128쪽.
66) 「시간의 종말론적 성격」, 320쪽.
67) 『종교』, 208쪽.

수 있는 길은 바로 이런 종교적 체험을 통해서다. 김교수는 이성적인 인식이 불가능한 영원을, 또 어떤 의미에서는 영원은 시간의 충족이기도 하다고 하면서, 영원을 깨달은 사람은 시간을, 영원을 위한 하나의 빈 그릇과 같이 느낄 수도 있다고 말한다. 유한한 인간은 시간 속의 현재의 '순간'에서 신적인 영원을 접할 수 있다.

영원에 접할 수 있는 순간에 대한 길이 열려 있음에도 불구하고 인간은 일상적으로 영원에 대한 향수를 갖고 있으며, 죽음에 직면할 때 누구나 영원을 갈망한다. 그러므로 영원에의 기대는 시간적 존재인 인간이 가진 근원적이 욕구에 속한다. 그러나 이런 기대들이 잘못된 것은 모두 영원을 초시간적인 실재의 도래로 기다리고 있다는 데 있다. 이런 의미의 영원은 가상일 수밖에 없다. 영원은 그런 방식으로 다가오는 것이 아니다. 기독교에서는 구원의 체험에서 영원의 문제를 풀고 있는데, 이것은 높은 종교적인 해석이다. 여기서 시간과 역사의 문제가 해명될 것이며, 세계사가 종국에 가서는 어떤 운명을 지니게 될 것인지가 밝혀지게 된다. 시간과 역사에 관한 김형석 교수의 발상은 기독교 사관과 그 신앙에서 솟아났음을 부인할 수 없다. 다만 그는 철학자로서 소박한 신앙과 계몽적 이성의 대립적인 갈등을 신앙의 편에서 조화시키려는 것이 그의 관심이 되고 있다.

5. 결론 — 이성과 신앙의 변증법

김형석 교수가 헤겔에게서 빚지고 있는 것이 있다면 그것은 변증법이라는 방법론이다. 그가 헤겔철학을 강의했다거나 헤겔에 관한 책을 저술했기 때문이 아니라 그의 삶과 사고 자체가 극단적 대립 사이의 조화를 일구어내려는 변증법적 종합을 자신의 심성에 내면화하고 있다는 것이다. 그는 사회의 문제나 삶의 문제나 철학의 문제에서 언제나 변증법적인 종합, 즉 중용을 실현하려 했다. 비록 그가 헤겔적 방법을 숙지해 있다고 해도 헤겔의 변증법에 대한 그의 입장만은 퍽 유보적이었다. 헤겔의 변증법을 『정신현상학』에서 볼 때 그 발전 과정이 구체적인 보편성을 찾아가고 매 단계마다 구체적인 내용을 동반하고 있다는 사실을 들어서 결코 헤겔의 변증법은 관념의 변증법이라거나 사유의 논리에 따른 형식적인 변증법이라 말해서는 안 되겠지만, 김교수는 우연적 구체적인 현실을 도외시하고 있는 헤겔적 변증법에 제한을 가하고 있다. 그러나 양극단 사이의 황금의 중간(goldene Mitte)을 추구하는 정신을 변증적이라고 부르고 있다. 이제 역사철학의 모든 문제가 기독교적인 사관과 이성의 발전 법칙을 추종하는 인류사간의 대립-갈등을 그가 어떤 방식으로 해소하려 했는가를 살펴보려고 한다면, 우리는 먼저 그의 변증법에 대한 태도를 검토해보아야 한다.

김교수가 「시간의 실천적 구조」에 대한 논문을 발표하고나서 바로 그 다음해에 「절망의 변증법」(1959)이라는 논문을 인문과학지에 발표하였다.68) 거기서 그는 헤겔의 변증법이 마르크스와 키에르케고르에 의해서 구체성의 변증법으로 전개되는 과정을 서술하고 있다. 정신으로서의 보편자 중심의 헤겔 변증법에서 경제를 토대로 한 마르크스의 인류로서의 보편자 변증법과 키에르케고르의 실존적 개별자로서의 자아 변증법을 대

---

68) 김형석, 「절망의 변증법 — 변증법의 실천적 성격(Kierkegaard에서의 一例)」, 인문과학 제4집, 연세대학교 인문과학연구소(1959). 이하 「절망의 변증법」으로 약기함.

비시킨다. 개별적 자아 위에 변증법의 체계를 구축한 키에르케고르는 그 자아 속에 무한성과 유한성, 시간성과 영원성, 자유와 필연의 종합이 이루어져 있다고 보았다.[69] 그러므로 키에르케고르의 변증법은 윤리 실천적인 성격을 가지고 있으며, 대립되고 있는 모든 것이 개체적 자아에서 해명되어야 한다고 본 점에서 헤겔의 변증법과 다르다. 다시 말하면 키에르케고르의 변증법은 초합리, 초이성적인 성격을 갖고 있다는 것이다.

「시간의 실천적 구조」란 논문 다음으로 왜 김교수가 키에르케고르의 변증법을 해명해야 할 주제로 선택하게 되었을까를 생각해본다. 그 첫 번째 계기는 키에르케고르가 가장 진지하게 시간과 영원, 유한과 무한의 대립을 변증법적으로 해소하는 과제를 실현했기 때문일 것이다. 특히 키에르케고르는 관념적인 종합의 변증법보다는 구체적 변증법을 적용하고 있다는 점과 그가 바로 기독교의 신앙에 근거한 시간과 영원의 문제를 해명해주고 있었다는 점이다. 즉, 키에르케고르는 완전한 질적 차이를 가진 타자(他者)인 신이 어떻게 유한자인 인간에게 변증법적으로 관여하는가를 좀더 자세하게 밝히는 모형을 제시해주고 있었다고 김교수는 확신하고 있었다.

무한성과 유한성으로 형성되어 있는 자아 — 이것이 키에르케고르 사상의 전제다 — 가 어떤 방식으로 유한 무한의 대립을 해소하고 있는가는 김교수의 최대 관심이자 키에르케고르의 관심 주제였다. 이미 변증법의 원리는 두 대립의 해소를 위해서 매개자가 개입된다는 것은 분명하다. 헤겔의 경우, 절대자의 자기 분열 또는 자기 내 모순이 계기가 되어서 변증법적인 운동이 발생한다. 키에르케고르의 경우는 개별적 자아 속에 있는 유한 무한의 모순이 변증법적인 운동을 전재시킨다. 이때 키에

---

69) 위의 글, 35쪽.

르케고르에게서 등장하는 매개자인 제3자의 역할에 주목해야 한다. 키에르케고르는 변증법의 본질 해명과 관련해서 "영과 육의 종합"을 제1의 종합이라고 부르고 여기서 두 계기, 즉 영과 육이 제3의 계기인 정신에 의해서 종합이 가능하다고 설명한다.[70] 그러나 시간적인 것과 영원적인 것의 제2의 종합에서는 무엇이 제3자인가를 묻는다. 제3자, 즉 매개자가 존재하지 않으면 어떤 종합이 가능하지 않게 된다. 우리는 여기서 헤겔적인 변증법의 종합과 키에르케고르의 변증법적 종합의 차이점에 주목할 필요가 있다. 헤겔의 종합은 정립과 반정립에서 지양된 종합의 결과는 "이것과 함께 저것도(Sowohl Als auch)"의 종합이 되지만, 키에르케고르의 변증법적 종합은 선택과 결의, 판단과 비약의 계기로서 "이것인가 저것인가(Entweder Oder)"의 종합이다. 만약 가상적인 대립이라면 이것도 저것도의 종합이 가능할지 모르지만, 진정한 모순과 대립의 종합이라면 둘 중 하나를 선택하는 종합이어야 한다는 것이다. 그래서 키에르케고르에게서는 '순간'에서 시간성과 영원성에 대한 선택을 물어야 하고, '정신'에서는 육(肉)이냐 영(靈)이냐를 선택해야 한다고 말한다. 키에르케고르에게서는 영과 육에서나 시간과 영원에서는 '이것과 함께 저것도'가 성립될 수 없다는 것이다.

김교수가 키에르케고르의 변증법을 자신의 체계의 기초로 삼게 된 또 다른 이유는 키에르케고르가 헤겔과는 달리, 변증법의 종합을 완결된 것 또는 절대적 해결이나 종결로 보지 않았다는 점이다. 그래서 키에르케고르의 변증법은 양립과 분열의 기점이 되며, 비약과 완성을 위한 통로 또는 대립적 긴장과 극단의 해소 과정으로 향하는 과도점(過渡点)이 될 뿐이다. 특히 키에르케고르가 "개체적인 윤리와 종교의 정신의 실천적 분

---

70) 위의 글, 43쪽.

야에서 변증법을 취급하여 주었음을 의의 깊게 생각한다"고 김
교수가 평가하고 있는 점은 그의 모든 철학적 사색의 전제가
윤리와 종교에 터전을 두고 있었기 때문이다. 키에르케고르가
말하는 변증법에 따라서 시간과 영원이 제3자에게서 종합되는
귀결은 우리는 방법론적인 절차에 의해서 해명할 수 없다는 점
이 그의 한계면서도 신앙에 주어진 특이성이다. 아마 이런 키
에르케고르의 철학적 태도가 김교수 자신의 철학적 사유의 중
요한 요소로 자리잡게 되었을 것이며, 키에르케고르는 그의 철
학적 사색의 중요한 준거점이나 전제로서 기독교적인 진리를
그의 사유 체계 안에 담게 되는 계기로 작용했을 것이다. 그는
기독교를 선택했으나 소박한 신앙에서 벗어나려고 애썼고, 그
는 성숙한 신앙을 선택하면서 이성을 포기하지 않았다. 이것은
그가 『역사철학』의 마지막 장에서 자신의 철학적 노력은 이성
과 신앙 사이에서 고민하였으면서도 신앙을 위해서 지식이 자
신의 자리를 내놓는다고 말한 칸트의 겸허한 태도를 의미 있게
평가하는 것과 관련된다. 말하자면 이성과 철학을 거부하지 않
으면서 초월하는 신념과 신앙을 유지하는 것이 그의 과제였던
것이다.71) 그래서 "인간은 영원자로부터 벗어날 수 없다. 그것
은 영원히 불가능한 일이다. 인간은 아무리 하여도 영원자를
영구히 내던져버릴 수는 없다. 무엇이든지 이보다 불가능한 것
은 없다"고72) 고백하는 키에르케고르의 말이 그의 고백이 될
수 있었다.

이제 이 논문을 종결하면서, 중요한 것 하나를 더 질문해야
한다. 김형석 교수는 왜 자신의 관심 주제로 역사철학의 문제
를 붙잡게 되었을까? 물론 그는 종교와 윤리와 역사를 꿰뚫고

---

71) 『역사철학』, 271쪽.
72) 위의 글, 46쪽.

있는 주제가 인간의 역사성에 결집해 있다고 생각하였겠지만, 여기에 또 다른 이유를 추측해봄직도 하다. 우리는 이 대답을 그가 1971년에 발표한 「기독교 사관에 대한 철학적 이해」에서 아우구스티누스의 『신국론(De civitate Dei)』이 저술된 동기를 밝히는 곳에서 찾아보는 것이 결코 부당하다고 생각지는 않는다. 김교수는 『신국론』을 아우구스티누스 시대의 "심한 역사적 변천과 과도기의 작품"이라고 평가하고 있다. 이 기간은 극심한 혼란의 시대이기도 했다고 하는데, 첫째로 로마가 서서히 무너져가고 있었으며, 둘째로 야만족의 침략으로 국가들의 흥망이 위태로웠던 시기였으며, 셋째로 기독교에 대한 박해, 회의, 불신이 점증하고 있었으며, 넷째로 로마의 물질적 번영의 여파가 파급되어 있는 모든 지역(아우구스티누스의 고향 카르타고도 예외는 아니었다)에 물질주의 쾌락주의가 번져서 시민들이 이런 흐름에 편승해 있었고, 다섯째로 당시의 종교가 이런 쾌락주의를 정당화시키고 있었으며, 여섯째로 세네카를 비롯하여 그 시대의 철학은 부도덕한 사회적 질환을 치유해줄 능력을 잃고 있었다. 이러한 분위기에서 아우구스티누스의 『신국론』이 집필되었다는 것이다. "새 세계를 꿈꾸며 역사의 미래를 통찰하려는 강인한 정신력의 소유자가 있었다면 그것은 곧 기독교였다는 사실은 누구도 부정할 수 없었다. 새 역사를 위한 힘과 긍정적이며 건설적인 의지와 이념을 지닌 종교였던 때문이다."73)

아우구스티누스의 『신국론』은 이런 혼란과 절망에 처한 비참성 속에서 당시의 신자들에게 인내와 신념과 희망을 안겨줄 책임에서 저술된 것이며, 기독교의 희망적 역사관을 제시함으로써 역사를 응시하고 절망 속에서 역사의 의미를 찾도록 하는

---

73) 「기독교 사관」, 38쪽.

데 저작의 목적이 있었다. 김교수는 원래 역사철학이란 그 발생의 기원이 그러하듯이, 모든 상황적 조건에서 문제 해결의 기미가 전혀 보이지 않을 때 등장하는 것이며, 특히 종교적인 사관은 더욱 그러하다고 말한다. 김교수의 역사철학적 주제 선택이 아우구스티누스의 『신국론』의 상황에 비견될 만한 한국적 상황과 무관하지 않다고 생각된다. 특히 1950년대 한국의 상황은 전후 상황이었고 정치적 경제적인 어려움이 있었고 사회적 도덕적인 문제도 많았다. 그 시기에 미래에 대한 희망을 누구보다 갈망하고 있었던 계층은 젊은 대학생들과 청소년들이었다. 역사철학은 그런 실천을 위한 이론적 토대였고, 그의 수많은 수필집과 강연들은 젊은이들의 정신적 고갈과 정서적 불만을 해소시키기 위한 하나의 실천적 철학이었다. 그는 역사철학적 발상을 철학적 실천으로 전환시켰다.

마지막으로 『종교의 철학적 이해』에서 김교수는 「역사와 하늘 나라에 관하여」라는 장을 할애하여 역사의 종교적 의미를 다시 한 번 되새긴다. 역사의 진행을 하나님의 은총으로 섭리로 받아들이는 진정한 기독교인이라면 하늘 나라가 역사 밖에서 실현되는 것만큼 하늘 나라가 역사 안에서 실현되기를 원하고 있다고 주장한다. 그리고 역사 속에서 휴머니티를 실현하여, 모든 사람이 인간답게 살며 인간답게 살수 있는 역사를 이끌어내는 일이 신앙인의 책임이라고 말한다.[74] 그리고 우리 모두에게 두 가지의 책임과 의무를 부과하고 있는데, 이 부분은 『종교의 철학적 이해』[75]와 『역사철학』[76]에서 동일하다. 다시 말하면 김교수가 종교, 윤리, 역사의 문제를 마감하면서 우리에게 권유

---

74) 『종교의 철학적 이해』, 250쪽.
75) 위의 책, 251쪽.
76) 『역사철학』, 247쪽.

하는 말로 받아들일 수 있는 부분의 내용이다. 그것은 바로 인간 목적의 가치관과 사랑의 질서를 정착시키는 것이 기독교가 다른 종교와 더불어 갖고 있는 역사적인 의무와 사명이라고 한다. 그의 저작『종교의 철학적 이해』(1992)와『역사철학』(1993)이 마지막 장절에서 동일한 귀결로 돌아가는 것은 내가 보기에 너무나 자연스러워 보인다. 그것이 바로 김형석 교수가 꾸미지 않고 겸허하게 보여주려는 인간 역사의 참 모습이기 때문이다.

이성, 자연 그리고 역사

―칸트의 '자연의 계획'과 헤겔의 '이성의 교지'를 중심으로

김 석 수 (서경대 철학과 교수)

1. 서 론

인간은 누구나 자신의 의사와는 무관하게 이 세계에 던져진 존재다. 이 세계에 존재하게 된 순간 자신이 마주하는 모든 세계는 온통 낯설음으로 다가선다. 이 낯설음은 이미 자신과 세계 사이에 존재하는 거리감에서 발생하는 것이다. 타자가 자기에게 낯설 뿐만 아니라 자기 자신도 자기에게 낯설다. 자신과 타자에 대해서 느끼는 이 거리감은 자신의 존재에 대한 불안을 갖도록 만든다. 그러나 자신에게 스며드는 불안을 그 어느 누구도 극복하지 않으면 안 될 것이다. 불안의 극복에 대한 초조함은 자신이 마주하고 있는 세계와의 어떤 관계를 모색하도록 다그칠 것이다. 그 모색은 이미 자신과 세계 사이의 거리를 좁히는 것으로 향하게 될 것이다. 이 거리를 좁히는 과정은 자신을 타자로 가져가거나 타자를 자신으로 가져오는 것이다. 그러나 이런 옮겨감은 결코 쉽게 이루어지는 것이 아니다. 어느 쪽

이든 한쪽이 이런 옮겨감을 거부하면 성립될 수 없다. 서로의 옮겨감이 가져다주는 거리의 좁힘은 낯설음을 떨구어내고 친숙함을 마련해줄 것이다. 그러나 이런 거리의 좁힘이 오히려 지배와 구속을 산출함으로써 더 불행한 결과를 낳을 수도 있다. 그래서 쉽게 거리의 좁힘을 허락하지 않는 경우를 우리는 왕왕 목격해왔다. 거리 있음이 가져오는 불안과 거리 없음이 가져오는 구속을 벗어나기 위해서는 '거리'의 의미를 제대로 살려내야 할 것이다. 그것은 거리를 두고 있는 관계 양자의 역사를 제대로 이해하는 데 있을 것이다. 우리는 서로의 역사를 이해하지 못할 때 늘 관계 속에서 서로간에 상처를 입혀왔고, 그 거리는 부정적 모습으로 자리하고 있었다.

이와 같은 사고 양식을 바탕으로 해서 근대 이전과 이후를 고찰해보면 거기에서 우리는 매우 상이한 양상을 목격할 수 있다. 근대 이전에는 인간은 자기가 마주하고 있는 자연 세계나 어떤 초월자에게 의존되어 있는 일종의 신화적·종교적 삶을 살고 있었다. 자신이 세계 속에서 느끼는 낯설음이 가져다주는 불안을 극복하기 위해서 타자에게 자신을 맡김으로써, 그에게 자신을 동화시킴으로써, 그리고 그를 닮고자 함으로써 자신의 존재의 불안을 극복하고자 했다. 어쩌면 과거 역사 속에 존재하는 이런 삶의 양식은 당연한 것이었는지도 모른다. 인간의 성장 시기에 비추어볼 때 근대 이전은 아직 유년기적 삶을 살고 있었다고 볼 수 있을 것이다. 마치 어린아이가 엄마에게 애교를 떨고 안김으로써 자신의 불안을 극복하고자 했듯이, 이 시대의 인간은 존재에게 의존함으로써, 존재를 믿음으로써 자신의 삶을 꾸려왔다고 볼 수도 있을 것이다(제정일치사회). 그래서 이 시대의 철학자들이 주장한 상기설(플라톤), 조명설(아우구스티누스), 추상설(아리스토텔레스, 토마스 아퀴나스) 등에는 늘 존재의 빛을 찾아나서고 있었고, 그리고 그 빛은 이미 우리 인간 이성의 활동 이전에 독립된 위치를 지니고 있었다. 이 시대의 자연법(lex natura) 역시 영원법(lex aeterna)에 속해 있는 것으로서 인간 이성이 발견해낸 것이었다. 이 시대에는 존재에 대한 의무(lex)가 존재에 대한 권리(ius)에 우선하였다. 결국 인간의 모든 지식은 존재에 대한 신뢰 속에서만 성립될 수 있었다. 그러므로 인식론은 존재론에 바탕을 두고 있었다. 따라서 인간과 자연의 관계에서도 전자는 늘 후자의 비밀을 찾아내는 발견자의 위치에 있었다. 이 시대의 자연은 살아 있는 유기체적 자연으로서 자체 목적을 지니고 있는 것으로 여겨졌다. 이런 의미에서 인간사는 자연사의 일부에 편성되어 있었다. 그러므로 인간 이성의 자기 역사보다는 자연사나 절대자의 섭리사가 역사의 주무대를 형성하였다.

이상에서 볼 때 근대 이전에는 인간의 삶의 역사가 일반적으로 존재의 역사에 편입되어 있었다. 인간은 자신의 존재 세계와 거리의 좁힘을 능동적으로 수행한 것이 아니라 수동적으로 수행했다고 보아야 할 것이다. 인간 이성의 활동 결실인 지식이 존재에 대한 믿음에 예속되어 있었다. 그러나 이런 거리의 좁힘은 인간 이성의 자기 역사를 펼치지 못함으로써 주체의 노예화를 초래했고, 이로 인해 자유를 상실하는 부조리가 탄생했다. 그래서 근대인은 이성의 자기 글쓰기를 통하여 이성 자기의 역사를 확립하는 것이 불가피하였다. 따라서 존재의 역사에 대한 불신과 부정의 상황이 일어나게 되었으며, 이성의 합리성을 위해 신을 괄호에 넣고(H. Grotius), 이성 자신이 명석 판명한 것을 얻을 때까지 모든 것을 의심하는(R. Descartes) 확실성을 추구하게 되었다. 이것이 바로 신화 시대를 역전시킨 계몽 시대의 특징이기도 하다. 주체의 자기 자유를 확립하기 위하여 존재 세계를 문초하고 닦달하는 시대의 개막은 자연을 더 이상 살아 있는 유기체로 보지 않고 기계론적으로 처리하게 되었다. 아울러 자연의 역사를 인간의 이성의 역사로 귀환시키는 노력이 이루어졌다. 이로 인해 자연법은 근대 이전처럼 초월적인 특징을 지니는 것이 아니라 이성 자신의 원리가 곧 자연법이 되었다. 그러므로 존재에 대한 의무보다는 권리가 우선시되었다.

하지만 아도르노가 지적하듯이 계몽은 이미 신화를 예약하고 있었다. 근대인의 계몽 정신 아래 수행된 이성의 자기 자유의 실현은 타자의 사형 선고로 이어졌다. 여기에 이성의 과다함이 존재의 왜소함을 산출함으로써 자신의 존재 기반을 위태롭게 만들었다. 신화 시대의 이성의 과소함도 문제였지만, 계몽 시대의 이성의 과대함도 문제가 아닐 수 없었다. 인간과 세계 사이에 존재하는 거리가 지나치게 수동적으로 처리되는 근대 이전의 역사도 문제지만, 그렇다고 지나치게 능동적으로 처리되는 근대의 역사도 문제가 아닐 수 없었다. 그 어느 경우도 '거리'의 의미가 왜곡되고 있었다.

여기에 이 '거리'의 왜곡을 고민한 철학이 바로 칸트의 이성 비판의 철학이라고 볼 수 있을 것이다. 그의 철학에 담겨 있는 비판 정신은 계몽 정신의 긍정성과 부정성을 동시적으로 포착하고 있었다. 한편으로는 이성의 미성숙을 호되게 다그치면서, 다른 한편으로는 이성의 오만함에 제동을 걸고자 했다. 그의 그러한 작업은 이성의 인식 능력에 한계를 긋도록 만들었고, 오성의 자발성은 감성의 수용성 속에서만 제 기능을 수행할 수 있도록 하였다. 또한 그는 이론 이성과 실천 이성의 구별을 주장했으며, 사실적 인식과 당위적 인식의 엄연한 구별을 주장하였다. 아울러 이성의 규제적 기능에 중점을 두고 이념을 실재화하는 것에 경고를 했으며, 반성적 판단력을 통하여 기계론과 목적론의 이율배반을 극복하고자 했다. 그는 전통적 정신과 근대적 정신을 초월적 관념론이라는 입장에서 종합하고자 했다. 그의 이와 같은 관점은 그의 역사철학에 대한 논의에서 자연사와 이성사를 조심스럽게 공존시키고 있다. 이 공존의 중심부에 자리하고 있는 것이 바로 '자연의 의도' 내지는 '계획' 혹은 '자연의 섭리'다. 물론 칸트에게서 이것은 더 이상 과거의 실체론적 목적론에서 주장되는 형이상학적 목적론이 아니다. 이것은 어디까지나 규제적 이념으로서 'als ob'의 형식을 띠고 있다. 그러므로 이것은 근대 이후에 등장한 뉴턴적인 기계론적 자연관을 거부하지도 않는다. 그에게서는 목적론이 열려져 있는 상태를 띰으로서 과거의 닫힌 목적론과는 달리 기계론적 자연관을 수용할 여지를 열어주고 있다. 나아가 역사철학이 지향하는 완전한 법의 실현으로서의 세계시민사회나 영구 평화와 관련해서도 그는 도덕성과 합법성의 구별을 열어놓고 있으며, 이 양자의 통일을 인간 이성의 힘에 완전히 일임하지 않았다. 사회성과 반사회성의 충돌은 인간의 역사에서 꾸준히 일어나고 있으며, 이것의 종결은 '보이지 않는 교회'의 힘을 기다리고 있었다. 그에게서 믿음과 지식은 메울 수 없는 간극이 존재하고 있다. 그렇다고 그 간격을 메우는 일을 포기하도록 놓아두지도 않는다. 다만 그는 이성의 자기 활동으로서의 역사 안에서 그것이 쉽게 이루어지는 것이 아님을 경고하고 있다. 결국 칸트는 인간과 자연 사이에 존재하는 거리를 좁힐 수 있는 부분과 좁힐 수 없는 부분을 고민함으로써 경박한 거리 있음이나 거리 없음으로 가지 않으려고 한다. 그의 이와 같은 정신은 이성의 규제적 원리와 반성적 판단력의 역할에 깊게 스며들어 있다.

하지만 헤겔은 칸트의 이런 입장을 오성의 철학, 유한의 철학, 주관의 철학, 추상의 철학으로 비판하고, 사변철학을 통하여 변증법적으로 종합하고자 했다. 그는 현상과 물 자체, 오성과 이성, 기계론과 목적론, 자연과 이성, 합법성과 도덕성, 믿음과 지식 이 모두를 구별 상태에 두는 것이 아니라 지양·종합하고자 했다. 결국 그는 거리 있음을 거리 없음으로까지 고양시키고자 했다. 다만 그는 이렇게 가는 과정 속에서 발생하는 긍정의 작용과 부정의 작용을 반드시 필요한 과정으로 파악했고, 또 이런 과정이 있을 때만 '구체적 보편'이 확보될 수 있다고 보았다. 그러므로 그는 무작정 거리 없음으로 가거나 거리 있음으로 가는 것을 거부했다. 그는 과정 속에 일어나는 모든 통증을 포용할 수 있어야 했다. 그에게는 칸트의 인식 주관의 형식이 존재의 형식으로 나가야 하고, 존재의 형식은 주관의 형식으로 귀환되어야 했다. 자연사는 이성의 이념사에 들어와야 하고, 이성의 이념사는 자연사 속에서 그 구체성을 확보해야 했다. 이런 과정에서 발생하는 열정(Leidenschaft)의 노고는 '이성의 교지' 속에서 지양되어야 했다. 그의 '이성의 교지'는 이성의 역사성을 함축하고 있으며, 이성의 자기 실현은 결국 교지가 끝나는 지점에 서 있었다.

이상에서 보듯이 칸트와 헤겔은 자신들의 철학의 완성을 역사철학에서 찾고 있다고 볼 수도 있을 것이다. 칸트는 이론 이성의 사실(자연) 세계와 실천 이성의 당위(도덕) 세계를 『판단력비판』의 목적론적 사고를 바탕으로 그 간격을 메우려고 했듯이, 헤겔도 현실적인 세계와 이성적인 세계를 목적론적 관점에서 종합하고자 했다. 다만 앞서도 언급되었듯이 칸트의 경우는 목적론이 반성적 판단력과 관련되어 있는 이성의 규제적 원리 차원으로서 하나의 이념에 머물러 있지만, 헤겔에게는 현실성으로 옮겨가는 이념이 된다. 이와 같은 차이가 아마 한쪽은 '자연의 의도'라는 말로, 다른 한쪽은 '이성의 교지'라는 말로 표현하도록 했는지도 모른다. '이성의 의도'가 아니라 '자연의 의도'라는 것은 이성의 한계를 인정하는 칸트 정신이 더 많이 반영되어 있다면, '자연의 교지'가 아니라 '이성의 교지'라는 것은 이성의 자기 완성을 반영하는 헤겔 정신이 더 반영되어 있다. 헤겔의 눈으로 볼 때는 칸트의 철학은 미완의 철학으로 보이겠지만, 칸트의 눈으로 볼 때는 헤겔의 철학은 또 하나의 독단 철학으로 보일 것이다. 헤겔은 칸트에 대해서 '거리 없애기'가 완결되지 못한 불안의 철학에 머물러 있다고 비판하겠지만, 칸트는 헤겔에 대해서 '거리 있게 하기'가 유지되지 못한 구속의 철학으로 이어졌다고 비판할 수도 있을 것이다. 결국 칸트는 요청의 위대함을 붙들고자 할 것이며, 헤겔은 요청의 무력함을 고발하고자 할 것이다.

우리는 여기서 칸트의 비판적 사고와 헤겔의 사변적 사고 중 어느 쪽이 거리의 순수함을 더 잘 유지시켜줄 수 있는가를 묻지 않을 수 없다. 이성이 달려가는 자기 역사 속에 모든 거리감은 스스로를 통해 극복될 수 있는가, 아니면 타자의 힘을 궁극적으로는 필요로 할 수밖에 없는가? 이 글은 이와 같은 문제 의식을 가지고서 이성과 자연 사이에서 발생하는 거리를 극복하는 칸트의 역사철학과 헤겔의 역사철학을 비교 조명해보는 데 목적을 두고 있다. 이와 같은 목적을 위해서 이 글은 칸트와 헤겔의 이성관, 자연관, 사회관, 종교관을 역사관을 중심으로 비교 고찰해보고자 한다.

2. 이성의 역할

칸트와 헤겔에서 역사철학이라고 한다면 그것은 자연의 변천사를 기록하는 것이 아니라 이성의 자기 발전사를 서술하는 작업이라고 보아야 할 것이다. 따라서 이들의 역사철학을 이해하기 위해서는 이들이 주장하는 이성의 역할에 대해서 규명하는 것이 선결되어야 할 것이다.

익히 알다시피 칸트는 종래의 형이상학을 비판하고 학으로서의 형이상학을 정립하고자 이성을 이성 자신의 법정에 불러놓고 이성이 할 수 있는 것과 할 수 없는 것에 대한 냉엄한 반성을 시도하였다. 그는 이런 반성적 비판 작업을 통하여 인간 인식 능력 일반에 대해서 분석을 시도하였다. 그에 의하면 '우리의 모든 인식은 감관에서 출발하여 오성으로 나아가 이성에서 끝나며, 이 이성이야말로 직관의 소재를 가공하여 최고의 통일로 가져올 수 있다'[1]고 주장했다. 그래서 인간의 모든 인식은 직관에서 시작하여 개념을 거쳐 이념에서 완결된다. 그러나 칸트는 여기서 오성의 능력과 이성의 능력을 명백히 구별한다. 그에 의하면 전자는 '규칙들을 매개로 하여 원리들 아래로 통일하는 능력'이라면, 후자는 '오성의 규칙들을 원리들 아래로 통일하는 능력'이다.[2] 따라서 이성은 경험적 대상에 직접 관계하여 구성하지 못하고 언제나 오성을 통해서 관계하며, 모든 인식을 체계적으로 통일시키는 이념에 관계한다. 그러나 칸트에 의하면 이 이념은 경험의 영역을 벗어나 있으며, 우리의 인식을 언제나 총체적으로 완결 짓도록 요구하는 규제적 원리일 뿐이다. 그러므로 칸트에게서 오성의 구성적 원리와 이성의 규제적 원리는 엄격히 구별되어야 한다. 나아가 그는 오성은 대상을 구성하는 개념화 작업을 그만두고 이성의 이념으로 넘어가서는 절대로 안 된다고 주장하고 있다.[3] 이처럼 칸트에게서

---

1) I. Kant, *Kritik der reinen Vernunft*(바이세델판), B355(KrV로 약기함).
2) I. Kant, KrV., B359.

는 이념은 개념화의 작업으로부터 거리를 두고 있다.4) 따라서 그에게는 생각하는 주관의 절대적 통일로서의 영혼이라는 이념과 현상 제약들의 계열의 절대적 통일로서의 세계라는 이념 및 사유 일반의 모든 대상들을 제약하는 것으로서 절대적 통일을 포함하고 있는 신이라는 이념은 모두 개념 속에서 내용을 가지고 존재할 수 없으며, 이것들은 어디까지나 규제적 이념으로서 요청되는 차원에 머물러 있어야 한다. 여기에서는 자기에 대한 인식도, 세계에 대한 인식도, 신에 대한 인식도 모두 거부되고 있다.

그러나 칸트는 자신과 세계와 신에 대해서 느끼는 이 거리감을 절망적으로 처리하지는 않는다. 그는 이들의 위격에 손상을 주지 않고 제대로 만나게 하기 위해서 이들에 대한 개념화에 제동을 건 것이다.5) **그는 요청의 무력감에 자신을 맡긴 것이 아니라 요청의 위대함에 자신을 세워놓고자 했다.** 그래서 그는 실천 이성이 가야할 길을 열어놓고자 했다. 이론 이성에서 이념으로만 남아 있던 이들을 실천적 차원에서 실재성을 확보하고자 했다.

하지만 칸트에게서 이런 실재성의 확보가 하루아침에 이루어지는 것이 아니다. 인간이 무엇을 행해야 하는가 하는 문제는 인간이 무엇을 소망해도 좋은가 하는 물음과 직결되어 있다. 이미 도덕적 행위는 미래의 소망과 관련되어 있다. 외적 자유가 완전히 실현된 법의 나라도, 내적 자유가 완전히 실현된 덕의 나라도, 그리고 외적 자유와 내적 자유가 조화되는 종교의 나라도 역사의 미래를 기다려야 한다.

그러므로 칸트에게 이성은 자신 속에서 존재를 송두리째 잉

---

3) I. Kant, KrV., B497.
4) I. Kant, KrV., B596.
5) I. Kant, KrV., Bxxx.

태시켜낼 수 있는 창조주적 능력을 지니고 있지 못하고, 다만 '객관의 개념들을 정돈하고 그것들에 통일을 줄' 뿐이다.6) 칸트는 인간의 인식 주관 형식에 질료를 모두 담을 수 있는 역량을 부여하지 않았다. 그렇기 때문에 앞서도 언급되었듯이, 칸트에게는 나와 세계와 이들을 통합하는 신은 알 수 없는 X로 남는다. 이 X를 만나는 일은 실천 이성이 역사 속에서 수행하는 활동 속에 맡겨져 있다.

그러나 헤겔은 칸트의 바로 이와 같은 철학적 태도에 불만이 있는 것이다. 헤겔은 칸트적 인식기관설과 관련하여 인식하면서 인식의 본질을 주장해야지 인식 작용 이전에 미리 틀을 설정하는 것은 바람직하지 못하다고 본다.7) 그는 의식 작용과 대상을 분리시켜 고정화시키는 것을 반대한다. 헤겔이 볼 때 칸트는 물 속에 들어가보지도 않고 물의 깊이를 모른다고 하는 형태를 띠고 있다. 그에 의하면 칸트는 인식의 한계를 논하기 전에 인식 활동의 역사를 진행시켜보지 않았다.8) 나아가 헤겔은 칸트가 범주를 경험적 차원에서만 다루지 이성적 차원으로 지양시키지 못함으로 인해 형식적 사유에 머물러 있다고 비판한다.9) 그래서 칸트의 이성 능력은 부족하며, 실재를 결여하고 있는 초월적 개념들만을 다루고 있는 데 머물고 있다고 본

---

6) I. Kant, KrV., B672.
7) G. W. F. Hegel, *Phänomenologie des Geistes*, Werke 3, Suhrkamp Verlag Frankfurt am Main, 1970, 68-69쪽(Ph로 약기함).
8) G. W. F. Hegel, *Vorlesung über die Geschichte der Philosophie* III, Werke 20, 424-427쪽(Vor로 약기함). / *Enzyklopädie* I, Werke 8, 114-116쪽 (Enz로 약기함).
9) G. W. F. Hegel, "Glauben und Wissen oder Reflexionsphilosophie der Subjektivität in der Vollständigkeit ihrer Formen als Kantische, Jacobische und Fichtesche Philosophie", *Janaer Schriften 1801-1807*, Werke 2, Suhrkamp, 317, 318, 325-326쪽(GuW로 약기함).

다.10) 따라서 **헤겔은 칸트가 자신의 순수 이성에 대한 비판에서 가장 중요한 것으로 생각한 것을 가장 심각한 실패로 간주한다.** 그에게는 "철학은 이성적인 것에 관한 근본적인 정초이기 때문에 어떤 피안적인 것을 정립하는 것이 아니라 현재적이고 현실적인 것을 파악하는 것"11)이어야 한다. 그래서 헤겔은 추상적 동일성으로서의 오성적 방법을 지양하여 분석과 종합의 통일로서의 사변적 방법을 추구한다.12) 여기에서 헤겔은 칸트의 오성과 이성이 구별된 상태로 머물러 있는 것을 비판하면서, 추상적인 오성적 측면은 변증법적인 부정적-이성적 측면으로, 그리고 이것은 다시 사변적인 긍정적-이성적 측면으로 지양되어야 함을 주장하였다. 헤겔에 의하면 "사변적인 것은 …… 오성이 오로지 그 분열과 대립으로밖에 보지 못하는 규정들의 구체적 통일"이며, "이성적인 것의 본질은 대립된 것을 관념적 계기로서 자기 속에 포유하고 있다."13) 헤겔에게서 이성은 또한 단순히 인식 주관의 형식에 머무는 것이 아니라 이미 "객관 세계 속에 내재하는 세계의 영혼"이며, "세계에 고유한, 그것의 내면적인 본성"이다.14) 그러므로 "세계를 이성적으로 조망하는 자에게만 세계 또한 그에게 이성적으로 대한다. 이 양자는 상호 규정 속에 있다."15) 이처럼 헤겔은 칸트가 이율배반에서 **오성의 최상권과 사변적 이성의 환상을 입증한 것**

10) G. W. F. Hegel, Enz. I, 137쪽.
11) G. W. F. Hegel, *Grundlinien der Philosophie des Rechts*, Werke 7, 24쪽 (GPR로 약기함).
12) G. W. F. Hegel, *Differenz der Fichteschen und Schellingschen System der Philosophie*, Werke 2, 10-11쪽.
13) G. W. F. Hegel, Enz. 1, 179쪽.
14) ebebda, 82쪽.
15) G. W. F. Hegel, *Die Vernunft in der Geschichte*, Felix Meiner · Hamburg, 1955, 31쪽(Ver로 약기함).

을 오히려 **오성의 불충분성과 이성의 우위로** 이끌고자 한다.

이상에서 보듯이 헤겔은 칸트의 초월적 관념론을 주관주의로 규정하고 사변적 관념론으로 고양시킴으로써 객관성을 확보하고자 했다. 그의 이런 입장은 "이성적인 것은 현실적이고(1), 현실적인 것은 이성적이다(2)"16)는 주장으로 압축될 수 있을 것이다. 하지만 헤겔의 이런 입장은 칸트철학의 내적인 비판이라기보다는 외적인 비판에 가깝다고 보아야 할 것이다. 방금 언급된 헤겔의 주장 중 (1) 부분은 이성이 자신의 능동적 활동을 통해 역사 속에서 자기를 실현할 수 있는 자유가 부각되지만, (2) 부분은 이미 현실이 이성적이어서 이성은 거기에 따르는 운명적 사고가 스며들 여지가 있다. 헤겔의 변증법적 사고에서는 이 자유와 운명이 또 한 번 결전을 벌여 역사적 과정 속에서 종합되어야 함을 함축하고 있다. 그러나 칸트에게는 인간의 이성이 이런 일을 수행해내는 데 한계가 있다고 보며, 또 설혹 이런 일을 수행해낸다 하더라도 그것 역시 독단적일 수 있다고 본다. 그래서 칸트는 제삼 이율배반론에서 자유와 필연을 양립시키는 차원으로 나아갔다. 칸트가 헤겔 뒤에 살았더라면 그의 변증법 역시 자신이 비판했던 형이상학의 한 부분으로 편성시킬 것이다. 칸트는 인간의 구성적 능력으로서의 오성과 규제적 능력으로서의 이성을 구별하는 것이 가장 솔직한 태도라고 볼 것이다. 이 두 영역 사이를 허물어뜨리는 그 어떠한 시도도 결코 인간 인식 능력을 벗어나는 과도한 시도라고 볼 것이다. 인간의 사변적 이성이 추구하는 이론적 사유는 존재와 완전히 합일되지 못하는 면이 있음을 승인해야 한다는 것이다. 헤겔은 칸트가 왜 주관주의를 취할 수밖에 없었는가에 대한 보다 더 심각한 반성을 하기보다는 자신의 철학 체계에서 바라보

---

16) G. W. F. Hegel, GPR, 24쪽.

는 관점이 강하다.17) 이런 의미에서 카울바하는 칸트의 철학, 특히 역사철학과 관련하여 그의 입장을 전망주의로 해석하며, 이 전망주의는 오성의 미진한 부분을 보충하는 데 있지, 오성을 침해하는 데 있는 것이 아니라고 파악하고 있다.18)

칸트와 헤겔의 이런 입장 차이는 이론 이성과 실천 이성의 관계에 대한 이해나 계몽에 대한 이해에도 그대로 반영되어 있다. 칸트는 자신의 비판 정신이 사변 이성에 제한을 가하는 일에서 소극적인 기능을 하지만, 이성의 실천적 사용을 위해서는 적극적 기능을 한다고 주장하였다.19) 그는 사변 이성에게는 단순히 이념으로만 남아 있던 것이 실천 이성에 이르러서야 비로소 실재성이 확보될 수 있다고 보았다.20) 그래서 칸트는 순수한 실천 이성이 순수한 사변 이성보다 우위에 있지 않으면 자기 모순이라고 보고 있다.21) 칸트의 이런 입장은 헤르더(J. G. Herder)와 비코(G. Vico)이 입장을 비교해보면 더 잘 나타난다. 칸트는 이들과 달리 자연적 사실의 세계와 이성적 당위의 세계의 구별을 중시한다. 비코는 역사를 도덕적인 면에서 바라보지 못하고, 역사적 사실들의 다양성에서 바라보는 데 반해서, 칸트는 실천 이성을 통하여 역사는 도덕적 대상으로 향하게 된다.22) 그래서 칸트는 실천 이성이 지향하는 도덕적 관심으로부

---

17) Paul Guyer, "Thought and being : Hegel's critique of Kant's theoretical philosophy", in Frederick C. Beiser(ed.), *The Cambridge Companion To Hegel*, Cambridge University Press, 1993, 171-183쪽.
18) F. Kaulbach, "Welchen Nutzen gibt Kant der Geschichtsphilosophie?", *Kant-Studien*, 1975, 82, 88-89쪽.
19) I. Kant, KrV., Bxxv.
20) I. Kant, *Kritik der praktischen Vernunft*, A5, 6(KpV로 약기함).
21) I. Kant, KpV., A219.
22) Stephan Otto, "Unter einer transzendentalphilosophischen Rekonstruktion der Philosophie Vicos anhand des Liber metaphysicus", in : Sachkommentar zu Giambattista Vicos "Liber metaphsicus", hrsg. von

터 현실 역사적 사건으로 내려오는 과정을 역사적 과정으로 파악하고 있다. 그러므로 칸트에게는 역사적 진행이 기대하는 것이 역사적 사건들을 통해서 검사되지 않는다. 그가 역사적 진행 속에서 주장하는 것은 도덕적 명령과 사실적 진행 사이를 한 곳으로 수렴하고자 하는 **기대**이지 확정짓는 것이 아니다. 칸트는 도덕적 요청들과 역사적 사건들 사이의 불일치를 극복하려고 노력하지만, 당위성에 더 초점을 맞추고 미래를 진보적으로 읽어내고자 한다. 따라서 비코는 역사적 사건의 지식에 더 많이 관심을 갖는 데 반해서, 칸트는 역사적 진행 과정이나 역사적인 객관적 요소에 더 많이 관심을 갖는다.23) 칸트는 역사에서 인식될 대상에 관계하는 것이 아니라 자율에 바탕을 둔 실천 이성의 법칙들이 지니고 있는 보편성에 관계한다. 칸트에게 "도덕 법칙은 …… 초감각적인 자연의 가능성에 대한 법칙이다."24)

이와 같은 대비 관계는 헤르더와 관련해서도 마찬가지로 나타난다. 헤르더는 칸트와 달리 인간의 이성 능력을 선험적인 것으로 보지 않고 주위 환경으로부터 만들어지는 역사적 산물로 간주하며, 자연의 인과 법칙에 종교적인 합목적성을 혼합시킨다.25) 그러나 칸트는 헤르더의 이런 주장 속에는 자연사를 기술함에 있어서 이론적으로 인식될 수 없는 형이상학적인 근거를 마치 인식될 수 있는 것처럼 끌어들이고 있다고 비판한다. 칸트에게 그것은 요청적인 것으로 하나의 이념의 위치에 있어야 하는 것이다. 이런 의미에서 칸트는 헤르더가 자연으로부터 인

Stephan Otto und Helmut Viechtbauer, München 1985, 9쪽 이하.
23) I. Kant, *Kant's gesammelte Schriften* XX(아카데미판), 307쪽(AA로 약기함).
24) I. Kant, AA. V, 21쪽.
25) I. Kant, *Zu Johann Gottfried Herder : Ideen zur Philosophie der Geschichte der Menschheit*, 전집 10권(바이세델판), 785-786쪽(Ideen으로 약기함).

간을 유추함으로써 이성사와 자연사를 혼동하고 있다고 본다.[26] 이 둘을 인식론적 범주 안에서 연결시키려는 작업은 또 하나의 독단적 형이상학을 초래한다.[27] 하지만 헤르더는 칸트에게 구체적인 개별적인 것이 거부되는 공허한 논리라고 비판한다.

한편, 헤겔은 이들의 입장을 변증법적으로 지양·종합시키고자 한다. 그러기 위해서 그는 자연을 더 이상 추상적인 대립자로 설정한 상태에 머물지 않고 정신의 소외태로 파악하며, 아울러 오성의 유한한 자발성을 이성의 무한한 자발성으로 고양시키고자 한다. 헤겔은 비코와 헤르더의 정신을 수용하여 칸트의 이성의 형식성에 내용을 채운다.[28] 그러므로 헤겔에게는 칸트에게서처럼 실천적인 도덕이 이론적 인식의 우위를 차지하는 것이 아니라 사유의 작용 속에서 통일된다. 칸트에게는 이성이 인식의 합당한 범위를 넘어서 사변의 방향으로 향하는 것은 모순이지만, 헤겔에게는 바로 그 모순 속에서 통일을 생각해내려고 한다. 이성은 총체성으로 나아가는 도중에 개념 속에서 출현하는 모든 차이들을 포괄한다. 그러므로 헤겔에게는 칸트에게처럼 의지가 사유 작용과 구별되는 것이 아니라 의지는 이미 사유 작용의 한 측면이 된다. 헤겔은 사유 작용을 더 중시하는 데 반해서, 칸트는 실천 이성의 우위를 주장한다. 헤겔은 사유 작용을 주어진 소여를 단순히 통일시키는 능력으로 보지 않고 자신을 내용으로 취하는 능력으로서, 자신 속에서 자신을 발전시키는 총체성이다. 그러므로 이성의 인식은 단순한 주관적 인식이 아니라 그 자체 진리다.[29] 헤겔의 이와 같은 관점에

---

26) I. Kant, Ideen, 790-791쪽. "어떠한 유추도 우연적인 것과 필연적인 것 사이에 존재하는 측정할 수 없는 이 틈을 메워줄 수 없다"(같은 책, 795쪽).
27) I. Kant, Ideen, 791-793쪽.
28) G. W. F. Hegel, *Vorlesung über die Geschichte der Philosophie* I, Werke 18, 20-28쪽(VGP로 약기함).

서 볼 때 칸트는 이성의 자기 입법성 안에만 머물러 있기 때문에 내용적 자연과 형식적 자연, 자의와 의지, 행복과 도덕, 이론이성과 실천 이성이 구별될 수밖에 없으며, 전자를 후자쪽으로 지양시킬 수 있는 터전이 막혀 있다.

이런 면은 계몽에 대한 칸트의 입장을 비판하는 데도 분명히 나타난다. 익히 알다시피 칸트는 진정한 계몽은 과학적 삶과 종교적 삶, 이론 이성적 삶과 실천 이성적 삶을 구별하는 것이라고 보고 있다. 그러나 헤겔은 칸트의 이런 계몽관은 오성의 철학에 고착된 형태로서 유한이 절대화된 주관성에 매몰되어 있다고 비판한다. 헤겔은 신앙과 사유 작용 사이의 갈라진 틈을 인정하지 않는다.[30]

이상에 논의에서 볼 때 칸트가 보는 이성의 역할과 헤겔이 보는 이성의 역할에는 명확한 차이가 있다. 칸트에게는 이성이 규제적인 역할에 머물러 있는 데 반해서 헤겔에게는 이성이 현실성의 원리로까지 진입한다. 칸트에게는 이성의 역사가 실천 이성의 우위를 위해서 존재하지만, 헤겔에게는 이성의 역사가 이론 이성과 실천 이성의 지양·종합을 위해서 존재한다.

3. 기계론적 자연과 목적론적 자연

칸트와 헤겔의 이성의 역할은 그들이 바라보는 자연관에도 그대로 반영되어 있다. 칸트에게는 합법칙성(Gesetzmäßigkeit)

---

29) G. W. F. Hegel, *Nürnberger Schriften*, Werke 4, 122-123쪽. / *Vorlesung über die Philosophie der Geschichte*, Werke 12, 23-24쪽.
30) G. W. F. Hegel, *Vorlesung über die Philosophie der Religion* 1, Werke 16, 187쪽. Enz. III, 374쪽.

으로서 자연과 합목적성(Zweckmäßigkeit)으로서의 자연이 구별된다.[31] 전자는 규정적 판단력이 관계하는 자연이며 후자는 반성적 판단력이 관계하는 자연이다. 전자는 오성이 입법한 자연[32]으로서 기계론적 자연이며, 후자는 이성의 이념으로서 목적론적 자연이다. 칸트의 이와 같은 자연관의 구별에는 계몽정신의 수용과 제한이 병존하고 있다. 칸트는 전자의 자연만 주장할 수 없었다.『순수이성비판』의 '제삼 이율배반론'에서 분명히 제시되고 있듯이, 그는 초월적 자유를 확립하지 않고서는 의지의 자유도 나아가 실천 이성의 자유도 확립할 수 없게 된다고 보았다. 그는 실천 이성의 자기 활동 무대로서의 자유의 영역을 확립하지 않을 수 없었다. 결국『순수이성비판』에서 자연필연성과 자유를 양립시키는 것이나,『판단력 비판』에서 기계론과 목적론을 양립시키는 것은 모든 이성의 실천적 사용의 전망을 열어놓기 위함이었다. 그러나 그가 전자에서 주장한 초월적 자유도, 후자에서 주장한 초월적 합목적성도 모두 구성적 원리로서 작용하는 것이 아니라 규제적 원리로서 작용하는 이념이다. 이들 이념은 이미 이성이 활동해야 할 역사라는 무대와 직결되어 있다. 만약에 이들 이념의 영역이 확보되지 않는다면, 인간의 역사는 이성 자신의 역사가 아니라 이미 결정되어 있는 섭리사나 운명사에 귀속될 것이다. 이성의 자기 활동사로서의 자기 역사는 이 이념의 공간이 확보될 때 비로소 성립될 수 있다. 이미 칸트는『실천이성비판』에서 도덕 법칙의 전형(Typus)으로서 자연 법칙을 이야기할 때 '자연의 왕국'을 '목적의 왕국'과 유비시키고 있으며, 이때 '자연의 왕국'은 '자유

---

31) 여기에 대한 좀더 자세한 논의는 필자의 졸고,「칸트의 <자연>에 대한 반성적 고찰」, 프랑스문화연구회 편,『인간은 자연을 어떻게 이해해왔는가?』, 어문학사, 1997. 231-294쪽 참조.
32) I. Kant, KrV., A 126.

의 왕국'이 자리하고 있는 합목적적인 자연으로 그려지고 있
다.[33] 이 자연에서 역할을 하고 있는 반성적 판단력은 현상계
와 예지계, 자연의 법칙과 자유의 법칙을 연결짓는 역할을 한
다.[34]

그는 취미 판단에서 형식적인 주관적 합목적성을 다루고, 자
연과 사물에 관한 파악에서 객관적인 합목적성을 다룬다. 그리
고 후자의 합목적성을 다시 외적인 합목적성과 내적인 합목적
성으로 나누고 각기 무기물과 유기물에 적용시킨다. 그러나 이
때 합목성의 원리는 하나의 규제적 이념으로서 소극적으로 사
용되지 적극적으로 사용되어서는 안 된다. 기계론과 목적론의
이율배반을 해결하는 데에 그는 기계적 설명 방식과 유기적 설
명 방식을 차원을 달리하여 사용할 것을 요구한다. 그는 그렇
지 않으면 이율배반은 불가피하다고 본다.[35] 그는 이런 합목적
성의 원리를 자연의 산물들이 발생하는 방식에 대한 **설명적** 원
리로서가 아니라 자연의 특수한 법칙들을 탐구하기 위한 하나
의 **발견적** 원리로 보고 있다.[36] 이런 의미에서 칸트는 <자연의
합목적성의 실재론>을 주장하는 물활론이나 <자연의 합목적
성의 이상론>을 주장하는 유신론 모두 객관적 근거들을 제시

---

33) I. Kant, KpV., 188쪽. / I. Kant, *Grundlegung zur Metaphysik der Sitten*,
72쪽. H. J. Paton, *The Categorical Imperative : A Study in Kant's Moral
Philosophy*, Hutchinson & Co. LTD. 1970, 190쪽.
34) I. Kant, *Kritik der Urteilskraft*, 전집8권, 247, 272쪽(KU로 약기함).
35) "그러므로 본래 물리적인(기계적인) 설명 양식의 격률과 목적론적인(기
교적인) 설명 양식의 격률 사이에 이율배반이 성립되는 것처럼 보이는 것은
모두가 다음과 같은 사정에 기인한다 : 즉, 그것은 우리가 반성적 판단력의 원
칙을 규정적 판단력의 원칙과 혼동하고, 또 전자의 자율성(특수한 경험 법칙
에 관한 우리의 이성 사용에 대하여 단지 주관적으로 타당하는)을 오성에 의
해서 주어진 (보편적 또는 특수적) 법칙에 따르지 않으면 안 되는 후자의 타
율성과 혼동한 데 기인한다"(I. Kant, KU., 503쪽).
36) I. Kant, KU., 529쪽.

하려고 함으로써 이율배반의 굴레를 벗어나지 못한다고 본다.[37]

그러나 칸트는 단순히 이렇게 소극적으로 사고하는 정도에서 그치지 않는다. 그는 기계론적 설명 방식과 목적론적 판정 방식을 단순히 공존시키는 차원(KU. 77절)을 넘어서 전자의 방식을 후자의 방식으로 합일시키고자 한다. 그는 이것을 목적에 긍정적인 이성과 목적에 부정적인 오성 사이를 매개시켜주는 반성적 판단력이 추구하는 '초감성적인 것'에서 찾고 있다.[38] 그는 이 초감성적인 것을 서로 항쟁하는 자연의 판정 원리들을 일치시켜주는 공통의 원리로 파악하고 있다. 그는 이 초감성적인 것에 기초하여 자연의 원리에 따르는 사고 양식으로부터 자유의 원리에 따르는 사고 양식으로 이행하고자 한다. 양자의 근원인 이 초감성적인 것은 이론적으로는 인식되지 않지만 실천적으로는 인식되는 도덕적인 의지의 자유와는 달리 이론적으로도 실천적으로도 인식되지 않는 모든 현상의 기체(基體)로서의 자유다. 이것은 자연의 통일을 가능케 해주는 주관적 능력의 궁극적 근거다.

따라서 우리는 이 초감성적인 것의 자발성에 의하여 자연 전체를 마치 의도적으로 기술적 통일이 산출된 것처럼 판정한다. 바로 이와 같은 판정에 입각하여 칸트는 결국 자연을 온전히 설명하는 데 기계론적 설명만으로 부족하고 목적론적 설명이 요청되지 않을 수 없고, 따라서 전자는 후자에 궁극적으로는 예속된다고 보고 있다.[39] 칸트의 이와 같은 사고 방식은 앞에

---

37) I. Kant, KU., 73-74절.
38) "한편으로 기계적인 도출과 다른 한편으로 목적론적 도출과의 공통적 원리는 우리가 현상으로서의 자연의 근저에 인정해두지 않으면 안 되는 초감성적인 것이다. 그러나 이 초감성적인 것에 관해서 우리는 이론적 견지에서는 조금도 긍정적으로 규정된 개념을 가질 수 없다"(KdU., 352쪽).

서 언급된 반성적 판단력의 합목적성의 원리에 근거하고 있다. 이 합목적성의 원리는 판단력 자신이 자연 속에 넣은 하나의 기획이다. 칸트의 이와 같은 기획 속에는 이미 진보적인 사고가 깔려 있다. 그는 유기체의 내적 합목적성이 무기체의 외적 합목적성보다 우월하다고 보았으며, 나아가 내적 합목적성을 지니고 있는 생명체 중에서도 인간의 정신이 자연의 최종적 목적이라고 보았다.[40] 나아가 그는 인간의 정신의 존재 근거를 신으로 보고 있다. "인간은 이 지구상의 창조의 최종 목적이다. 왜냐 하면 인간은 목적을 이해할 수 있고, 또 합목적적으로 형성된 사물들의 집합을 자기의 이성에 의하여 목적의 체계로 만들 수 있는 지상의 유일한 존재자이기 때문이다."[41] 이와 같은 인간에게는 지상의 최고 궁극 목적인 신에 이바지하기 위해서 끝없는 숙련성이 요청된다. 자연에 대한 능력성과 숙련성의 나타남이 바로 문화며, 인간은 이 문화를 통해서 행복을 누릴 수 있는 존재가 된다.[42] 사람이 자연의 최종 목적이라면 이 목적이 궁극 목적이 되기 위해서는 여타의 모든 목적들로부터 분리되어야 한다. 이 분리의 징표가 바로 문화다. 이 문화는 "임의의 목적 일반에 대한 이성적 존재자(따라서 그의 자유에서)의 유능성을 산출하는 것이다."[43] 그러나 이 문화는 우리의 숙련

---

39) "다만 확실한 것은, 비록 우리가 기계적 설명 방식으로 아무리 진전을 본다고 해도, 이 설명 방식은 우리가 자연 목적이라고 인정하는 사물들에 대해서는 언제나 불충분하며, 따라서 우리는 우리의 오성의 성질상 이러한 (기계적) 근거들을 모두 목적론적 원리에 예속시키지 않으면 안 된다는 점이다"(I. Kant, KU., 534쪽).

40) 그러나 칸트는 인간을 최종적 목적(ein letzter Zweck)으로는 파악하고 있지만 궁극적 목적(ein Endzweck)으로는 파악하는 것을 거부한다(I. Kant, KU., 547쪽).

41) I. Kant, KU., 548쪽.

42) "자연의 제1목적은 행복이며, 제2목적은 인간의 문화가 될 것이다"(I. Kant, KU., 551쪽).

성의 소산이기 때문에, 인간의 최종적 목적이 되기에는 충분하지 못하다. 칸트는 자연의 궁극적 목적을 문화적 존재보다는 도덕적 존재에서 찾고 있다. 그는 도덕적 존재를 문화적 존재 위에 위치짓는다. 칸트에게서 "궁극적 목적이란 자신의 가능적 조건으로서 다른 어떤 것도 필요치 않는 목적"[44]으로서 인간의 도덕성이 여기에 해당한다. 인간의 도덕성은 자연의 모든 조건에서 벗어나서 오히려 자연의 모든 조건들을 포섭하는 위치에 있다.

인간은 자연의 최종 목적이며 그는 자신의 도덕적 활동을 통하여 자연의 최종적 목적인 행복을 소망하고 있다. 하지만 인간에게 주어질 수 있는 자연적 행복도 도덕적 의무 의식에 바탕을 두어야 한다. 그러므로 그는 신학을 자연신학과 도덕신학으로 나누고 전자를 자연의 최후의 원인을 추론하는 이성적 의도에 의한 것으로 보고, 후자를 이성적 존재자의 도덕적 목적으로부터 자연의 최종적 원인을 추론하려는 의도에 의한 것으로 파악하고 있다. 그러나 전자는 후자에 예속되어야 할 것으로 파악하고 있다.[45] 이처럼 인간의 자연성이 아니라 도덕성이 창조주의 합목적성의 존재 내용이다. 결국 칸트는 반성적 판단력과 함께 자연의 기교 배후에 가장 높은 예지적인 세계 원인을 상정하고 그 세계 원인을 신이라고 함으로써 종래의 신의 개념을 새롭게 한다.

이상의 칸트의 자연관에 대해서 헤겔은 비판적으로 바라보고 있다. 그에 의하면 반성적 판단력의 의식 활동은 결국 주관적 격률로 전락되므로,[46] 이것은 다시 변증법적인 사변적 의식

---

43) I. Kant, KU., 554쪽.
44) I. Kant, KU., 557쪽.
45) I. Kant, KU., 619쪽.
46) "비록 칸트철학이 반성적 판단력 개념에서 정신의 이념, 주관-객관성, 객

활동으로 발전되어야 하며, 기계론으로부터 목적론으로 지양되어야 한다. 그는 낭만주의적 자연관을 가지고 있는 셸링의 상상적 직관도 거부하고,47) 계몽적 사고에 바탕을 두고 있는 칸트의 추상적 자연관도 거부한다. 그는 칸트가 외적 합목적성과 내적 합목적성을 구별하고, 후자의 경우를 통하여 생명의 개념을 찾아낸 것은 하나의 공헌으로 인정하지만, 소극적인 방법에 그쳤다는 점에서 비판적이다.48) 그는 칸트가 기계론과 목적론을 객관적인 명제로 보지 못하고 한낱 주관적인 준칙으로 보는 데 그쳤다는 점에서 유감스럽게 생각한다. 즉, 헤겔은 칸트가 <목적론적 판단력의 변증론>에서 주장된 정립과 반정립 중 어느 쪽이 즉자대자적으로 진리를 담지하고 있는지에 대해서 더 천착하지 않고 주관적 준칙으로 보는 차원에 머물러 객관적 인식에 이르지 못함을 비판하고 있다. 헤겔도 칸트처럼 목적론을 다루다보면 결국 이념으로 넘어갈 수밖에 없다는 것을 인정하지만, 이념이 칸트처럼 규제적인 차원에 머무는 것이 아니라 이념 그 자체가 존재가 되어야 한다.49) 헤겔은 칸트와 야코비를 비교하면서 이들 둘 다 전통 형이상학을 비판하지만, 야코비처럼 당대의 형이상학이 취한 논증 방식에 치중하지 않고 질료(소재)에 너무 치중함으로써 인식의 주관성에 예속되어 유한성에 머물러 있다고 비판한다.50) 이로 인해 헤겔이 볼 때 칸트는 자유

관적 오성 등 및 자연의 이념에 대해서 주장하게 된다 할지라도 이러한 이념 자체는 재차 현상으로, 즉 주관적 격률로 전락하게 된다"(G. W. F. Hegel, Enz. III, Werke 10, 202쪽).

47) G. W. F. Hegel, Enz. I, §24 / Enz. II, §247.
48) G. W. F. Hegel, *Wissenschaft der Logik* II, Werke 6, 440-443쪽(Logik으로 약기함).
49) "존재는 이념이 개념과 실재성의 통일을 이룰 때 비로소 진리로서 의의를 지니게 된다. 따라서 이제 존재는 이념 그 자체가 된다"(G. W. F. Hegel, Logik II, 465쪽).

에 대립하는 필연성을 제대로 넘어서지 못하고, 실천적 이념과 이론적 이념이 분열되어 있으며, 절대적 요청(ein absolutes Postulat)이기는 하지만 진무한적 개념에 이르지 못하고 있다.51) 이런 면에서 헤겔은 칸트의 반성적 판단력은 대립된 두 세계를 통일시키는 동력으로 작용했지만, 초감성적인 기체(基體)를 이성의 사변적 활동 안으로 귀환시키지 못함으로써 추상적인 오성적 상태에 머물러 버렸다고 본다. 헤겔은 초감성적인 존재에 의해서 역사와 자연에 부과되는 초자연적 설계를 거부하며, 이런 외적 목적론을 역사 안으로 불러들인다.52) 따라서 헤겔에게서는 기계론과 화학론은 목적론에 이르러 그 완결을 보게 된다. 결국 자연사는 이성사의 자기 활동성 속에서 그 목적을 완성하게 된다.53) 헤겔에게서는 자연은 그 자체만으로는 고정되고 완성된 것이 아니며 정신 없이는 존립할 수 없다. 자연은 존재 일반의 형태를 얻은 절대 이념일 뿐이며54) 이성적 차원에서 볼 때 절대 정신의 내적 계기에 지나지 않는다. 이런 자연을 파악하기 위해서는 오성의 대상적 파악 방식을 지양하여 이성의 개념적 파악 방식이 요구된다.55) 자연을 이렇게 개념적으로 파악한다는 것은 **규정성 없이 보편성을 파악하는 이론적 태도와 보편성 없이 개별성을 파악하는 실천적 태도를 지양하여 통일시킴**을 의미한다.56) 이처럼 헤겔은 이성적

---

50) G. W. F. Hegel, Logik II, 539-40쪽.
51) ebenda, 540, 544-545쪽.
52) G. W. F. Hegel, Enz.1, 363-363쪽. / Logik II, 458쪽.
53) G. W. F. Hegel, Ver., 256-257쪽.
54) G. W. F. Hegel, Ens. II, 22쪽. "자연은 시간적으로는 최초의 것이지만, 절대적으로 앞서 있는 것이 아니다. 이 절대 이념이 궁극적인 것이며, 참된 시초다"(ebenda, 30쪽).
55) G. W. F. Hegel, Ens. 1, §246.
56) ebenda, §246.

단계에서 자연과 정신, 필연과 자유가 통일을 이룰 때 진정한 철학이 성립된다고 본다.

이상에서 보듯이 여기에서도 마찬가지로 칸트와 헤겔은 입장 차이를 분명히 보이고 있다. 칸트나 헤겔 모두에게 이성과 자연의 만남이 역사 속에서 열려져 있지만, **칸트는 그것을 이성 자신의 능력에 버거운 것으로 규정하고 있는 데 반해서, 헤겔은 그것을 변증법적 발전 속에서 이루어낼 수 있는 것으**로 확립하고 있다. 시대 지평을 떠나서 반성해본다면, 헤겔은 칸트에게서 답답함을 느낄 수 있을 것이며, 칸트는 헤겔에게서 무례함을 느낄 수 있을 것이다.

4. 사회, 종교 그리고 역사

이성이 역사 속에서 지향하는 목적은 자유일 것이다. 여기에서 우리는 외적 자유와 내적 자유의 관계를 살펴보지 않을 수 없다. 외적 자유는 사회적 자유와 관련된 것이라면, 내적 자유는 도덕적 · 종교적 자유와 관련된 것이라고 볼 수 있을 것이다.

이미 앞서 언급되었듯이 칸트는 자연을 신의 세계와 연결시키고 있다. 그는 이 초감성적인 기체로서의 예지적 자연을 통하여 과학과 종교, 도덕과 신앙, 현상과 물 자체, 오성과 이성 사이의 조화를 모색하고 있다. 그의 역사철학에서 주장된 '자연의 계획'이나 '자연의 의도'라는 개념에는 이 의미가 잘 담겨 있다. 그는 역사철학을 "자연의 계획에 따라 보편적 세계사를 다루고자 하는 철학적 시도"[57]라고 주장했으며, 또한 인류의 영

---

57) I. Kant, *Idee zu einer allgemeinen Geschichte in weltbürglicher Absicht*, 전집 9권, 47쪽(IaG.로 약기함).

구 평화를 보장해주는 것도 "위대한 예술가로서의 자연"[58]이라고 주장하였다. 우리는 우리 자신도 모르는 사이에 전혀 알지도 못하는 자연의 의도의 인도를 받아나가고 있다.[59] 자연은 인간의 자유가 활동하는 한가운데서조차 계획과 궁극적 의도 없이는 작용하지 않는다. "생명체의 자연적 소질은 언젠가는 완전하고도 목적에 맞게 발현되도록 결정되어 있다."[60] 그러므로 칸트는 모든 개인적, 사회적 인간의 활동 배후에는 '지고(至高)한 지혜'로서의 자연의 목적이 있다는 것을 상정하고 있다. 우리는 이것을 인간 이성의 이해를 넘어서는 운명이라고도 할 수 있고 섭리라고도 할 수 있지만 칸트는 거기에 대해 적극적인 주장을 하지 않는다. 다만 그는 가능한 경험의 한계 안에서 합목적적인 역사의 과정을 설명하기 위해 '자연'이라는 말을 사용하고 있다.[61] 자연은 역사의 진보라는 위대한 예술품을 창조하기 위해 인간의 유한성에 바탕을 두고 있는 갈등과 불화를 재료로 사용한다.[62] 그래서 자연은 이 목적을 성취하기 위해서 전쟁을 선택했으며,[63] 우리에게 어떤 것을 해야 할 도덕적 의무를 부과하기보다는 우리의 의사와는 무관하게 우리에게 운명적 요소를 부여하고 있다.[64] 자연은 인간의 성향 자체의 메

---

58) I. Kant, *Zum ewigen Frieden*, 바이세델판 9권, 217쪽(앞으로 ZeF.로 표기함).
59) I. Kant, IaG., 34쪽.
60) I. Kant, IaG., 35쪽.
61) 칸트는 이 점을 자연과 섭리의 비교에서 설명하고 있다. "자연이라는 말의 사용 역시 만일 그 말이 여기서 단지 이론(종교와 관계되는 것이 아니라)에만 관계한다면, (원인과 결과에 대해서 가능한 경험의 한계 안에 머물러야만 하는 것으로서의) 인간 이성을 제한시키기 위해서는 섭리라는 표현을 사용하는 것보다 더 적절하고 겸손한 것이다"(I. Kant, ZeF., 219쪽).
62) I. Kant, ZeF., 217-219쪽.
63) I. Kant, ZeF., 221쪽.
64) I. Kant, ZeF., 223쪽.

커니즘을 이용하여 영구 평화를 보장하고자 한다.[65] 그래서 "자연은 인간들 사이의 갈등, 심지어는 인간이라는 피조물이 만든 사회와 국가들 사이의 갈등을 다시 수단으로 하여 불가피한 대립 관계 속에서 평온하고 안전한 상태를 만들어낸다."[66] 그러나 자연이 인간에게 투쟁을 무의도적으로 수행하게 하는 것은 아니다. 그러니까 칸트의 '자연의 의도'는 진보를 위한 유일한 원리는 아니다. 오히려 칸트는 인간의 의식적이고 자율적인 실천이 역사 진보에 보다 더 중요한 추진력이라고 보고 있다.[67]

이처럼 칸트에 따르면 인간은 자연으로부터 이성을 부여받았으며, 바로 이 이성에 기초하여 의지의 자유를 구현할 수 있게 되어 있다. 다만 이 자유가 완성되는 것은 "개인에서가 아니라 유(Gattung)에서만 가능하다."[68] 그래서 앞 세대들이 건축물을 세우면서 겪은 시련이 있다 하더라도 결국 최후의 세대에 이르러서는 그 행복을 누릴 수 있다. 어떤 유의 동물이 이성을 가지고 있고, 이성적 존재의 유를 이루는 각 개별자들이 모두가 죽는다 하더라도 그 유가 불멸함으로써 자신들의 소질을 완전히 발현할 수 있고, 따라서 자유의 왕국을 확립할 수 있다.[69] 그러므로 '자연의 의도'는 인간의 유한성으로 인한 부정적 계기들을 진보로 나아가게 하는 보조적 원리이지 주원리가 될 수는 없다.

인간은 사회화하려는 경향도 있고 개별화하려는 경향도 있다. 칸트는 이것을 '비사교적 사교성'이라고 하였다. 이와 같은

---

65) I. Kant, ZeF., 226쪽.
66) I. Kant, IaG., 42쪽.
67) I. Kant, IaG., 36쪽.
68) I. Kant, IaG., 35쪽.
69) I. Kant, IaG., 37쪽.

인간의 '비사교적 사교성'을 자연은 이용하려고 한다. 비록 인간은 조화로움을 원하지만, 자연은 인간의 나태함을 막기 위해 불화를 원한다.70) 자연은 인간이 지니고 있는 이러한 '비사교적 사교성'의 소질을 기반으로 하여 무법적인 자연 상태로부터 법적인 시민 상태로 이행하도록 만든다. 그는 인류를 위한 자연의 최고 과제는 "자유가 외적인 법률 하에서 가능한 한 최대로 반항할 수 없는 힘과 결합된 사회, 즉 완전히 정당한 시민적 정치 체제"71)라고 주장하였다. "자연은 처음에는 인간으로 하여금 불완전한 시도들을 감행하게 하고, 결국에는 무수한 황폐화와 몰락을 거쳐 그들의 모든 힘을 탕진시키고난 후에야 비로소 그렇게 많은 불행한 경험이 없이도 이성이 이야기해줄 수 있었을 것으로",72) 즉 법적인 평화 상태로 인도한다. 자연은 "작용과 반작용이라는 평등의 원리"73)를 통하여 우리를 문명화된 존재로 인도하며, 나아가 도덕적으로 성숙한 존재가 되도록 고양시켜준다. 그리하여 자연은 우리 인간으로 하여금 국내적으로 뿐만 아니라 국제적으로도 완전한 국가 체제를 성취하여 영구 평화를 실현하도록 의도한다.

이렇게 인간은 자연을 통하여 자연의 보호 상태로부터 자유의 상태로 옮겨가게 된다. 이것은 인간 자신이 부여받은 이성의 발현이다. 처음에 인간은 자신이 부여받은 이성으로 인하여 자신의 동물성과 갈등을 겪으면서 악을 창출하게 되지만,74) 점

---

70) I. Kant, IaG., 38-39쪽.
71) I. Kant, IaG., 39쪽.
72) I. Kant, IaG., 42쪽.
73) I. Kant, IaG., 44쪽.
74) 칸트는 이 점을 다음과 같이 주장한다. "따라서 **자연**의 역사는 **신의 작품**이므로 선으로부터 시작되고, **자유**의 역사는 **인간의 작품**이므로 악으로부터 시작한다"(I. Kant, *Mutmasslicher Anfang des Menschengeschichte*, 바이세델판 9권, 93쪽, 앞으로 MadM.로 표기함).

차 이성이 주체성을 회복함으로써 "자연적인 유로서의 인류"를 넘어서 "도덕적인 유로서의 인류"를 확립하게 된다.[75]

그러나 인간은 동물적 욕망성과 이성적 도덕성이 갈등을 일으키고 있기 때문에 단지 도덕만으로 우리의 평화의 왕국을 단번에 실현할 수 없다. "인간은 타인과 유를 이루며 살 때 **어떤 지배자를 필요로 하는 동물이다.**"[76] 이런 동물로서의 인간은 도덕성만에 기초해서 자신의 발전을 완성할 수 없다. 자연은 인간에게 합법성이라는 또 하나의 중간 과정을 거치지 않으면 안 되도록 목적을 지어놓고 있다. 따라서 칸트의 자연은 이미 인간에게 자연법과 실정법, 법과 도덕에 대한 관계를 고뇌하도록 만든다. 칸트는 자연의 예비적 설비에 대해서 다음과 같이 주장하고 있다.

1) 자연은 인간을 위해 인간들이 지구의 어떤 지역에서나 살 수 있도록 배려했다. 2) 자연은 전쟁을 통하여 인간을 각 방향으로, 심지어는 가장 삭막한 지역에까지 추방하여 거주하도록 만들었다. 3) 마찬가지의 방법으로 인간을 어떻게든 법적 관계에 들어오도록 강요하였다.[77]

칸트의 이와 같은 입장은 내적 자유의 실현을 위해서는 외적 자유의 확립이 선결 조건임을 함축하고 있다. 이 외적 자유와 내적 자유의 문제를 조화시키고자 작업한 말년의 저작이『도덕형이상학』이다.[78] 그는 여기에서 외적 자유와 관련된 '합법성'

---

75) I. Kant, MAdM., 93, 102쪽.
76) I. Kant, IaG., 40쪽.
77) I. Kant, ZeF., 219쪽.
78) 여기에 대한 자세한 논의는 필자의 졸고,「칸트에 있어서 法과 道德」, 서강대학교 대학원, 1996년 참조.

과 내적 자유와 관련된 '도덕성'의 문제를 <법론>과 <덕론>에서 다루고 있다.[79] 그는 여기서 합법성과 도덕성을 분리하는 법실증주의 신화나 이 둘 사이를 통합시키는 법도덕주의의 신화를 거부하고 이 둘 사이를 구별 속에서 상호 구성적 관계가 아니라 규제적 관계로 설정함으로써 외적 자유와 내적 자유를 공존시키고자 한다. 외적 강제(타인 강제)로서의 법적 명법과 내적(타인) 강제로서의 덕적 명법 역시 합법성과 도덕성의 관계와 상응해야 한다. 내적 자유는 외적 자유를 통하여 완성되어야 하고, 외적 자유는 내적 자유를 지향점으로 삼아야 할 것이다. 따라서 외적 자유의 실현을 목적으로 하는 <법론>과 내적 자유의 실현을 목적으로 하는 <덕론>은 상보적인 관계에 있다.

그러나 인간의 이성은 현실 세계에서 외적 자유가 완전히 확립될 수 있는 법의 왕국을 확립하는 것이 매우 어려우며,[80] 또한 그것만으로 덕의 왕국이 성립되는 것도 아니다. 그 역도 마찬가지다. 칸트는 여기에서 이성이 걸어가야 할 미래의 역사를 과제로 설정해놓고 있다. 그리고 칸트는 이 과제를 실현되어야 할 당위성으로 요청하고 있지만, 궁극적으로 그 실현의 완결태를 위해서 법적·정치적 삶이 아닌 종교적 삶을 요구하고 있다. 그래서 그는 영구 평화의 날을 위해 '보이지 않는 교회(das unsichtbare Kirche)'를 불러들이고 있다.[81] 그는 이 보이지 않는 교회를 통하여 마침내 선의 원리가 악의 원리에 승리할 것으로 믿고 있다.[82] 결국 그의 이성의 역사는 종교철학에 와서

---

79) I. Kant, *Metaphysik der Sitten*, 전집7권, 324쪽.
80) I. Kant, ZeF., 226쪽.
81) I. Kant, *Die Religion innerhalb der Grenzen der bloßen Vernunft*, 전집7권, 759쪽(DRi로 약기함).
82) I. Kant, DRi., 788쪽.

정착하게 된다.

　더욱더 선한 인간이 되기 위하여 각자가 자기의 힘이 미치는 만큼 최선을 다하지 않으면 안 된다는 것, 그리고 오직 자기의 타고난 소질을 사장시키지 않을 때만(누가복음 29 : 12-16), 즉 선을 향한 근원적 소질을 더 선한 인간이 되기 위하여 사용했을 때만 인간은 자신의 능력만으로는 될 수 없는 것을 보다 더 높은 도움에 의하여 보충되도록 바랄 수 있다. 더 나아가서 이 도움이 어디서 오는 것인지에 대하여 인간이 꼭 알 필요는 없다.[83]

　이처럼 인간은 자신의 능력을 넘어서 있는 그 어떤 것으로부터 정치적, 법적 진보와 도덕적 진보의 일치를 요구하게 된다. 인간의 내면적 조화의 완성은 인간의 외면적 조화의 완성 없이 가능할 수 없고, 인간의 외면적 조화의 완성은 인간의 내면적 조화의 완성 없이는 불가능하다. 칸트는 이 점을 누구보다 잘 의식하고 있었기 때문에 정치적, 법적 진보와 도덕적 진보는 상보적임을 간파하고 있었다. 자연법과 실정법, 법과 도덕이 일치되는 평화의 왕국은 의무와 행복이 일치하는 목적의 왕국이기도 하다. 우리가 이 왕국에 이르기 위해서는 평화의 명법을 준수해야 한다. 이처럼 칸트에게서 역사의 진보는 이론적 필연

---

83) I. Kant, DRi., 703쪽("Auch ist es nicht schlechterings notwendig, daß der Mensch wisse, worin diese beste"). "숭고한 그러면서도 결코 완전히 실현될 수 없는 윤리적 공동체의 이념은 인간의 손안에서는 매우 왜소하게 된다. 그것은 기껏해야 겨우 윤리적 공동체의 형식만을 순수하게 표상할 수 있을 뿐이며, 그와 같은 전체를 건설하는 수단에 관하여서는 감성적인 인간 본성의 여러 조건들 밑에 심히 제약되어 있는 것이다. 그러나 그와 같이 구부러진 나무로부터는 꼿꼿한 것을 만들어낼 것을 기대하기가 어려울 것이다. 그러므로 도덕적인 신의 백성을 창조한다는 것은 **인간에 의해서가 아니라 신 자신에 의해서** 수행될 수 있는 것으로 기대될 수 있는 작업이다"(DRi., 759-760쪽).

성이 아니라 실천적 필연성이다.

이상에서 보듯이 칸트는 '자연의 의도'라는 것을 통하여 이성이 자신의 역사 속에서 슬픔과 고뇌를 맛보지만 그래도 희망의 깃발을 흔들 수 있는 여지를 열어준다. 그러나 헤겔은 칸트의 이런 작업이 역시 마음에 들지 않는다. 그는 칸트의 역사철학에는 이성의 자기 개념 운동 안에 귀환되지 못하는 운명사가 자리하고 있다고 본다. 헤겔에게는 역사가 이성에 의해서 밝아지듯이, 이성은 역사 속에서 구체적으로 풍부해진다. 헤겔은 칸트처럼 목적론을 규제적으로 사용하는 것에 머물지 않고 구성적으로 사용하는 것으로까지 나아간다. 그래서 역사에 대한 미래를 인식할 수 있는 것으로 주장하고 있다. 헤겔에게 이성은 자기 속에 충분함을 지니고 있어 인식할 수 없는 것을 승인할 수 없다. 그에게서는 이성의 자기 행위와 자기 목적이 분리될 수 없다. 그래서 '섭리의 계획을 인식될 수 없는 불가해한 것으로 표방하는 한 그것은 결코 충족될 수 없는 미진한 생각에 머물 수밖에 없다.'[84] 신비적 통일체로부터 개체성이 이탈해나오고 다시 보편과 개체가 추상적으로 대립되고 그리고 마침내 이들이 변증법적으로 통일되어 구체적 보편이 되는 순간까지 역사 속에서 이성은 끊임없이 자기 활동을 멈추지 않는다.[85] 이성의 자기 역사는 차안과 피안이 "진실된 유화(宥和. die wahrhafte Versöhnung)"[86]를 성취해낼 때까지 쉼 없는 항해를 계속한다. 이처럼 그는 근원적 역사와 반성적 역사를 넘어서 철학적 역사를 전개하고자 한다. 그에게서 철학적 역사란 이성이 세계를 관장하고,[87] 따라서 세계사 역시 이성적으로 진행되어 왔다는

---

84) G. W. F. Hegel, GPR., §343, 504쪽.
85) G. W. F. Hegel, GPR., §353-360.
86) ebenda, §360, 512쪽.
87) 근원적 역사 : 연대기적 역사로서 그가 속해 있는 민족이나 시기의 행위

이성의 자기 역사에 대한 사상이다.[88] 이성은 스스로를 통하여 모든 현실의 존재와 존립을 보장받는 실체다. 따라서 "이성은 …… 그 자신이 스스로를 가공하는 소재가 된다."[89] 이성은 자체 안에 안주하면서 자신의 목적을 자기 안에 가지고 있을 뿐만 아니라 스스로를 현존화시키면서 관철시켜간다.[90] 세계사의 거대한 내용은 이성적이며 또 이성적일 수밖에 없다.

그래서 헤겔은 역사에 대한 경험적인 감각적 접근을 지양하고 이성적인 선험적 접근을 추구한다.[91] 역사에 대한 이념의 탐구는 이런 접근이 아니어서는 안 된다. 이성을 증명하는 것이 세계사 자체를 제대로 탐구하는 것이다.[92] 그러므로 추상적이고 비규정적인 섭리는 배격해야 하며, 자연적인 것은 정신적인 것 속에서 논의되어야 한다. 따라서 헤겔은 신을 직관적으로 파악한다는 야코비나 셸링과는 달리 사유 활동을 통해서 파악하는 것이 가능하다고 본다. 헤겔에게서 "기독교적 종교는 인간에게 신의 본성과 본질을 드러내준 종교다."[93] 신의 나라는 인간에게서 실현되고 인간에 의해서 실존 상태로 정립되어

들에 대해서 기록하는 것. 여기에는 보편적인 전망이 결여되어 있음. 반성적 역사 : 과거의 행위를 기록하는 것으로서 나중 시대의 정신을 구체화하고, 그 시대와 관련하여 과거를 해석한다. 주관이 관여되어 객관 그 자체의 내용이 손상을 입음. 철학적 역사 : 보편적인 전망을 갖지만, 자기 자신의 생각을 자신의 주된 소재에 부과하지 않음. 근원적 역사에서의 주관과 객관의 동일성을 성취하면서도, 다른 한편 매개된 보편적, 반성적 역사를 단행함(G. W. F. Hegel, Ver., 4-14쪽).
88) G. W. F. Hegel, Ver., 28쪽.
89) ebenda, 29쪽.
90) ebenda, 30쪽.
91) 선험적인 철학적 형식은 역사 내적 내용을 통해서 구체성을 띠고, 역사 내적 내용은 선험적인 철학적 형식을 통해서 보편성을 띤다.
92) ebenda, 36쪽.
93) ebenda, 45쪽. 신의 자기 의식은 "자신의 현상 존재로서의 인간 안에서의 신 자신의 자기 의식"이다(Enz. III, §564, 374쪽).

야 할 정신의 왕국이다.

그러므로 정신의 나라는 이 땅에 국민 의식과 함께 자라나야
한다. 여기에 국민의 법과 도덕과 종교가 성립된다. 개인 정신
은 국민 정신을 통하여 자신을 실현한다. 이 국민 정신의 근저
에 있는 근원적 정신이 바로 세계 정신이다. 특정 국민 정신은
세계 정신의 연쇄적 과정의 한 부분에 지나지 않는다. 그러므
로 개인 정신이나 국민 정신의 몰락은 보편 정신으로서의 세계
정신의 한 계기에 불과하다. 모든 인간의 자유로움은 이 세계
정신 속에서 실현된다. 이 정신적 세계야말로 자유로운 실체적
세계로서 물리적 세계는 여기에 예속되어 있다.94) 물론 세계
정신의 목적은 각 개인의 자유를 통해서 실현된다. 각 개인의
자유가 응집되어 있는 국민 정신은 자신의 죽음을 통하여 세계
정신의 목적을 구현하게 된다. 정신은 자연계의 존재와 달리
본래의 자기를 만들어나간다. 하지만 이와 같은 과정의 진행에
서 개인의 부당한 죽음이 일어날 수 있다. 물론 이 죽음은 결코
헛된 죽음이 아니다. 신적인 섭리의 계획을 완수하는 세계사에
이바지하는 것이다. 세계사적 개인은 일상인의 행복이 아니라
영웅적인 자신의 열정을 통하여 보편적인 것을 지향한다. 이때
열정은 이성이 지향하는 보편성을 위하여 희생을 감내해야 한
다.95) 이것이 이른바 "이성의 교지(List der Vernunft)"다.96) 그
러나 개인의 이런 희생은 결코 단순한 수단만은 아니다.97) 왜냐

---

94) ebenda, 63쪽.
95) "자연은 자기의 목적을 실현하기 위해 지름길로 나아가지만, …… 정신의
도정은 매개며 우회인" 까닭에, "정신이 자기를 의식하는 작업을 수행하는
데는 수많은 종족과 인간이 필요했으며 숱한 발생과 소멸이라는 값비싼 대가
를 지불해야만 했다"(G. W. F. Hegel, VGP.1, Werke 18, 55쪽).
96) ebenda, 105쪽.
97) 헤겔의 이런 생각은 헤르더의 전통에서 나온다. "신의 전체 왕국에는 단
순히 수단인 것은 존재하지 않는다. 모든 것이 동시에 수단이자 목적이다"(J.

하면 헤겔에 의하면 개인이 없이는 보편자가 실현될 수 없기 때문이다. 헤겔은 이 문제를『정신현상학』에서 덕성(Tugend)과 세계 행정(Weltlauf)의 관계에서도 다루고 있다. 헤겔에 의하면 덕성을 통해 추구되는 개인의 당위적 보편성은 세계 행정 속에서 스스로의 희생을 통하여 현실성을 얻어야 한다.[98] 그에게는 덕성과 세계 행정, 특수한 이해 관심과 보편성, 도덕성과 구체적인 세계가 서로 외적으로 관련된 채 대립되어 있는 분리의 세계가 아니라 변증법적으로 지양되어야 할 관계에 있다. 도덕성과 합법성은 인륜태로 지양되어야 한다. 따라서 헤겔에게서는 칸트의 개인적이고 합리적이고 반성적인 도덕성은 내면에 침잠하는 '덕의 기사(Ritter der Tugend)'에 불과하므로,[99] 관습과 전통에 기초한 인륜성으로부터 그 내용을 얻어야 한다.[100] 개인적 의식은 사회적 세계의 내재화며, 사회적 세계는 개인적 의식 행위들의 결과가 된다. 이렇게 개인의 희생을 통해서 그 개인 속에서 보편자는 드러나게 된다. 헤겔은 바로 이런 형태를 띠고 있는 것 일반을 도덕, 인륜, 종교로 파악하고 있다. 이처럼 개인이 이성의 목적에 이바지함으로써 자신의 존재를 높이는 것이며, 스스로를 목적적 존재로 고양시키는 것이다.[101] 이제 우리에게서 도덕과 인륜과 종교는 수단이 아니라 목적의 위격을 갖는다. 이 위격들이 제대로 통일되어 객관적인 자유의 적극적 형태를 현실화한 것이 국가다. 정신의 객관성으

G. Herder, *Auch eine Philosophie der Geschichte zur Bildung der Menschheit*, Werke 1, 633쪽).
98) G. W. F. Hegel, Ph., 290쪽.
99) G. W. F. Hegel, Ph., 286-87. / GPR., 135쪽.
100) G. W. F. Hegel, GPR., 290쪽. 그러므로 헤겔은 정언 명법을 영원한 이성의 요구로 바라보면서 탈역사성을 띠게 하는 칸트의 입장에 대해 비판적이다.
101) ebenda, 106쪽.

로서 법안에 국가는 자리하게 된다. 이 국가는 인륜태로서 보편적이고 본질적인 의욕과 주관적인 의욕이 통일된 상태다. 종교 역시 주관적인 것과 객관적인 것의 통일이다.102) 신의 본성과 인간의 본성은 종교의 참다운 이념이다.

이처럼 헤겔은 인간의 이성이 자신의 온갖 역정을 감내하면서 역사 속에서 스스로를 드러내고 자신을 완결짓는 것으로 파악하고 있다. 그의 이런 역사관은 정신이 자연성에 의존되어 있는 상태로부터 점차 독립되어 자신의 세계를 실현하는 것으로 그려지고 있다. 정신은 어린이 → 청년 → 성인의 단계를 거치면서 주관적 정신과 객관적 정신이 유화를 이루는 단계로 지양되어간다.103) 결국 역사의 진행 방향은 정신의 자기 복귀, 자기 실현이며, 정신이 스스로에 대해 이루어놓은 개념이다.104) 그러므로 세계사는 정신이 자신을 객관화시킨 제2의 자연 속에서 자신을 확인하고 자신을 성취하는 과정이다. 따라서 헤겔에게는 '이성적인 것은 현실적이 되고 현실적인 것은 이성적인 것이 된다.' 이런 의미에서 아렌트는 헤겔의 역사철학을 단순한 어제나 단순한 내일이 아니라 절대적 현재에 관계하는 것으로서 정신이 쉼 없이 부정을 통하여 자신을 찾아나서는 것으로 파악하고 있다.105)

헤겔의 이와 같은 관점은 칸트와 차이를 보이고 있다. 칸트의 '자연의 의도'는 이성 자신의 힘을 통하여 완결될 수 없는 이

---

102) "국가는 종교와 동일한 공동의 원리를 가진다. 종교는 국가의 조직과 개인의 거동, 즉 개인이 국가와 갖는 관계를 내면으로부터 통제하기 위하여 외부로부터 부가된 것이 아니라, 국가 안에서 스스로를 규정하고 작동하게 하는 제일의 내면성이다"(ebenda, 128쪽).
103) ebenda, 156-157쪽.
104) ebenda, 183쪽.
105) H. Arendt, *The Life of the Mind*, vol 2, Willing, New York and London, 1978, 40-47쪽.

넘으로 자리하고 있지만, 헤겔의 '이성의 교지'는 이성의 자기 발전 속에서 극복되는 현실로 그려지고 있다. 칸트에게서 내적 자유와 외적 자유, 법과 도덕, 종교와 국가는 채워질 수 없는 거리감이 존재하지만, 헤겔에게는 그 거리감은 추상적이고 유한적인 상태로 극복되어야 하는 것으로 파악되고 있다. 결국 칸트는 섭리사와 이성사 사이에 틈새의 통증을 열어놓고 있다면, 헤겔은 섭리사와 이성사 사이에 존재하는 모순을 정신의 자기 완결의 과정으로 처리하고 있다.

5. 결 론

이상에서 보았듯이 헤겔과 칸트가 이성, 자연, 역사를 바라보는 관점은 차이가 있음을 알 수 있다. 이들은 자연사에 예속되지 않는 이성사를 전개함으로써 인간 자신의 자유의 완성을 역사의 목적으로 설정하고자 했다. 하지만 이런 목적을 추구하여 자유를 구현해가는 과정은 많은 차이를 보이고 있다. 칸트에게는 모든 대립 항들(오성과 이성, 구성적 원리와 규제적 원리, 기계론과 목적론, 자연과 자유, 내적 자유와 외적 자유, 차안과 피안, 유한과 무한, 신앙과 지식 ……)이 구별 상태에 놓여 있다면, 헤겔에게는 그 대립 항들이 발전의 매개 항으로 들어간다. 이런 의미에서 칸트에게는 이성과 자연 사이에 존재하는 거리를 단적으로 부정하거나 긍정하는 것에 조심하면서 거리 있음의 통증을 이성 홀로 해결하지 못하는 안타까움이 토로되고 있다면, 헤겔에게는 변증법적 발전의 계기로서 거리 있음은 거리 없음으로 지양되어야 할 것으로 그려지고 있다.106) 칸트는 동

---

106) "우리가 우리 앞에 가지고 있는 (철학의) 역사는 사유의 자기 발견의 역

일성과 비동일성의 갈등을 비판적이고 유비적인 사고를 통하여 닮음을 지향하고 있다면, 헤겔은 동일성과 비동일성을 사변적이고 변증법적인 사고를 통하여 동일성을 지향하고 있다. 동일성을 지향하고 있는 헤겔의 눈으로 볼 때 칸트의 닮음 지향적 태도는 미완성의 철학이며, 닮음을 지향하고 있는 칸트의 눈으로 볼 때 헤겔의 동일성 지향적 태도는 과도한 철학이 될 것이다. 결국 이성이 자기 역사를 실현해가는 데에 칸트는 '요청'의 돛단배를 타고 간다면, 헤겔은 '지양'의 함선을 타고 간다고 볼 수 있을 것이다.

도대체 우리는 어느 배를 타야 하는가? 진실로 어느 길이 인간의 진정한 자유의 길이 놓여 있는 역사인가? 역사란 차이성과 동일성의 갈등을 극복하고자 하는 인간의 몸부림으로 볼 수도 있을 것이다. 차이성 속에는 독립이 존재하지만 충돌이 예약되어 있고, 동일성 속에는 안전이 존재하지만 구속이 예약되어 있다. 우리는 지난 역사 속에서 때로는 지혜롭게 때로는 우둔하게 이 틈바구니를 헤쳐왔다. 우리는 이러한 상황을 이들 두 철학자에게도 발견할 수 있다. 칸트의 요청 철학에는 '자연의 계획'이 자리하고 있고, 헤겔의 지양 철학에는 '이성의 교지'가 자리하고 있다. 이 두 철학자가 주장하는 이 개념들에는 인간 개인의 허무함과 보람됨이 점철되어 있다. 이성의 자기 자유를 위해 열정과 특수한 이해 관심을 제단에 받쳐야 하는 아픔이 있고, 그 아픔 뒤에 스며드는 생명의 보금자리가 있다. 이처럼 독일관념론의 역사철학에는 열정을 담보로 이성에 왕관을 씌우고자 하는 슬픈 운명이 담겨 있다. 그러나 칸트에게는

사다"(G. W. F. Hegel, VGP., 23쪽). "철학은 공허하고 단순한 피안이 아니라 언제나 구체적인 것, 오직 현재적인 것만을 상대한다"(G. W. F. Hegel, Enz.I, Werke 8, 200쪽).

이성이 그 왕관을 쓸 수 있는 미래가 겸손한 약속으로 자리하고 있다면, 헤겔에게는 확신에 찬 약속으로 자리하고 있다. 칸트에게는 그 약속이 주관 안에서 이루어진 약속으로서 그 약속의 완성은 피안의 세계에 대한 기다림 속에서 요청되고 있다면,107) 헤겔에게는 이미 이성의 자기 역사 속에 가능성으로부터 현실성으로의 이행이 기약되어 있다.

결국 칸트의 역사철학과 헤겔의 역사철학 중에서 어느 쪽에 서느냐는 것은 인간의 이성의 위격을 어떻게 설정하느냐에 달려 있다고 볼 수 있을 것이다. 인간 이성의 유한성을 인정한다면 칸트의 '자연의 계획'으로서의 역사를 받아들일 것이며, 이성의 무한성을 확신한다면 '이성의 교지'로서의 역사를 수용하게 될 것이다. **그러므로 헤겔의 역사철학은 칸트의 역사철학을 극복한 것이 아니라 칸트와는 다른 역사철학의 길로 나아갔다고 보아야 할 것이다.** 이들 역사철학은 근대 정신 일반이 그러하듯이 이성의 진보를 지향하는 철학이었다. 다만 칸트는 절대자에 대한 인간의 잘못된 침해를 고민한다면, 헤겔은 절대자가 우리에게 다가설 수 있는 길을 닦고 싶었다. 비록 헤겔은 칸트가 실증적 인식을 신앙의 세계로부터 차단하여 초월적 관념론을 고수함으로써 오히려 진리에 대한 공포를 자아내고 있다고 비판하지만, 칸트의 입장에서 볼 때 그의 사변적 관념론은 신앙의 세계가 인식의 세계로부터 침해받음으로써 역사의 닫힌 지평이 형성되고 있다.108) 특히 생철학, 해석학, 포스

---

107) 요청은 실천적 관심과 관련된 명제로서 믿음(Glauben)의 지위를 갖는다(*Wissen : 주관적으로 객관적으로나 충분한 조건을 가진 참. Meinen : 주관적으로나 객관적으로 불충분한 경우. Galuben : 주관적으로는 충분하나 객관적으로는 충분하지 못한 것)(I. Kant, KrV., B662,850 / KpV., 264쪽).
108) Hannah Arendt, *The Life of the Mind* vol 2, *Willing*, New York and London, 1978, 47쪽.

트모더니즘에서 전개되고 있는 현대 역사철학이나 비판철학이
나 비판적 합리론의 입장에서 볼 때 몸의 역사, 감성의 역사, 부
정의 역사가 차단되고 있다고 비판받을 수도 있을 것이다. 이
런 면에서 본다면 우리는 이성의 역사와 감성의 역사를 아우르
는 제3의 역사철학이 요구되는 시대에 직면해 있다고 볼 수도
있을 것이다.

이성의 지배와 역사 혁신의 가능성
― 헤겔의 <이성의 간지>를 중심으로

유 헌 식 (세종대 겸임교수)

헤겔의 지적 작업은 근대의 계몽주의에 독일 낭만주의가 대항하던 시기에 이루어졌다. 낭만주의는 계몽주의의 이성중심주의, 객관적 합리성, 전체성 원리 그리고 미래 지향적 혁명성에 제동을 걸면서 감성중심주의, 주관적 열정(비합리성), 개별성 원리 그리고 과거 지향적 전통 복구를 기치로 내걸었다. 이러한 시대적 상황에서 헤겔은 양자의 화해를 목표로 역사철학적 사유를 전개한다. 헤겔 역사철학에 대한 평가는 따라서 그가 이 화해 작업을 얼마나 성공적으로 수행했는가 하는 데에서 찾아져야 할 것이다. 구체적으로 이는 헤겔이 그의 역사철학에서 세계 정신의 이성을 개별적인 주체의 행위와 어떻게 매개시키고 있는가 하는 문제로 나타난다. 이 과제를 해명하는 과정에서, 이 글은 헤겔이 역사목적론을 주장하면서 어떻게 역사의 혁신을 말할 수 있는지를 그가 내세운 <이성의 간지>와 관련하여 살피고자 한다. 이러한 문제 상황은 근본적으로 헤겔이 "이성이 역사를 지배한다"고 하여, 지금까지 서로 평행선을 그

었던 <역사>와 <이성>을 하나로 묶는 데에서 비롯한다.[1]

이성이 세계사를 지배한다는 말은 세계사가 이성에 대하여 닫혀 있다는 뜻이다. 여기서 세계를 닫고 있는 <이성>은 고대의 이성(nous)처럼 <의식을 결여한 이성(bewußtlose Vernunft)>이 아니라 "자기를 의식하는 이성(selbstbewußte Vernunft)"이라는 점에 우선 주목하자(37). 헤겔은 이성을 "완전히 자유롭게 자기 자신을 규정하는 사유"로 보고, 이를 "세계의 절대적이고 이성적인 최종 목표"와 관련시킴으로써 이성의 자유 의식을 역사 진행의 근본 동기로 파악한다(39). 하지만 헤겔이 이성의 자기 의식을 세계사와 연결시키는 것을 이해하는 일이 쉽지 않은 것은, 그 사실이 곧 <이성이 (글자 그대로의 의미에서) 세계를 '지배'한다>는 인상을 준다는 데 있다. 요컨대 이성이 세계 위에 군림한다는 의구심을 일으킨다는 것이다. 헤겔의 경우 이성은 세계 <위>에 있지 않고 세계 <속>에 있다고 이해해도 상황은 크게 변하지 않는다. 왜냐 하면 그렇다고 해도 세계사는 결국 이성의 원리에 종속되며, 역사의 혁신은 말만 근사할 뿐 실제로는 이성의 자기 반추적 원리에 준거해서만 가능하기 때문이다. 그렇지만 이 문제에 대한 판단은 이성의 지배와 역사 혁신의 가능성의 관계를 자세히 규명할 때까지 일단 보류하기로 하자.

헤겔의 <이성의 지배>를 우리는 이성의 역사성보다는 역사의 이성성(Vernünftigkeit der Geschichte)으로 이해하는 것이

---

1) 인용의 출처는 J. Hoffmeister가 편집한 Vorlesungen über die Philosophie der Weltgeschichte의 1권인 Die Vernunft in der Geschichte 28쪽이며, 이 책은 이하 G(H)로 줄인다. Suhrkampf에서 발간한 헤겔전집 18권의 Vorlesungen über die Philosophie der Geschichte(E. Moldenhauer와 K. Michel 편집)는 이하 G로 줄인다.

옳다. 전자와 달리 후자는 세계 정신의 측면, 즉 총체성의 관점이 강조된다. 총체적 관점은 보편자의 운동 그 자체를 조망하게 한다는 특성을 지닌다. 보편자가 특수자를 통해서만 현실로 드러날 수 있다고 하지만 보편자는 특수자와의 관계 규정을 넘어서는 특정한 목적을 자기 안에 지니고 있으며 그 목적의 정당성은 세계사 자체의 노동을 통해서만 보장된다. 요컨대 그 정당성은 보편자와 특수자의 개별적인 관계로 환원될 수 없다는 말이다. 구체적으로 말하면, 세계 정신의 실체적인 자기 규정은 표면적으로는 민족 정신의 주관적인 규정을 통하여 이루어지지만, 내적으로 볼 때 세계 정신의 보편적인 규정은 그것의 시간적인 규정성에도 불구하고 다양한 형태의 민족 정신이 아니라 자기 자신, 즉 그러한 특수성을 넘어서 진행되는 사유하는 이성의 자기 의식화 과정을 통하여 정당화된다.[2] 여기서 헤겔의 역사 발전 사관은 바로 세계 속에 있는 이성(nous)을 보편자로 전제하는 세계 정신의 관점을 견지하고 있는 것이다. 그러니까 전제된 이성은 정신의 자기 의식이다. 이 자기 의식은 자기가 자기 자신과 관계한다는 특성 때문에 무한하고 참이다. 총체적인 관점에서 볼 때 민족 정신은 자신의 정당성을 자기 밖에서 구하는 외적인 반성을 행하기 때문에 그것은 자기내 반성적인 세계 정신의 계기일 따름이다. 보편적인 이성의 주관성은 끊임없이 민족 정신의 전개과정 속으로 침투한다. 헤겔은 역사가 보편자와 특수자의 통일을 통해 전개된다고 매번 힘주어 말하지만 특수자에 비해 보편자에게 항상 우선권을 부여한다는 인상을 지우기 어렵다. "필연적인 단계를 밟아가는 민족 정신들의 제 원리는 그 자체로 단지 보편 정신의 계기일 뿐이

---

2) "형성의 실체적인 내용의 다양성에도 불구하고 항상 동일하게 남아 있는 영역이 있다. 그러한 다양성은 사유하는 이성에 관계한다"(G(H) 175).

어서, 보편 정신은 이들을 매개로 하여 역사 안에서 자기 자신을 스스로 파악하는 총체성으로 고양시켜 매듭짓는다"(G(H) 75).

하나의 민족 정신에서 다른 민족 정신으로 이행하는 것, 즉 새로운 세계사적 민족의 출현과 관련하여 우리의 관심은 이성의 주관적인 자기 규정이 어떤 점에서 민족 정신들의 제 원리에 대하여 우선권을 지니는지가 아니라 세계 이성이 이 이행 과정에서 어떤 기능을 수행하는가 하는 점에 있다. 요컨대 이성의 주관성은 이 이행 과정에서 어떤 힘을 행사하는가? 중요한 것은 여기서 <이행>은 ― 보편 정신이 아닌 특수 정신의 관점에서 볼 때 ― 민족 정신의 영역이 아니라 세계사적 개인의 영역에서 발생하는 사태라는 점이다. 그래서 이제 이성과 개별적인 주체들의 관계가 관건이 된다.

이성의 지배란, 이성이 개별적인 주체들의 제 원리를 자신의 주관적인 목적을 수행하기 위한 계기로 삼는다는 뜻으로 일단 이해할 수 있다. 이때 착안할 점은 이성의 힘이 개별적인 주체들의 의지의 합으로 환산될 수 없으며 오히려 그 이상으로 작용한다는 점이다. 이성의 목적 지향적 활동성은 이성의 주관적인 목적이 개별적인 주체의 의지 안에 포함된 것과는 다른 요소를 자기 안에 지닌 한에서 **역사 혁신**의 문제와 관련된다.3) 이성의 주관적인 목적이 개별자 안에서 수행되는 방식을 헤겔은 <이성의 간지>라는 메타포를 통해 설명한다.

헤겔 논리학의 목적론 장에 나오는 목적-수단 관계에 따르면, "목적은 객체와의 **매개적인** 관계에서 자기를 정립하고 자기와 객체 **사이**에 다른 것을 **밀어넣는**데, 이는 이성의 **간지**라고 부를 수 있다."4) 여기서 "목적은 겉으로는 객체가 자기를 대

---

3) 이러한 의미에서 이성은 **창조적**이다(G(H) 48 참조).

신해서 일을 완수하도록 하면서 …… 자신은 그 뒤에 숨어서 기계적인 힘에 대항하여 자기를 보존한다"(L II, 453). 이성의 목적은 그러니까 "자기 자신을 **진행 과정 밖에** 유지시키면서도 그 안에서 자기를 보존하는 것"이다.5) 엔치클로패디의 이 단락에 대한 추록에서 헤겔은 <이성의 간지>에 대한 자신의 생각을 명료하게 피력하고 있는데, 이는 그의 역사철학적 사유와 직접적으로 연관된다. "이성은 간교할(listig) 뿐 아니라 힘이 세다(mächtig). 간지(List)는 자신의 고유한 본성에 따라 객체들을 서로 짜맞추고 그들의 일을 서로 완수하도록 하면서도 자신은 이 과정에 직접 관여하지 않고 오직 그들의 목적을 수행하도록 하는 매개 활동을 할 따름이다. 이러한 의미에서 우리는 세계와 그 과정의 저편에서 신의 섭리가 절대적인 간지를 가지고 관계한다고 말할 수 있다. 신은 인간들이 특수한 열정과 관심을 지니고 자신들이 하고 싶은 것을 행하게 함으로써 신의 의도가 완수되도록 하는데, 신의 의도는 신이 거기에서 도모하는 것에 따라 일단 행해졌던 것하고는 사뭇 다른 것이다"(Enzyklopädie §209 Zusatz).

이성의 주관적인 목적이 객체와 매개되는 과정에서 그 목적의 내용은 "목적의 실현 과정에서도 **자기 동일적으로 남는 것**"으로 나타난다(L II, 454). 목적은 "**자기 자신을 통해 자기 자신과**" 동행하면서, 한편으로는 객체에 자기의 힘을 행사하면서 다른 한편으로는 항상 이 과정 밖에서 자기 동일적으로 머문다. 목적은 자신을 유한화(대상화)하면서도 대자적인 동일성을 유지하는 무한자로 머문다. 목적이 객체에 힘을 행사한다는 것은 목적이 객체 속에 포함되어 있지 않은 어떤 **타자** 또는 수

---

4) Hegel, Wissenschaft der Logik II(이하 L II로 줄임), 452.
5) Enzyklopädie §209.

단을 과정 속에 밀어넣는 것이다. 여기서 이 수단은 "목적에 의해 규정된 객체며, 수단의 객관성과 목적론적인 규정 사이에는 새로운 수단이 끊임없이 개입될 수 있다"(456). 어떤 타자 또는 새로운 것이 목적과 객체의 매개 과정에 밀어넣어진다는 의미에서 헤겔은 개념의 "유한화"를 "자기가 자기와 관계하는 절대적인 부정성이 지닌 **창조적인 힘**"으로 파악한다(L Ⅱ, 279). 이러한 의미에서 "세계사는 창조적인 이성의 풍요로운 산물"이다(G(H) 48). 이성(또는 개념)의 자기 관계는 결코 공허한 동어 반복이 아니라 타자를 매개한다는 점에서 창조적이다.

목적과 객체 사이에 어떤 타자가 밀어넣어지는 것은 순전히 이성의 창조적인 노동에 의존한다. 이성의 합목적적 활동은 자기가 자기와 관계한다는 틀에 갇혀 있는데, 역설적이게도 바로 그렇기 때문에 이성은 창조적이다. 이성의 자기 의식 또는 자기 지(知)에서 타자가 출현한다는 사실은 그것이 세계 정신과 개별적인 민족 정신의 관계를 규정하는 데에서, 특히 어떤 민족이 새로운 원리를 획득하게 되는 근거를 논하는 데에서 중요한 의미를 지닌다. "각각의 개별적인 민족 정신은 세계 정신이 밀려오는 데에서 새로운 단계로 진입하며, 그럼으로써 자기 의식과 자유를 획득한다"(G(H) 73).

세계 이성의 관점에서 볼 때 새로운 민족 정신의 출현이 세계 정신의 의식에 의존적이라는 사실은 이중 구조를 띤다. 세계 이성은 민족 정신들을 자신의 계기로 삼아 자신의 목적을 수행하도록 하면서도 자신은 이 과정의 바깥에 머물면서 이들에게 힘을 행사한다. 이것이 이성의 간지다. "보편적인 이념은 대립과 투쟁에 휘말려 자기를 잃는 위험을 무릅쓰지 않는다. 그것은 공격받지 않고 피해입지 않으면서 뒤에 물러앉아 열정을 지닌 특수자들을 싸움터에 보내 육탄전을 벌이게 한다"

(105). 세계 정신의 보편적인 이념이 특수자의 열정을 통하여 자기 목적을 실현시키기는 하지만 그 자신은 싸움에 끼여들지 않는다. 바로 여기에서 보편적인 이념과 인간적인 열정 사이에 존재론적인 차이가 발생한다. 보편 이념의 이성적인 목적은 특수자의 주관적인 목적을 수단으로 하여 실현되지만 전자의 목적은 결코 후자의 목적 속에 완전히 소모되지 않는다. 다시 말해 양자 사이에는 항상 잉여가 남는다.

이성의 간지는 헤겔이 세계 정신의 이성성과 개별적인 주체들의 열정 사이의 관계를 규정하는 데에서 끌어들이는 메타포다. 구조적으로 볼 때 전자는 정신 작용의 원환성에 근거하여 세계사의 진행이 궁극적으로 목적에 닫혀 있는 양상을 보이는 반면, 후자는 욕구의 직선성에 근거하여 개별적인 이행에서 수단이 목적 실현을 위해 열려 있는 모습을 보인다. 이성의 간지는 결국 세계사의 실체의 원환 운동과 주체의 직선 운동의 관계를 서술하기 위한 수단인 셈이다. 이 관계에서 그렇지만 실체 자체의 활동성은 행위하는 주체들에게는 알려지지 않는다. 주체들 자신은 이미 이성의 목적과 관계하면서 자신들의 욕구를 마음껏 충족시키지만 자신들이 지금 무엇을 하고 있는지를 알지 못한다. "무진장한 욕구와 관심과 활동이 세계 정신의 목적을 완수하기 위해 그의 도구와 수단으로 동원된다. …… 개인들과 민족들의 생명성은 그들이 자기 것을 찾고 충족시키면서도 더 높고 더 넓은 차원에 있는 것의 수단과 도구가 된다. 그런데도 그들은 그것이 무엇인지 모르고 무의식적으로 추종할 따름이다"(87).

보편 정신이 어떤 목적을 지니고 행위하는지를 현재에 몰두하여 욕구하고 인식하고 행위하는 주체들은 모른다. "세계사 자체의 흐름에서 …… 주관적인 측면, 즉 의식은 정신의 개념인

'역사의 순수한 최종 목적'이 무엇인지 알지 못한다. 따라서 최종 목적은 주관적인 의식의 욕구와 관심의 내용이 아니다. 그 의식은 그 목적에 대해 아무런 의식이 없는데도 보편자는 특수한 목적들 속에 있으면서 이들을 통해 자기를 실현시켜나간다. 개인들은 최종 목적에 대한 의식을 결여하고 있으면서도 이성의 목적을 충족시킨다." 여기서 헤겔은 "세계사적인 개인들"을 "목적의 견인차"로 끌어들이는데, 이들은 "무의식적인 내면성"을 의식의 표면으로 끌어올린다(99). 내면적인 것을 의식의 표면으로 끌어올리는 일은 위대한 개인들의 목표로서 이는 "새로운 것을 세계로" 끌어들이는 일과 같다(104). 오직 이러한 위인들에게만 보편자에 대한 지(知)가 허용된다. "이들의 과제는 이 보편적인 것, 즉 세계의 필연적이고 최상의 단계를 알면서 이 단계를 자기의 목적으로 삼아 자신들의 에너지를 그 안에 쏟아붓는 일이다"(98).

세계사적인 개인들의 목표는 보통 사람들이 원하는 것을 산출하는 일이다. 그들의 목표는 동시에 보편자 안에 이미 즉자적으로 존재하는 새로운 세계 관계를 언어로 규정하는 일이다. "새로운 세계 관계는 …… 세계사적 개인들이 산출한 것으로 그들의 관심이 배어 있는 그들의 작품이다. 그들은 통찰력을 지닌 자들이기 때문에 그들 입장에서는 나름대로 그러한 권리를 지닌다. 그들은 자신들이 속한 세계의 진리와 시대가 무엇인지, 다음에 나타날 보편자, 즉 개념이 무엇인지를 알고 바야흐로 무엇이 출현할 것인지를 진술한다"(98). 위대한 개인들이 세계정신의 실체, 즉 자유를 통찰하는 데 반하여 보통 사람들은 그렇지 못하다. "개념을 매개로 규정되는 자유는 주관적인 의지와 자의가 아니라 보편적인 의지의 통찰을 원리로 삼는다"(144). 보통 사람들의 욕구는 보편자에 대한 위대한 사람들의 지(知)를 통하여 비로소 자유의 의식과 연결된다. 위대한 사람들은 보통 사람들이 의식하지 못한 채 하는 행동이 곧 이성의 목적을 실현하고 있는 것이라고 의식시킨다. 이러한 매개 과정을 거치면서 단순히 즉자적으로 감추어져 있던 보편자의 정체가 드러나고 그럼으로써 인류의 새로운 세계사적 의식이 출현하게 된다.

"보편 정신의 진행 과정에서 한 단계를 이루고 있는"(99f.) 이성의 목적이 실현된다는 측면에서 볼 때 세계사적 개인들의 활동은 세계사의 흐름에 **연속성**을 보장하는 근거다. 이에 반해 보통 사람들의 의식이 계몽된다는 측면에서 볼 때 세계사적 개인들의 활동은 옛 것과 새로운 것 간의 **불연속**을 야기한다. 세계사적인 개인들은 자신들의 정당성을 "현존하는 상태가 아니라 …… 현재에 감추어진 정신 속에서 [찾는데] 이 정신은 아직 현재의 현존재를 위해 무르익지 않았다. …… 이 정신에 대해 현재는 단지 껍질에 지나지 않으며 이 껍질은 자신이 속한 것과는 다른 알맹이를 자기 안에 감싸고 있다. 하지만 이제 기존하는 것과 어긋나는 모든 것은 현존하는 것과 구별되기에 이른다"(97). 세계사적인 개인들의 노동은 세계사의 연속적인 진행을 비연속적으로 규정함으로써 미래의 새로운 것을 가능하게 한다.

그런데 중요한 사실은, 세계사적인 개인들이란 형태도 결국은 "보편적인 이념 안에 있는 계기"에 지나지 않는다는 점이다(98). "그러한 개인들은 그들의 목적 속에 이념 일반의 의식을 지니지 않았으며 그들은 단지 실천적이고 정치적인 인간들일 따름이다"(G 46). 보편적인 이념을 개념적으로 파악하는 일은 그러한 개인들이 아니라 **철학**의 몫이다.6) "세계사적인 개인들

---

6) 위대한 개인들의 노동은 철학의 노동과는 달리 개념이 아니라 **직관**에 기

은 개념적인 이해에 미숙하다. 왜냐 하면 그들에게 요구되는
것은 실천이기 때문이다"(G(H) 98). 설명에서 강조되어야 하는
것은 세계사적인 개인들을 포함한 모든 개인들의 행위는 결국
보편 이념의 전개 과정의 계기라는 점이다. 그러니까 이성의
간지는 보통 사람들뿐만 아니라 세계사적인 개인들에게도 해
당된다. 이들의 실천은 **정치적**이기는 해도 **역사적**이지는 않다.
따라서 이들의 실천적 행위는 역사의 이성과 견주어 유한하고
제한되어 있다. 이들이 정치적으로 행위하고 새로운 것을 산출
하면서도 세계 이성의 목적에 대한 지(知)를 결여한다는 사실
은 합목적적이고 역사적으로 행위하는 세계 이성과 단순히 정
치적으로만 행위하는 개인들 사이의 근원적인 차이를 드러낸
다. 이성의 목적을 파악하는 일 자체는 개인의 지적인 능력밖
에 있다.

그렇지만 개인들의 보편 이념에 무지하다고 해서 그들이 역
사를 만들지 않는다는 뜻은 아니다. 이 둘은 서로 다른 문제다.
전자는 인식하는 주체와 이성의 관계를 다루고 후자는 실천하
는 주체와 이성의 관계를 따진다. 이에 따라 이성의 간지와 관
련하여 우리는 문제를 둘로 구별하게 된다. 개인들의 **실천**은
궁극적으로 이성의 이념에 종속되는가 그리고 개인적인 주체
들은 **의식적으로** 역사를 만들 수 없는가?

보편 이념이 개인들의 지식의 대상이 아니라는 사실은 다음
과 같이 이해할 수 있다. "역사의 진행은 이성을 의식적으로 실
재로 구성하는 과정이 아니라 단지 즉자적으로만 존재하는 이
성이 자기 자신을 명료하게 하기 위해 무의식적이고 무반성적
으로 최고 속도로 앞을 향해 밀어붙이는 것이며, 새로운 민족
정신 안에서 스스로 명료해지자마자 이성은 다시 새로운 원리

초한다. 그들은 그 시대에 생겨나고 있던 일을 직관했던 것이다(90 참조).

를 실현하고 파악하기 위해 무반성적인 노동으로 뛰어든다."7)
역사의 진행 과정이 맹목적이라는 사실은 역사를 의식적으로
변화시키는 일이 불가능하다는 것을 뜻한다. 역사의 혁신, 즉
새로운 원리의 출현은 특정 민족의 지(知)가 아니라 세계 정신
의 지(知)에 부여된 소관이다. 어떤 세계사적 민족이 몰락하고
다른 세계사적 민족이 출현하는 것은 세계사 고유의 사태이기
때문에 개별적인 민족 정신들의 지(知)로 환원될 수 없다. 역사
의 진행이 개별자의 지(知)로 환원되지 않는다는 것은 그렇지
만 그 지(知)가 진리에 어긋난다는 뜻이 아니라 자신의 지(知)
가 세계 정신의 지(知)와 일치하는지 알지 못한다는 뜻이다. 이
성이 간교한 것은 오직 세계 이성만이 자신의 지(知)가 (세계사
적) 개인들의 지(知)와 일치하는지를 알고 있기 때문이다. 보편
적인 이념에 대해 알지 못한다고 해서 특수 정신과 보편 정신
의 지(知)가 서로 일치하지 않는다고 말할 수는 없는 것이다.
두 계기가 일치하지 않을 때 그 이유는 양자간에 상호적인 친
화가 이루어지지 않는 데 있다. 그러니까 특정한 민족이 특정
한 시기에 세계사적인 민족으로 부상하는 이유는 특정한 민족
의 지(知)가 세계 정신의 지(知)와 일치하기 때문이다. 그런데
도 이 경우 민족 정신은 그러한 일치를 알지 못한다. 그래서 이
러한 일치는 특수자의 관점에서는 우연적이지만 보편자의 관
점에서는 필연적이다. 그러한 일치를 아는 주체는 세계 정신이
지 개별자들이 아니기 때문이다. 세계 정신의 새로운 원리가
발생하는 것을 아는 주체는 세계 정신이다.

　세계 이성의 자기 지(知)는 개별적인 주체에게는 알려지지
않는다. 그것은 개별적인 주체들 속에 활동하고 있으면서도 그
들의 주관적인 규정들 속에 포섭되지 않는다. 세계 이성의 자

---

7) V. Hösle, Hegels System II, 439.

기 지(知)는 그러한 주관적인 규정들 너머에 머물면서 이들의 한계를 보여준다. 어떤 민족 정신이 다른 민족 정신으로 이행하여 역사의 새로운 원리가 출현할 때 사람들은 그것이 어떤 의미에서 새로운 것인지 또 어떤 목적을 지향하고 있는지 알지 못하며 오직 세계 이성만이 새로운 원리가 지닌 위상을 알고 있다. 이러한 지식의 차이에서 볼 때 새로운 것은 개별적인 주체에게는 전혀 뜻밖의 것이지만 세계 이성에게는 예견된 것으로 나타난다.

이러한 사실은 **역사적인** 이성과 **실천적인** 주체들의 관계를 살펴볼 때 더 분명해진다. 앞서 언급한 지식의 차이는 이성의 간지에서 볼 때, 인간의 목적 지향적 행위와 그 결과의 불일치라고 할 수 있다. "세계사에서는 인간이 의도하고 도달한 것 그리고 직접적으로 인식하고 욕구하는 것과는 다른 어떤 것이 인간의 행위를 통하여 나타난다. 인간은 그들의 이해 관계에 따라 행동한다. 그렇지만 그 이상의 것이 현실로 나타난다. 그것은 그들 속에 놓여 있기는 하지만 그들의 의식과 의도에 있던 것은 아니었다"(G(H) 88). 역사는 따라서 인간의 욕구와 계획에 따라 전개되는 것이 아니라 행위자의 의지와 의식에는 낯선 다른 요소에 따라 전개된다. 인간이 자신의 지식과 욕구에 근거하여 행위하고 그에 상응하는 결과를 기대한다면 인간은 실망할 수밖에 없다. 왜냐 하면 인간의 "직접적인 행위 속에는 행위자의 의지와 의식에 있는 것과는 사뭇 다른 그 이상의 것이 놓여 있기 때문이다(89).

그런데 여기서 중요한 것은 행위 자체가 그 이상의 것을 자기 안에 이미 "포함"하고 있다는 점이다(88쪽 34줄). 초래된 결과가 행위자의 의식과 의지에서 비롯하지는 않지만 그것은 "행위 자체"에 포함되어 있다(89쪽 2줄). 따라서 행위 그 자체와 의도된 행위는 구별되어야 한다. 역사가 행위자의 의도에 따라 전개되지는 않지만 인간이 역사의 실천적인 주체라는 사실에는 변함이 없다. 왜냐 하면 인간은 행위의 결과를 기대하지 않고도 행위할 수 있으며 이러한 맹목적인 행위가 곧 역사를 만들어 가기 때문이다. 그러니까 인간이 행위의 결과를 염두에 두지 않는다고 해서 행위자의 의도에 들어 있지 않은 잉여분이 인간의 실천이 아니라 낯선 힘에서 나오는 것은 아니라는 말이다.

이제 역사 이성은 개별적인 주체의 실천적인 행위에 어느 정도 영향을 미치는지 보기로 하자. 이성의 간지와 관련하여 마르크바르트(O. Marquard)의 해석에 따라 이 문제에 두 가지로 접근할 수 있다.8) 전형적인 예로 뤼베(H. Lübbe)가 내세우는 행위 간섭(Handlungsinterferenz)의 테제와 하버마스가 말하는 위임(委任. Delegation)의 테제를 들 수 있다. 이성의 간지를 세계 정신의 기능이라고 이해할 때 위의 두 입장은 의도적인 행위와 그 결과 사이의 상위(相違) 또는 공백에서 차지하는 세계 정신의 의미를 서로 다르게 규정한다.

뤼베는 행위의 "의도되지 않은 부수 효과"인 상위를 "행위 간섭 효과"라고 해석한다.9) 이는 이성의 간지라는 "예견할 수 없는 것의 개입"에서 비롯한다(같은 책, 58). "실제에서 책임자들의 의도는 이러한 결과에 관련되어 있지 않았으며, 새로 주어졌던 목적이 나중에 적합했다고 판정될 때 그것은 헤겔이 이성의 간지라는 메타포로 말했던 일종의 운 좋은 행위 간섭에서 생긴 것이다"(38). 그리하여 뤼베는 "역사를 참여자의 행위 근거로 환원할 수 없는 것"(60)으로 파악하여 역사 개념을 행위

---

8) 주체의 행위와 그 결과간의 相違가 지속되는 것에 대해 뤼베는 찬성하고 하버마스는 반대한다고 마르크바르트는 말한다(Marquard, Schwierigkeiten mit der Geschichtsphilosophie 1982, 74).
9) H. Lübbe, Geschichtsbegriff und Geschichtsinteresse 1977, 56.

개념과 구별한다. 뤼베에 따르면 이성의 간지는 역사 진행의 지표인데 그것의 실상은 "전적으로 행위자 고유의 예견과 행위 능력 밖에" 있다(38).

역사의 진행 과정에서 예측할 수 없는 것이 개입한다는 사실을 뤼베는 긍정적으로 평가한다. 역사는 바로 이러한 상위(이 긋남) 때문에 가능하기 때문이다. "다른 것이 나타났다는 바로 이것이 역사를 이룬다"(56). 뤼베의 이러한 생각은 역사에서 혁신의 가능한 근거를 제시하는데 이는 그가 인용하고 있는 분트 (W. Wundt)의 글에서 더 분명하게 확인된다. "정립된 목적과 결과의 관계를 살펴보면, 결과 안에는 선행하는 목적 관념에서 고려하지 않았던 부수적인 결과가 주어지는데, 이 결과는 새로운 동기들과 연계되면서 지금까지의 목적들을 바꾸거나 아니면 새로운 것을 거기에 추가한다"(56). 이와 관련하여 뤼베는 분트가 말하는 "목적의 이질성"을 강조한다. 이 이질성은 역사와 행위의 대립 양상을 첨예하게 드러내며 바로 여기에서 의도되지 않은 부수 효과가 정당화된다. "역사적인 개인들의 행위는 간섭을 통하여 어떤 결과를 낳으며 이 결과는 이 개인들이 목적한 것이 아니라 그보다 더 좋고 더 높은 것이다"(57). 뤼베는 헤겔의 이성의 간지를 "준거 주체(Referenzsubjekt)"라고 표현하는데, 이는 실천적인 주체들의 의도 밖에 있으면서 이전의 상태를 혁신하는 근거가 된다(76f.).

"구조적으로 볼 때 역사에 속하는 것은 준거 주체이지 행위 주체가 아니다"(77)는 뤼베의 테제는 "세계사적인 진행은 행위 주체의 몫이 아니다"(75)는 헤겔의 입장을 그대로 반영한다. 그렇다면 헤겔은 의도되지 않은 부수 효과를 준거 주체 또는 이성의 간지의 뜻으로만 돌렸는가? 실제로 발생한 것은 의도한 것과 어긋나거나 그보다 범위가 더 넓다고 해서 의도되지 않은 결과가 행위자의 주관성에 속하지 않는다고 말할 수는 없다. "주체의 의도에 들어 있지 않았던 것도 주체에게 속하는 것일 수 있다. 다시 말해 그것은 객관적인 준거 체계로서 뿐만 아니라 실천적인 주체인 그에게 속할 수 있는 것이다."10) 헤겔에게 서 세계사적인 개인들이 역사의 주체라고 할 때 그들은 "행위 주체와 준거 주체의 중간 지대"에 있는 것이다(같은 책, 60). 그들의 실천은 보편적인 이성이나 개별자의 실천적인 행위로 환원되지 않는다. 그들은 지금 출현하고 있는 보편자의 새로운 원리를 직관하여 보통 사람들이 그에 따라 행위하도록 지시한다. 그런 한에서 새로운 것의 실현은 결국 세계사적인 개인들을 통해 이성의 이념과 실천적인 주체가 서로 매개됨으로써 완수된다. 그래서 세계사는 준거 주체뿐만 아니라 행위 주체를 통하여 진행된다. 이성의 자기 지(知)가 역사 혁신의 계기로 주어져 여기에 맞추어 주체가 행위의 목표를 정하기는 하지만 이성의 자기 지(知) 자체가 역사 진행의 행위자는 아니다. 이성의 활동은 이성의 지(知)에 국한될 뿐 그것이 행위의 영역까지 확장될 수는 없다. 행위자가 자신의 지향점을 모른다든지 자신의 행위 결과를 예측하지 못한다고 해서 의도하지 않은 부수 효과에 대한 책임을 면할 수는 없다. 실천적 주체와 계획(의도) 간의 거리는 행위자와 준거 주체의 차이가 아니라 의도된 행위와 의도되지 않은 결과의 차이에서 비롯한다.

준거 주체에 우선권을 부여한다는 사실은 오해의 소지를 안고 있다. 헤겔은 이성의 활동을 절대시하여 이성의 활동이 인간의 행위에 앞서 감으로써 그것을 제한한다는 것이다. 이러한 오해는 하버마스를 포함하여 헤겔 좌파적 시각을 지닌 인물들에게서 주로 나타난다. 하버마스는 헤겔의 세계정신론을 비판

---

10) E. Angehrn, Geschichte und Identität 1985, 61.

하는 자리에서, 헤겔은 의식과 역사를 매개하는 행위 주체의 힘을 고려하지 않은 채 추상적인 세계 정신을 역사 혁신의 구체적인 담지자로 규정했다고 말한다. 그 대표적인 예를 우리는 그의 <위임> 테제, 즉 <주체가 없이 혁명을 대리로 수행함>에서 보게 된다.11) 하버마스의 이러한 생각은 그가, 종래의 자연법 사상이 프랑스혁명을 추상법의 주관적-혁명적인 실현으로 파악해서는 안 된다는 헤겔의 주장에 맞서는 데에서 비롯한다. 헤겔은 혁명의 주체를 행위하는 개인들이 아니라 세계 정신에 위임했다는 것이다. 헤겔은 세계 정신을 주관적으로 혁명을 수행하는 자보다 더 높은 존재로 상정했다고 그는 비판한다.12) 이는 곧 "혁명 자체를 빼고 현실을 혁명하는 것"(137)은 "보편자 속에서 개별자를 부정하는 것"(132)이라는 하버마스의 전형적인 헤겔 비판과 맞물린다.

하버마스의 헤겔 세계 정신에 대한 해석에 따르면, 모든 것은 (실제로는 아무런 힘을 지니지 않은) 세계 정신이 주도할 뿐 실천적으로 활동하는 주체들은 새로운 세계의 창출에 아무것도 공헌하지 않는 셈이다. 그들은 단지 역사의 구경꾼으로서 세계 정신이 이미 수행한 역사의 결과물들을 차후적으로 의식할 따름이다. 하지만 헤겔은 그런 식으로 세계 정신을 실체화하지 않았다. 헤겔은 세계 정신이 개별적인 주체의 의지와 무관하게 독자적으로 세계를 변화시킨다고 말하지 않는다. "이성의 간지

---

11) "헤겔은 현실을 혁명가 없이 혁명하려 한다"(Habermas, Theorie und Praxis, 144).
12) "세계 정신에게는 …… 의식 구조의 반환이 요구된다. '객관적으로 혁명적인 사건'은 세계 정신이 '주관적으로 혁명적인 의식'에 의존하는 범주들에 개입함으로써 파악됨에 따라 '주관성을 띤 혁명 개념'은 설 땅을 잃게 된다. 그렇지만 이 범주들은 역사의 주체 전체에 유효해야 한다(Habermas, 앞의 책, 143).

에게 이름을 부여하기 위하여 세계 정신이 허위로 만들어진다"
(144)는 하버마스의 말에서 우리는 그가 세계 정신을 오직 보
편적인 이성과 연관해서 일면적으로 이해하고 있다는 사실을
알게 된다. "세계 정신은 세계의 정신이어서, 인간의 의식 속에
드러나며 인간과 세계 정신의 관계는 개별자와 그의 실체인 전
체의 관계와 같다"(G(H) 60). 세계 정신은 "모든 개별자의 의식
안에 나타난다"(60). 세계 정신이 이성의 눈을 자기 안에 지니
고 있기는 하지만, 다시 말해 이성의 시간적인 현존재로 존재
하기는 하지만 그의 내면적인 것은 자기 자신뿐만 아니라 개별
자의 실천을 통하여 밖으로 드러난다. 개별자의 실천 이성과
통일됨으로써만 세계 정신의 이념은 현실로 나타난다. 개인들
은 "이념의 내적인 전개"를 "행동으로 옮기는 존재들"이고 "이
념의 실현을 산출하는" 존재들이다(G(H) 96). 헤겔은 그래서
"특수자들이 싸우고 몰락하는 데에서 보편자가 출현한다"고 적
기도 한다(105).

세계 정신은 단순히 초현실적인 로고스의 대리인이 아니다.
헤겔의 서술 속에 그러한 일면적인 해석의 소지가 있지만 세계
정신은 자기의 목적 실현을 위해 행동 대원을 필요로 하기 때
문에 현실에서 행위하는 개별적인 주체들의 노동을 매개로 하
지 않을 경우 자신의 추상성에서 탈피할 수 없다. "세계 정신의
권능은 모든 특수자들의 권한을 넘어선다. 그것 스스로 이것들
을 분배한다. 그렇지만 이들이 세계 정신의 내용에 속하면서
동시에 특수성을 띠고 있는 한에서 그 권능은 조건적일 따름이
다"(109). 세계 정신은 "세계사의 현란한 소음에서 벗어나" 있
으면서도 인간의 활동을 통하여 조건지어진다. 세계 정신은 이
성의 보편적인 원리와 관계한다는 점에서 세계사의 구체적인
흐름에서 거리를 두고 있기는 하지만 이러한 사정을 마치 세계

정신이 역사의 바깥에서 개별자들의 행위를 좌지우지하는 것으로 이해하면 곤란하다. 세계 정신은 단지 보편 이념을 실현하는 관념적인 수단일 따름이다. 세계 정신은 개별자의 실천을 통해서만 실재적이 된다. 세계 정신이 결여하고 있는 실천 능력은 개별자에 의해 보완된다. 세계 정신은 단지 즉자적으로 존재하는 실재일 뿐 그의 대자성은 자기 자신이 아니라 실천적인 주체의 행위에 의해 획득된다. 세계 정신의 이론 이성은 개별자의 실천 이성과 통일됨으로써만 참된 구체적 보편이 출현할 수 있다. 이것이 곧 목적과 수단의 참된 관계다.

세계 이성이 간교한(listig) 이유는, 그것이 숨어서 실천적인 주체들을 통제하고 관할하기 때문이 아니라 그것의 이론적인 목적지향성이 개별적인 주체들의 열정에 전이되고 있는데도 이러한 사실을 그들은 알지 못하고 이성만이 알고 있다는 데 있다. 이론 이성의 실현은 인간의 실천 이성에 부여된 과제다. 세계사는 보편자와 특수자의 통일로서 이는 곧 신적인 로고스의 이론 이성과 인간의 실천 이성이 통일되는 것이기도 하다. "절대적인 로고스가 인간에게 폭력을 행사하지 못하는 것은 그것이 인간에 대립해 있으면서도 인간 안에서 편안함을 느끼기 때문이다."13) 실천 이성과 관계하지 않는 이론 이성은 공허하다. 이성의 간지는 인간의 실천 이성에 대한 외부의 강압적인 개입이 아니라 실천 이성을 매개로 이론 이성을 구체화하는 양상을 일컫는다.

세계의 변화 또는 역사의 혁신은 이론 이성뿐만 아니라 실천 이성의 몫이다. 그런데도 세계사의 진행은 이론 이성의 전개처럼 보인다. 그 이유는 로고스가 실제에서 개별적인 주체들을

---

13) B. Liebrucks, "Zur Theorie des Weltgeistes in Theodor Litts Hegelbuch", in : Kant-Studien, 1954 / 55 Bd. 46, H. 3, 252.

꼭두각시로 삼기 때문이 아니라 세계사가 일구어낸 것을 관찰자인 우리가 오직 **결과로서만** 되돌아보기 때문이다. 그러니까 실천적인 주체는 이성의 전제된 목적 속에 이미 있던 것만을 세계사에서 산출할 수 있기 때문에 결과로 드러난 것만 보면 세계사가 마치 세계 정신의 이성성의 작용처럼 보인다. 하지만 과정의 측면에서 보면 역사의 혁신은 주체의 고난에 찬 노고의 결실이다. 개별적인 주체들은 변화된 세계의 결과들을 사후(事後)적으로 따라가는 것이 아니다. 거꾸로 세계 정신은 주체들이, 이념적으로는 이미 존재하는데도 현실에서 아직 실현되지 않은 그의 목적을 얼마나 성실하게 수행하는지 지켜볼 따름이다. 주체의 실천적인 노력은 아직 수행되지 않은 이성적 / 이론적인 이념을 실천을 통하여 현상하게 한다는 점에서 미래 지향적이다.

그런데도 헤겔에게서 이론 이성은 실천 이성에 비하여 우선권을 지닌다. 주체의 실천 대상은 자의적이거나 우연적인 것이 아니라 자기로의 복귀를 시도하는 이성의 운동에 참여한다는 점에서 이념적이고 필연적이다.14) 이론 이성의 자기 목적에 참여하지 못하는 개인과 민족은 참된 실천을 행한다고 볼 수 없

---

14) 헤겔이 세계사를 신학적이고 목적론적으로 파악하는 데에서는 주체의 의지가 무시되고 있는 것처럼 보인다. "세계사에서 파악할 때 주체의 의지 속에 있는 이성이 이념과 동등한 것이 아니라 오직 신의 권능만이 이념과 동등하다"(G(H) 78). 하지만 이 말을 신의 이념이 주관성의 자유 의지를 주변으로 밀어낸다는 뜻으로 이해하면 곤란하다. 헤겔은 다만 세계사가 주관적으로 행위하는 자들의 상호 소통, 즉 "인간들의 [자의적인] 인정"을 통하여 정당화되지 않는다고 말할 따름이다(104). 자유의 이념은 행위자의 상호주관성이 아니라 이성의 보편적인 이념에 상응하는 "성숙한 인식"에 부응한다(146). 그런 한에서만 인간은 나쁜 주관성에서 벗어날 수 있다. "여기서 제거되어야 하는 것은 오히려 …… 특수한 개별성, 그러니까 인간의 나쁜 주관성이지 인간의 자유가 아니다"(Liebrucks 앞의 책, 258). 주체의 자유 의지가 아니라 주체의 우연적인 의지를 헤겔은 거부하는 것이다.

다. 인간 자신이 역사 혁신의 실천적인 주체이기는 하지만 개별적인 활동의 진리성은 이론 이성에 의해 확보된다. 왜냐 하면 역사의 혁신을 판단하는 기준은 개별적인 주체가 아니라 이성 자신이기 때문이다. 이렇게 볼 때 헤겔에게서는 이론이 실천에 적합해야 하는 것이 아니라 실천이 이론의 뜻에 부응해야 한다.

헤겔의 역사철학에서 역사 혁신의 주체와 관련하여 지금까지의 논의를 다음 몇 가지로 요약할 수 있다. 헤겔은 역사에서 의도하지 않은 결과가 출현하는 것을 객관적인 준거 체계, 즉 세계 정신의 산물로 보지 않을 뿐만 아니라 역사 혁신의 주체를 표상된 세계 정신으로 규정하지도 않는다. 그는 다만 이론 이성을 실천 이성보다 우위에 둠으로써 역사에서 출현하는 새로운 것이 결국은 이론 이성의 원리에 갇힌다는 사실을 드러낸다. 역사에서 아무리 혁신적인 것이 출현한다고 해도 그것은 어디까지나 이성의 원리에 부합하는 한에서 새로운 것일 따름이다. 그런 한에서 헤겔은 전형적인 모더니즘의 역사관을 지닌다. 다음으로 중요한 문제는, 역사의 행위자들 자신은 그들이 역사 혁신의 실질적인 주체면서도 자신들의 활동 내용을 알지 못하는 반면, 이론 이성은 그 내용을 안다는 점이다. 이러한 지(知)의 차이는 세계사적인 개인들의 노동을 통하여 어느 정도 극복되기는 하지만 그 거리는 마지막까지 좁혀지지 않는다. 이 거리는 인식론적인 거리여서, 실천적인 주체의 관점에서는 자신의 특수한 인간적인 열정이 보편자의 이념과 일치하는지를 결코 알 수가 없다. 이에 반해 세계 정신의 눈에는 양자간에 필연적인 일치가 보인다. 이렇게 볼 때, 세계 정신의 관점에서 보면 역사의 혁신이란 세계 정신의 **연속적인** 변화 과정의 한 계기로서 단순한 가상에 지나지 않게 된다.

이에 따라 헤겔의 역사철학에서 <새로운 것>이란 <옛 것>을 넘어서는 것일 수 있는가 하는 문제가 제기된다. "헤겔 역사철학의 기본 명제인 '이성이 세계를 지배한다'는 혁신의 합리성 주장에서 적어도, 혁신이 바로 지금 올바른 것이나 적합한 것이 아니라 실질적인 의미에서 옛 것을 넘어서는 새로운 것을 근거짓는다고 주장하는 한에서 견지될 수 있다."15) 헤겔 자신이 민족 정신의 실질적인 규정의 변화에 대하서 말하고는 있지만 그 변화는 그 상위에 있는 보편자의 자기 이해의 한 계기에 지나지 않는다(G(H) 72 참조). <혁신>을 만일 외재적이고 뜻밖이며 급작스럽고 불연속적으로 새로운 것이 출현하는 상태로 이해한다면 적어도 세계 이성의 관점에서는 혁신이 차지할 수 있는 자리는 없다.

쿤(Kuhn)의 의미에서 패러다임의 본질적인 전환이 헤겔 역사철학에서 불가능하다고 할 때 그 이유는 사유의 원리인 이성의 원리가 역사 전개의 토대로 전제되어 있기 때문이다. 이는 물론 이성의 원리가 보편적인 원리의 단순한 전개가 아니라 그 원리가 인간의 실천 이성을 통하여 실현된다는 점에서 고대 그리스의 실체론과는 구별되지만 큰 테두리에서 헤겔은 여전히 고대의 실체 토대론에 입각해 있다. 헤겔에게서 <이성적 사유의 원환적인 자기 관계>는 그의 정신철학의 제1원칙으로, 이는 존재론적으로 실천적인 주체의 직선적인 욕구(열정)보다 위에 있다. 그런 한에서 사유의 원리는 욕구의 원리에 선행하며, 욕구의 원리가 욕구의 한계성에 입각해 있고 또 사유의 원리가 사유의 무제한성에 입각해 있는 한에서 욕구의 원리는 사유의 원리에 종속된다(G(H) 112 참조). 자기 자신과의 무한한 자기

---

15) E. Angehrn, Geschichte und Identität, 336.

관계인 이성의 원리는 존재의 원리면서 동시에 당위의 원리다. 그런 한에서 세계의 변화는 이성에 따라 진행될 수 있고 또 진행되어야 한다. 개별적인 주체 또는 민족의 실천이 이성의 범주와 일치하지 않을 경우 그들은 이성에 맞게 실천하는 세계사적 민족에게 봉사하며 살든지 아니면 세계사의 무대에서 아무런 역할을 하지 못한 채 잊혀지거나 사라진다. 그런 한에서 역사의 혁신은 전적으로 세계 이성의 원리에 참여하느냐 못 하느냐에 달린 문제다.

그렇지만 우리가 상기해야 할 점이 있다. 역사에서 출현하는 새로움은 실천적인 주체의 입장에서 보면, 다시 말해 이성의 목적이라는 척도에 적합하게 행위하는 것으로 판단되는 참여자들의 관점에서 보면 뜻밖에, 우연히, 불연속적으로 나타난다는 것이다. 이들은 보편적인 이념에 대해 무지하기 때문에, 다시 말해 역사 전체를 조망하지 못하고 주관적 행위에서 야기된 의도되지 않은 결과에 대해 예견하지 못하기 때문에 역설적이게도, 이들에 대해 세계사의 진행은 열려 있다. 이들은 자신들의 행위가 이성의 목적과 일치하는지 알지 못하기 때문에 이들에게 이론 이성과 실천 이성의 불일치는 우연적이다. 민족의 원리가 새로운 원리로 이행하는 것은 이들에게 필연적이거나 연속적이지 않고 단지 질적인 비약으로 보인다.

연속성과 불연속성, 폐쇄성과 개방성 그리고 자기에 대한 지(知)와 자기 행위에 대한 무지(無知) 사이의 존재론적인 차이는 헤겔 역사철학에서 화해되지 않은 채 남아 있다. 헤겔은 이성의 간지를 중개자로 끌어들여 이 두 극단을 매개하려 시도했지만 이들을 개념적으로 매개하는 일에는 관심을 두지 않았다. 이러한 사정 때문에 우리는 역사 혁신이라는 주제를 관찰자와 참여자의 두 관점에서 살폈던 것이다. 헤겔은 세계 정신의 실체성과 개별자의 주체성이 상호 관계 속에 있다고 보면서도 이들이 서로 화해할 수 있는 아무런 개념 장치도 마련하지 않은 채 암암리에 서로 구별되는 관점만을 정립해놓은 셈이다. 세계 정신의 자기 혁신은 좁은 의미에서 개별자의 주체적인 지(知)와 행위로 매개되지 않는다. 개별자의 행위는 세계 정신에게는 알려지지만 세계 정신의 행위는 개별자에게 알려지지 않는다. <이성의 간지>를 통하여 내보인 이러한 일방 통행적인 사태 인식에서 헤겔은 역사 진행을 결국 보편 정신의 총체적인 자기 인식의 산물로 규정하고 개별 정신은 보편 정신의 의식적인 합목적적 활동에 무의식적으로 추종한다고 파악함으로써 역사 혁신의 주체와 방법에 대해 현실적인 대안을 제시하지 않고 있다.

헤겔의 근대적 시간 의식과 철학의 역사성

연 효 숙 (연세철학연구소 전문연구원·연세대 강사)

1. 시간과 역사

'시간'과 '역사'는 서구 문명사에서 처음부터 서로 얽혀 있지는 않은 듯하다. 특히 '역사철학'은 삶을 한참 반성한 후에 뒤늦게 나온 산물이다. 역사가 인간과 얽히고 인간이 시간적 존재이자 역사적 존재라는 것에 대한 철학적 반성은 근대에 들어서서 보다 두드러지게 나온 셈이다. 역사철학은 인간적인 사건에 대한 눈이다. 서양 근대에 들어서서 보다 눈에 띄게 역사철학이, 특히 헤겔에 와서 역사철학이 정점을 이루게 된 것은 우연이 아니다. 그에 비하면 탈근대적 철학은 이러한 인간적인 사건으로서의 역사철학에 혐오를 보내고, 또 다른 계보와 기원에 입각한 철학을 찾고 있다. 인간적인 사건으로서의 역사철학이 인간을 역사적인 사건 속에 가두어버렸고, 역사적인 사건 속의 주인공이 된 인간이 자기 눈을 자폐적으로 가두어버렸다는 이유에서다.

근대 계몽주의의 무시간적인 역사적 사유에 시간을 도입한 것은 '칸트' 그리고 '헤겔'이다. 칸트는 시간을 내감의 형식으로 도입한다. 이러한 시간은 구체적인 시간이 아니다. 그에 반해 헤겔은 구체적 시간을 도입하려는 강력한 욕구와 동기를 갖는다. 헤겔은 근대의 위기 속에서 인간적인 사건으로서의 '세계사'를 구축하여 모순과 분열에 빠진 인간을 구원하고 영원성과의 화해를 시도하려고 했다. 헤겔은 그리스적인 '자연적 시간'과 기독교적인 '종말론적 시간' 간의 화해를 통해 '나선형적 역사적 시간'을 만들었다. 나선형적 역사적 시간은 자연적 시간 속에서 유한성으로 머물고 마는 인간의 비극에 직면하여, 정신으로서의 인간이 자신의 사건을 기록하고 진행시키면서, 시간을 지배하여 자연의 위력으로서의 '시간'을 확보하고 시간으로서의 위력인 '개념'으로 자신의 형이상학을 구축할 때 드러난다. 개념으로서의 역사 속의 인간은 하나의 보편사를 형성하면서 역사가 이성적 사건임을 입증한다.

그렇다면 시간과 역사는 서양 근대에서 서로 어떻게 얽히기 시작했는가? 그리스의 자연적 시간에서 역사적 시간으로의 이행이 근대에서 비로소 가능했던 철학사적 배경은 무엇인가? 역사적 시간을 바탕으로 하여 서양 근대에서 '보편적 역사'는 어떻게 가능했는가? 그에 따라 근대적 시간 의식 속에서 '철학'의 정체성은 어떻게 보여졌는가? 달리 말하면 자기 의식의 성찰적 시간성은 근대의 역사성과 어떤 필연적인 연관을 갖는가? 근대적 시간은 근대적 자아, 근대적 자기 의식와 어떤 연관을 맺고 있으며, 또 이러한 철학적 작업의 기초에서 '시간성'과 '자기 의식'은 '역사성', '역사철학'의 문제와 어떠한 연관을 갖는가?

이러한 문제 제기가 헤겔에 이르러 성숙됨으로써 서구 근대에서 역사의 시대가 등장하고 역사철학의 문제가 자기 의식과 연관하여 주된 문제가 되었다. 헤겔의 역사철학의 작업은 이러한 자기 의식과 시간과 역사성과의 연관 속에서 이뤄졌는데, 이 연관이 갖는 시대적 표상과 시대적 한계는 무엇이었을까? 이러한 시대적 표상은 헤겔 이후 철학의 방향으로 어떻게 흩어져 갔는가?

2. 자연의 시간, 역사의 시간

서양 초기 그리스 신화 시대에 그리스인들에게서 시간은 등장했으나 시간 의식, 역사 의식은 거의 보이지 않는다. 우주의 영원한 순환을 믿는 그들에게서 시간은 변화의 징표이고 우주의 영원성을 훼손하는 파괴적인 원리에 불과할 뿐이었다. 그들에게 시간은 우주의 질서를 측정해주는 자연적이고 순환적인 시간으로 다가올 뿐이었다. 이러한 증거는 신화 시대 때부터 발견된다.

그리스의 창조 신화에 따르면, "최초에는 크로노스, 즉 시간이 지배하고 있었다. 거기에는 아무런 인류적 작품도 없는 황금 시대가 있었다. 거기서는 산출된 것, 이 시간의 아이들은 시간 자신에 의해서 먹혀버렸다. 제우스의 머리에서 미네르바가 탄생하고 아폴로와 뮤즈도 그 일가에 속하게 되었다. 제우스가 비로소 시간을 억압하여 시간을 흐르게 하였다. 제우스는 인류적인 작품, 즉 국가를 산출한 정치의 신이다."[1] 이 신화에서 크로노스가 지배한 시간은 자연적 원리에 불과하고, 역사를 아직 담고 있지 못하다. 크로노스의 시간은 사실상 황금 시대에 존

---

1) G. W. F. Hegel, *Vorlesungen über die Philosophie der Geschichte, Bd. 12*, Frankfurt a.M, Suhrkamp Verlag, 1982, 이하 VPG로 약기. 101쪽.

재하는 것으로 자기가 산출한 것을 무조건 잡아먹음으로써 스스로 파멸과 자기 파괴에 빠지는 형식이다. 제우스가 이러한 자기 파멸의 신을 처단하고, 국가를 세웠다는 것은 이때부터 무상한 시간이 감성계에서의 부정성의 형식으로 작동하고, 국가 속에서 역사가 시작됨을 비유적으로 보인 것이라 할 수 있다. 물론 그렇다고 해서 국가의 건립을 통한 역사 시대의 개시가 곧 역사에 대한 반성과 역사철학으로 이어지지는 않는다. 여전히 이때 시간은 우주와 자연의 변화를 측정하는 계기일 뿐이다. 그리스 시대 전체는 기독교 이후 혹은 근대 이후에 비로소 분명하게 출현하는 역사적 시간에 비해볼 때, 자연적 시간의 공간인데, 신화에서도 비유적으로 이러한 구분에 대한 의미를 유추해볼 수 있다.

플라톤에 이르면 이러한 신화 시대의 시간관이 형이상학적인 토대에서 더 확고하게 자리잡는다. 시간의 기원은 우주의 탄생에서 비롯된다. 우주의 기하학적 모형은 영원한 것이며 또 절대적 안정의 완벽한 상태로서, 파르메니데스의 실체의 세계와 유사한 것이다. 우주(세상)는 영원한 이상적 모델에 바탕을 두고 만들어졌으나 우주는 변화할 수밖에 없는 존재다. 그러한 변화를 일으키는 매개는 '시간'이다.2) "시간은 천구와 더불어 생겨났는데, 이는 만약 언젠가 이것들의 해체 사태가 일어난다면 이것들은 생겨나기를 함께 하였으므로 해체되는 것도 함께 하도록 하기 위한 것입니다. 그리고 그것은 영원한 본성을 지닌 그 본에 따라 생겨났는데, 이는 그것이 그 본을 가능한 한 최대한 닮도록 하기 위한 것입니다. 그야 물론 본이 영원토록 있는 것인 반면에, 천구는 그것대로 일체 시간에 걸쳐 언제나

---

2) G. J. Whiterow, 『시간의 문화사(*Time in History*)』, 이종인 옮김, 영림카디널, 1999, 78쪽.

'있어왔고' '있으며' '있을 것'이기 때문입니다 ……."3) '영원의 움직이는 이미지'인 시간은 우주와 그 영원한 모델 사이의 간격을 메워주는 변화의 양상이다. 이 움직이는 이미지는 천체의 움직임에서 그 모습을 드러낸다. 플라톤은 '시간'과 '우주'를 긴밀히 연결시켜서, 천체의 움직임에 의해 시간이 실제로 생산된다고 보았다. 플라톤의 시간 이론이 남긴 영원한 유산은 '시간'과 '우주'가 서로 불가분이라는 사상이다. 즉, 시간은 그 스스로 존재하는 어떤 것이 아니라 우주의 한 특징이다.4)

그리스 초기 시인들의 생각과 중기 이후 철학자들의 생각은 다음과 같이 정리될 수 있다. 우선 신화적 시대에서 시간은 크로노스와 제우스와의 싸움과 연관해볼 때 황금 시대, 무시간적인 시대에서 시간이 출현함으로써 시간은 파괴적 원리로, 부정적인 원리로 생각된 듯하다. 크로노스가 시간을 의미한다는 것은 자기의 원리인 파괴의 원리로 다른 존재자들을 억압하고, 시간 속에 즉 파괴 속에, 변화 속에 가두어둔다는 것을 뜻한다. 이는 자연적 시간의 한 원형적 형태라 할 수 있다. 다음에 대체로 우주의 영원성을 믿었던 철학자들(플라톤, 아리스토텔레스)에게서 시간은 다소 불만스러운 요소였던 것 같다. 공간이 영원성을 상징한다고 보았던 것에 비해 변화, 생성, 파괴, 소멸 등은 시간을 통해 이뤄진다고 보았기 때문이다. 그리스 시대에서 시간은 변화의 한 근원인 것은 분명한 듯이 보이지만, 이 시간이 인간의 사건, 역사와 맺는 관련에는 그리스인들이 큰 관심이 없어보인다. 더군다나 시간이 인간의 영혼, 의식과 어떠한 관계가 있는지는 불투명하다.

그러나 로마 말기, 중세 초기에 등장한 아우구스티누스의 시

---

3) Platon, 『티마이오스(*Timaios*)』, 박종현 외 옮김, 서광사, 2000, 38b-c.
4) G. J. Whiterow, 앞의 책, 78쪽.

간관은 그리스 시대의 시간관과 뿌리에서부터 다른 기원을 갖는다. 그에게서 독특하게 나타나는 것은 시간을 재는 '영혼', 즉 인간의 내면성과 주관성의 측면이다. 시간은 과거, 현재, 미래의 세 가지 시간으로 존재하는 것이 아니라, "이것들은 실상 마음속에 이른바 세 가지 형태 — 과거의 현재, 현재의 현재, 미래의 현재 — 로 존재하는데, 나는 마음 밖에서는 어디에서도 볼 수 없습니다. 즉 과거의 현재는 기억이며, 현재의 현재는 직감이며, 미래의 현재는 기대입니다."5) 그에게는 과거, 현재, 미래라는 물리적이고 자연적인 시간이 존재하는 것이 아니라, 과거에 대한 기억으로, 현재의 지각으로 그리고 미래에 대한 기대로서 시간이 존재한다. 시간에 대한 인식은 무엇보다도 내 안에, 내 영혼에서 일어난다. "내가 시간을 재는 것은 곧 나의 영혼 안에서입니다."6) 아우구스티누스는 시간을 재는 주체인 영혼을 상정하고 있는 것이다. 영혼 안에서 시간을 잰다는 것, 시간을 재는 주체를 상정한다는 것은 분명 근대적 시간관의 맹아로 볼 수 있다. 그리스적인 자연적 시간관과 달리 기독교식의 시간관은 시간의 주체를 자신의 내면성에서 상정하고 있다.

그러고 보면 근대 이후에 본격적으로 등장한 인간 주관성에 대한 맹아는 '시간'과 '주관성'의 연관에서 볼 때, 이미 아우구스티누스에게서 찾아볼 수 있다. 시간이 주관성과 밀착되어 인간은 시간을 자각하는 존재며, 시간 속에 일어나는 역사적 사건은 인간적 사건으로 되고, 이 속에서 무한히 반복을 일삼는 무한 퇴행의 그리스적 시간관, 단순한 반복으로서의 순환 운동적 시간관은 주관성의 개입에 따라 다른 의미를 얻게 된다.7) 자연

---

5) St. Augustine, 『고백록(*Confessionum*)』, 김평옥 옮김, 범우사, 1998, 290쪽.
6) 같은 책, 299쪽.
7) 역사에 대한 총체적 해석은 원시 기독교의 '임박한 최후의 날에 대한 기대'

적, 순환적인 시간은 무한 진행을 표상하며, 그리스적 시간, 우주적 시간은 진정으로 인간의 사건을 다루지 않았다. 반면에 역사적 시간은 정신과 시간의 통일의 단초가 되며, 근대적 시간 의식의 맹아를 이룬다. 이 면을 구체적으로 살펴보자.

이제 물리적이고 추상적이며 우주적인 자연적 시간에서 떠나 '나'를, '영혼'을 붙잡아 역사적 시간을 찾아가면서 우리는 본래의 시간 형식, 인간적인 사건 속에서 일어나는 시간을 간파하게 된다. 어렴풋하게나마 아우구스티누스 이후, 보다 분명하게는 근대 이후 우리에게 자연적 시간인 지금의 형식적 고립화를, 본래적 시간 형식인 '개념적 역사'를 통해 극복하는 것이 제시된다.8)

이 맹아는 우선 칸트에게서 보인다. 칸트는 주관성, 내감의 형식으로서의 시간을 도입한다. "시간은 내감의 형식, 즉 우리 자신과 우리의 내적 상태를 직관하는 형식이다."9) 뉴턴적 시간관에 대한 철학적 정초를 하기 위한 칸트의 시간의 작업은 그것이 주관의 내감의 형식이라는 면에서 뉴턴의 자연과학과는 전혀 다른 결과를 가져왔다. 시간이 외감인 공간과 달리 주관성의 통일의 형식을 지녔다고 칸트가 주장함으로써, 세계는 시간의 형식으로, 의식의 흐름과 통일 역시 시간의 형식의 통제 아래에 놓이게 되었다. 이러한 사건은 철학사에서 데카르트의

그리고 로마의 운명이나 고대의 세계관과의 융합과는 달라야 한다. 아우구스티누스에서부터 역사는 인류의 실존적 자기 이해를 위한 중요한 경험으로 등장하며, 이로부터 아우구스티누스는 그리스적-이교도적 세계관과 분명하게 갈라서게 된다(E. Angehrn, 『역사철학(*Geschichtsphilosophie*)』, 유헌식 옮김, 민음사, 1998, 66쪽).

8) S. F. Baekers, "Die Zeit als Mitte der Philosophie", in *Hegel-Studien 30*, Bonn, Bouvier Verlag, 1995, 131쪽.

9) I. Kant, *Kritik der reinen Vernunft*, Hamburg, Felix Meiner Verlag, 1962, B. 49.

코기토의 정초와는 또 다른 획기적인 사건으로, 인간의 세계에 대한 자기 성찰, 인간이 세계와 맺는 관계는 전적으로 내재적인 지평으로 향하게 되었다. 시간에 기초를 둔 칸트의 이러한 주관성의 도입과 더불어 이제 데카르트의 코기토는 진정으로 자기의 내면성을 확보하게 되었다.

그러나 칸트가 '시간'을 내면화하여 주관적 형식으로서의 시간을 '역사적 시간'으로 설정하려고 하였으나, 자폐적인 특성 때문에 역사적 시간이 제대로 구현되고 전개될 수 없었다. 칸트적 이성의 자기 위기가 도래했던 것이며, 이 위기는 철학의 위기로, 시대적 위기로 이어졌다. 그래서 이 칸트의 길은 헤겔적 길, 즉 주관화된 시간의 길의 '세계사의 구현'의 길로, 그래서 명실상부한 '역사적 시간'의 길로 나가게 된다. 이때 시간의 자폐적 주관화를 면할 수 있는 안전 장치가 필요하며, 자폐성을 트이게 할 필요가 있었다. 그래서 헤겔은 시간을 '개념(Begriff)'과 관계시킴으로써, 시간과 절대성을 연결시키려고 하였다.

그런데 칸트에서 헤겔의 길, 즉 시간이 주관적이자 세계사적 시간의 흐름으로써 역사적 시간으로 혹은 더 정확히 말하면 정신적 시간으로 외연의 확장은 『정신현상학』의 주된 기획 속에서 마련된다. 이는 자기 의식의 이중성의 길, 즉 '전망'과 '회고'의 이중적 원리[10]에 기인한다. 이 이중적인 원리는 『정신현상학』의 서술 구조의 추동력이 된다. 헤겔에 이르면 자기 의식의 구조 자체가 역사적 시간의 순서에 의해 전개된다. 『정신현상학』에서 의식의 형성(회의주의, 스토아주의, 근대 계몽주의, 낭만주의 등)이 보이는데, 이러한 의식의 형성 자체가 '역사성'을

---

10) 이와 연관된 자세한 논의는 연효숙, 「헤겔에게서의 이성의 근대성과 역사성 ― 주체와 이성, 철학의 역사성과 그 근대성」, 『철학』 제63집, 한국철학회, 2000년 여름, 176-179쪽 참조.

가지며 역사성의 축적, 시대의 흐름을 함의한다. 자기 의식의 서술 구조는 회고와 전망의 두 관점을 견지한다. 회고적이고 하향적으로 목적이 미리 선점된, 철학자의 눈으로 설정된 목표 인 미래, 과거, 현재 등으로의 한 길이 있고, 전망적이고 상향적 으로 현재에서 미래로 혹은 정신의 자기 전개의 발전적 과정의 다른 길이 있다.

3. 시간과 주체성, 역사

헤겔의 시간관은 바로 이전의 칸트의 시, 공의 원리, 즉 내감 의 원리를 일차적으로 그대로 계승한다. 칸트에게서처럼 시간은 공간과 마찬가지로 감성, 곧 직관의 순수 형식(Enzy., 258)[11]이 다. 공간이 추상적인 객관성, 즉 외감이라면 시간은 추상적인 주관성, 즉 내감이 될 것이다. 그러나 이러한 시간의 원리는 여 전히 유한하고 덧없는 추상적인 것이다. 현실 속에 있는 규정 된 것은 유한한 것이고 덧없는 것으로 시간이라는 부정성의 형 식을 갖고 있다. 즉 시간은 유한성의 형식 자체다. 그러나 헤겔 이 보기에 이러한 외면적이고 추상적인 시간만을 고립화시켜 보는 것은 시간의 본질을 잘못 이해한 것이다. 오히려 "시간은 순수 자기 의식으로서의 자아의 동일성의 원리다(Ich = Ich des reinen Selbstbewußtsein)(Enzy., 258). 이 시간은 고대 그리스 의 자연적 시간에서처럼 만물이 시간 속에서 생성되는 원리이 기보다는 "시간 그 자체가 이 생성, 곧 생기와 소멸, 존재하는 사상 활동, 모든 것을 생산하면서 동시에 그 산아를 절멸해버

---

11) G. W. F. Hegel, *Enzyklopädie der philosophischen Wissenschaften I, Bd. 8.* Frankfurt a.M, Suhrkamp Verlag, 1981, 이하 Enzy.로 약기.

리는 크로노스다"(Enzy., 258). 이때의 크로노스로서의 시간을 헤겔의 근대적 눈으로 보면 단순히 외적인 '변화'를 나타내는 것이 아니라, 변화를 주관하는 통일적인 '부정성의 원리'다. 이 원리의 주재자는 주관인 셈이다. 주관은 단순한 자아(bloßes Ich)일 뿐만 아니라 자아의 역사적 세계의 경험 속에서 자아의 고유한 주관성의 본질로 파악되기 때문에, 달리 말하면 주관이 유적 역사 속에서 자신의 고유한 동일성의 구성 원리를 간파하기 때문에 시간의 차원들, 즉 현재, 미래 그리고 과거는 질적인 의미를 획득한다.[12] 헤겔에 와서 시간은 주관성의 주요 형식이 됨으로써 자연적 시간이 마감되고, 시간은 역사적 시간을 의미하게 되었다. 자연 속에서 시간이 다만 영원한 순환일 뿐이라면, 각 개체 속에서 동시에 유(Gattung)의 의식이기도 한 의식은 시간의 "위력"을 극복하고 시간 자체의 원리를 실현한다.[13]

헤겔에게서 순수 자기 의식으로서의 원리의 한 측면이 시간으로 나타나지만, 또 한편으로 다른 자아의 자기동일성이 있다. 이 자아는 개념, 즉 정신이다. 개념은 '독자적으로 자기 자신과 함께 하는 현존하는 자아가 자신이 되는(Ich = Ich) 동일성으로, 시간이 대자적으로 정립된 부정성인 반면(Enzy., 257), 개념은 즉자대자적으로 '절대적인 부정성'이다. 절대적인 부정성으로서의 개념의 본질은 자유다. 이 절대적 부정성으로서의 개념이 시간을 지배한다. 즉, 시간이 개념의 위력이 아니라 개념이 시간의 위력이다(Enzy., 258). 시간은 개념의 힘, 지배력 속에 들어간다. 개념은 시간 가운데 있거나 하나의 시간적인 것이 아니라 오히려 시간을 지배한다. 그래서 자연에 속하는 것만이

---

12) O. D. Brauer, *Dialektik der Zeit : Untersuchungen zu Hegels Metaphysik der Weltgeschichte*, Stuttgart, fromman-holzboog, 1982, 155-156쪽.
13) 같은 글, 152쪽.

시간에 복종하는데, 이는 자연에 속한 것만이 유한하고 반면에 참된 것, 이념, 정신은 영원한 것이기 때문이다. 그러나 헤겔에게서 영원으로서의 개념과 유한한 것의 형식으로서의 시간이 분리되고 대립되어 있다고 이해하면 안 된다. 양자를 분리하게 되면 영원이라는 개념이 시간 외부에 현존하는 것이 되며, 영원이 마치 시간이 지난 다음에 오는 것이 되어, 영원이 시간의 한 계기에 불과한 미래가 될 것이기 때문이다. 시간을 지배하는 개념은 바로 '정신'의 형식이므로 이제 헤겔에게서 시간은 유한성의 한 형식으로만 고립되어 존재하는 것이 아니라 정신의 위력에 의해 존립하게 된다. 말하자면 '정신' 속에 시간이 존재한다. 정신 속에 시간이 존재한다는 것은 시간이 더 이상 단순한 변화의 산물이 아니라 근대적 자아의 자기 존립 방식의 전형적인 방식을 보여준다는 데에 있다.[14]

정신과 시간의 관계에 대한 하이데거의 헤겔 해석[15]은 근대적 자아의 본질과 그 시간 의식의 한 단면을 잘 드러내준다. "정신이 자기 실현과 함께 '부정의 부정'이라고 '규정된 시간' 속으로 떨어지는 것은 정신에게 적합하다'라고 말할 수 있기 위해서는 정신 자체는 시간을 어떻게 이해하고 있는가? 정신과 시간의 둘간의 관계는 무엇인가? 정신의 본질은 개념이다. 개념은 자기를 사유하는 사유 자체의 형식이다. 자기를 '비아의

---

14) 서양 역사에서 그리스의 전통과 주권이 기독교의 신성화된, 신비적인 체험의 공간으로 넘어갔다는 것은 참으로 특기할 일이다. 서양 근세가 이러한 기독교의 신비화되고 종교화된, 신격화된 세상, 탈속적인 세계로부터 인간을 구원해내려고 과학, 인문주의(르네상스, 고대 인문 정신의 부활) 등으로 탈출하려고 부단히 노력했으나, 이미 기독교 정신은 뿌리깊게 근대인의 의식에 흔적을 남겼다. 헤겔의 역사관에는 그리스적 요소와 기독교적 요소의 음영이 동시에 아로새겨져 있다.

15) M. Heidegger, 『존재와 시간(Sein und Zeit)』, 소광희 옮김, 경문사, 1998, 제8장 §82, 시간과 정신 사이의 연관에 대한 헤겔의 해석, 606-609쪽.

파악'으로서 개념화하는 것이다. 개념은 자기를 이해하는 자기가 이해되고 있다는 것이며, 이 자기는 개념으로서의 '자유'다. 자아는 개념으로서 현 존재에 도달한, 순수한 개념 자체다. 자아는 자기를 자기에 관계시키는 통일이다. 그러나 그 자아는 직접적으로 통일이 아니라 자아가 모든 규정성과 내용을 사상하고 자기 자신과의 무제한한 동등성이라는 자유 속으로 귀환함으로써 통일인 것이다."16)

이렇게 이해된 근대적 자아 속에서 시간과 정신, 유한성과 영원의 이념으로서의 무한성의 이분법적 형식이 극복된다. 영원한 이념으로서의 정신, 개념이 없이는 시간은 아무런 의미도 없다. 시간을 자신의 한 존립 방식으로, 내재화한 형식을 취한 정신으로서의 인간은 개념으로서의 영원을 피안에, 자신이 다가갈 수 없는 저 너머의 세계에 두고 있는 것이 아니라, 스스로 자기 '주체성' 안에서 자기가 현상하는 방식을 시간을 통해 구체화한다.17) 그래서 영원성은 시간의 형식을 통해 스스로 자기를 현상화하면서 그 얼굴을 드러내고, 시간은 영원성의 위력에 힘입어 근대적 자아를 자유의 주체로 설정할 수 있게 되었다.

그러나 근대적 자아가 자유의 주체로 서기까지에는 지난한 과정을 거치지 않으면 안 된다. 일면적으로 자신을 현상할 수밖에 없는 규정적인 것은 모순을 지니며, 모순의 불안, 동요의 형식이 바로 시간(Enzy., 258)이기 때문에, 끝없이 시간 속의 자아는 자신을 단련하지 않으면 안 된다. 이는 정신으로서의 자아의 측면에서는 부정의 부정으로 나타난다. "자기를 자기의

---

16) 같은 책, 606쪽.
17) 헤겔의 시간 개념과 영원 개념에 대한 해석에서 근대 역사적 역학과 기독교의 형이상학이 연관되어 있음이 제시된다. 이것은 분열과 화해의 관점에서 본 종교적 의미에서의 구원사와 헤겔적 의미의 세계사 간의 일치를 의미한다. S. F. Baekers, "Die Zeit als Mitte der Philosophie" 참조.

개념으로 가져오는 정신의 발전의 불안(Unruhe)은 부정의 부정이기 때문에, 자기를 실현시키면서 직접적 부정의 부정으로서의 시간 속에 떨어지는 것은 정신에게는 적합한 일이다."18) 왜냐 하면 시간은 현존하고(da ist) 공허한 직관으로서 의식에 표상되는 개념 자신이기 때문이다. 그러므로 정신은 필연적으로 시간 속에서 나타나고, 또 정신이 자기의 순수 개념을 포착하지 않는 동안, 즉 시간이 절멸되지 않는 동안은 시간 속에서 나타난다. 정신 속에서 자신을 시간의 형식을 통해 드러내는, 자유를 본질로 갖고 있는 근대적 주체가 자기를 실현해가는 방식이 바로 역사적 시간인 셈으로, 이러한 시간관이 바로 그리스적인 자연적 시간관과 구별되는 역사적 시간 방식의 한 맹아를 제공한다.

근대적 자아, 근대적 주체는 헤겔에 와서 정신의 형식에 시간이라는 원리를 내재화함으로써, 이제 완결적으로 세계를 자기화한다. 이 의미는 자연으로서의 세계의 형식을 완전히 극복하고 역사로서의 세계를 간취한다는 것이다. 이는 세계를 주관성, 정신, 주체성의 영역과 완전한 의사 소통을 가능하게 한다는 것이다.

그러나 이러한 의사 소통이 쉽게 되는 것은 아니다. 역사는 정신이 부정성의 형식으로서의 시간을 지배함으로써 가능하며, 근대적 주체는 이러한 역사철학의 정립을 위해 자신을 부단히 연마한다. "이러한 형성의 다른 측면, '역사'는 스스로를 알고 매개하는 생성(das wissende sich vermittelnde Werden)이며, 시간 속으로 외화된 정신(der an die entäußerte Geist)이다"19)

---

18) M. Heidegger, 앞의 책, 607쪽.
19) G. W. F. Hegel, *Phänomenologie des Geistes, Gesammelte Werke, Bd.9.*(hrg) W. Bonsiepen, R. Heede, Hamburg, Felix Meiner Verlag, 1980, 434쪽. 이하 PdG로 약기.

(PdG, 433). 정신이 시간의 형식을 통해 역사를 형성함으로써 인간의 사건은 단순한 기록이 아니라 정신의 내면으로 침잠하여 인간적 사건을 역사적 사건으로 내면화한다. "정신의 완성은 자신인 바, 자신의 실체를 완전히 인식하는 데 있기 때문에, 이러한 지는 '자신 안으로 들어가는 것(Insichgehen)'이다. 이 속에서 정신은 자신의 현존재를 떠나서 기억(Erinnerung)의 형태로 이행해간다. 이렇게 정신이 '자신의 안으로 들어감으로써' 정신은 자신의 자기 의식의 밤 속에 침잠해 들어간다. 그러나 이렇게 사라져버린 현존재는 자기 의식의 밤 안에 보존되면서 이러한 지양된 현존재 — 전에 있던 것이기는 하지만 지로부터 새롭게 태어난 — 는 새로운 현존재, 새로운 세계와 정신의 형태가 된다. 이러한 방식으로 자신의 현존재 속에서 형성된 정신의 왕국은 상호 연속 계열을 만든다. 각각은 세계의 왕국이다. 세계의 목표는 깊이의 계시며, 이 계시가 절대적인 개념(der absolute Begriff)이다. 이러한 계시는 동시에 자신의 깊이와 확장에 대한 지양이다"(PdG, 433).

역사가 인간적인 사건이지만, 역사철학에 적합한 서술의 대상이 모든 인간적 사건을 다 포함하지는 않는다. 역사적 전개는 정신의 형식에 맞아야 한다. 헤겔에 따르면, 철학적 고찰에 맞는 역사의 단서는 '합리성'이 세계적인 존재 안에 나타나기 시작한 곳, 의식, 의지, 행위 안에 합리성이 나타나는 상태가 있는 곳이다(VPG, 81). 합리성, 즉 이성적 사건에 걸맞는 역사적 사건이 역사철학의 서술 대상이 된다는 것은 정신이 시간 속에서 외화되어 자기를 실현하는 존재 방식이기 때문이다. 주관성으로서의 근대적 시간 의식이 헤겔에 와서 보다 확고하게 정립됨으로써, 이 시간 의식의 전제 위에 '보편사'가 가능해진다. 세계사의 전개의 길은 자연성이 극복되고 정신의 힘이 발현됨으로써, "원리의 내면성이 스스로 내용을 드러내보임으로써, 이 내용을 현실성과 자기 의식적인 합리성으로, 자유인의 심정, 성실, 단결에 바탕을 둔 세속적 왕국으로 고양시킨다."[20)

헤겔에게서 하나의 보편적 세계사가 가능한 이유, 헤겔이 보는 세계사의 길의 중요 계기는 그리스적 자연적 시간관, 주관성과 무관한 시간관이 아닌, 정신의 시간에 대한 철학적 반성 때문이다. 헤겔이 『역사철학강의』에서 전형적으로 정식화한 단계의 예는 바로 인류의 역사는 자연적 시간, 자연성으로부터 역사적 시간, 자연성의 극복, 주관성의 확보를 통한 정신 속에서의 이성의 자기 실현의 구현으로 가는 것을 말하는 것이다. 세계사는 자유의 의식을 실질로 하는 원리의 발전 단계의 길을 서술하는 것인데, 첫 번째 단계는 정신이 '자연성' 안에 몰입한 상태로 한 사람만이 자유로울 뿐이며, 두 번째 단계는 정신이 자연성을 벗어나서 '의식'으로 진전한 상태, 그러나 의식은 아직 자연성에서 완전히 탈출하고 분리되어나온 것은 아니고, 몇몇 사람만 자유로운 상태다. 세 번째 단계인 특수한 자유에서 '자유의 순수한 보편성'으로의 고양이 일어나며, '자기 의식'이 고양되는 것에서 비로소 인간이 인간으로서 자유로워진다(VPG, 77).

위에서 주시할 내용은 헤겔이 역사를 보는 눈, 원리가 무엇인가 하는 점이다. 헤겔은 동양을 지나, 그리스를 지나 기독교, 게르만 세계에 와서 자기 의식이 고양되면서 이때부터 진정한 자유가 가능하고, 진정한 역사가 실현되는 발판이 마련됨을 보여준다. 그 주요 계기가 '자연성'으로부터 탈출해서 '의식', '자기 의식'으로 가는 길임을 보여주는 것이다. 그리하여 헤겔에게서 '자기 의식'의 원리의 발판이 마련되는 '세 번째 단계'부터, 넓게

---

20) G. W. F. Hegel, *Grundlinien der Philosophie des Rechts, Bd. 7.* Frankfurt a. M, Suhrkamp Verlag, 1981, §359 참조.

는 그리스 문명을 벗어나 기독교 세계로 이행한 이후에, 좁게는 근대 계몽주의 이후에 역사철학적 반성이 시작된다고 할 수 있다.

결국 헤겔에게서 보편적 역사가 정초되는 배경은 통일된 역사 의식, 주관성의 연속된 의식이 가능하기 때문이다. 이는 의식이 분열과 파편으로 등장하게 된 탈근대적인 배경과는 현격한 대조를 이룬다. 하나의 보편사로서의 세계사 자체가 근대적 시간 의식으로서의 주관성에 기초를 두고 있기 때문에, 이러한 주관성에 대한 확신이 보편사로서 연속성을 지닐 것으로 설정된 근대적 염원이자 근대의 지배 담론이었음이 드러난 것이다. 그래서 '시간'의 '의식'으로의 통일, '의식'의 '시간'으로의 통일을 합리적으로 이성적으로 정초하고자 한 헤겔에게서 역사적 전망이 '거대 역사'로, '보편사'로 귀결되는 것은 자연스러운 일이다. 인간중심주의에 빠지지 않기 위한 안전 장치로서의 보편사적 역사적 측면을 갖고서 헤겔은 역사철학을 정립한다. 역사철학이 형이상학을 대체하고 보편사적인 역사철학적 인식이 헤겔식의 관념론적인 근대적 시간 의식의 본 모습을 결정한다.

4. 근대적 시간 의식과 철학의 역사성

헤겔의 시간관이 근대의 시간관 전체를 다 대변한다고 말할 수는 없다. 그러나 적어도 시간과 주체성, 시간과 정신의 관계를 통해 '역사적 시간'을 정립한 헤겔은 근대적 시간 의식의 한 전형을 마련한다고 할 수 있다. 초기 계몽주의적 시간관, 자연과학적 시간관, 칸트적 시간관과는 다른 '역사적 시간'으로서의 시간관은 서구 근대성의 한 전형적인 단면이자 정점이라고 할 수 있다.

여기서 헤겔에게서 보이는 '근대적 시간 의식'의 정체는 무엇일까? '근대적 시간 의식'의 한 전형은 시간을 '주관성'과 더 나아가 '정신'의 지배 하에 둠으로써 인간적 사건이 일어나는 장소인 시간을 점유하여, 보편적인 세계사를 가능하게 하려는 근대적 인간의 욕구를 드러낸 것이라 할 수 있다. 역사적 시간의 정립으로 인간과 세계 그리고 역사는 근대인들에게 어떻게 드러났는가? 시간이 역사적 시간이 됨으로써, 인간적 사건으로서의 역사가 역사철학으로 정립됨으로써 근대인은 자신의 과거, 현재 그리고 미래에 대한 어떤 기획을 감행하려고 했던 것일까? 헤겔에게서 이제 철학은 인간의 피안에 있는 알 수 없는 영원한 고향으로서의 이데아를 붙잡기 위해 눈을 밖으로, 우주로 돌리는, 그래서 전통 형이상학의 보호막 속에 있는 것이 아니라 세계를 보기 위해 자신으로 내면으로 주관성으로 정신으로 침잠한다. 헤겔에게서 형이상학은 자신의 가능성을 점치는 역사철학으로 탈바꿈한다. 이 탈바꿈한 역사철학은 이성의 필연성과 보편성에 따라 스스로 자신을 발전시켜나갈 수 있으리라는 자신감을 갖추고 있다. 하나의 통일된 거대 역사가 가능하리라는 근대적 기획을 꿈꾸고 있다. 그래서 철학, 형이상학의 완성은 역사철학의 완성이고, 철학은 시간 속에서 자신을 드러내면서도 자신의 운명과 종말을 아는 얼굴로 드러난다.

근대의 정점에서 철학의 운명은 이성의 자기 본질과 궤를 같이 한다. "철학은 몽유병이 아니라 오히려 극도로 깨어 있는 의식(das wachste Bewußtsein)이다. 그리하여 철학자가 행하는 것은 처음에는 다만 실체며, 내적인 존재로서 감추어져 있던 이성적인 것을 낮으로 이끌어내어 의식되게 하고 깨우치는 데 있다"[21](VGP, 58). 철학자가 할 일은 철학의 현재화, 철학의 각성이다. "이러한 행적은 단지 과거의 상으로부터 회상의 신전에 기록되어 있는 것만이 아니라 지금도 여전히 그 작업이 출현했던 때와 같이 생생하게 우리 앞에 현재화되어(gegenwärtig) 있다" (VGP, 58).

이제 철학은 역사적 단계를 두루 거쳐 자기의 모습을 반추한다. 철학사의 각 단계의 진행 과정에서 나타나는 사실을 고찰해볼 때, 시간적으로 최초에 나타난 철학은 가장 빈곤하고 가장 추상적이다. 역사 발전이 진척되면 될수록 개념 규정이 더 세분화되면서, 개념 규정이 이념 자체의 심화와 자체 안에서의 이념의 파악을 의미하는 가운데 가장 뒤늦게, 가장 최근에 등장한 가장 새로운 철학이 극도로 발전되고 풍부하며 심오한 철학이 된다. 과거의 것으로 보이는 모든 것이 이 철학 속에 보존되고 내포되어 있기 때문에, 새로운 철학은 그 자체가 전 철학사의 거울(ein Spiegel der ganzen Geschichte)이다. 최초의 철학은 막 시작하기 때문에 가장 추상적이다. 이와 반대로 최종의 형태는 개념 규정이 더욱 명확해진 진행 단계를 거쳐 발현된 것이므로 가장 구체적이다. 시간적으로 뒤늦게 나타난, 좀더 알차게 다져진 철학은 본질적으로 앞서간 시대의 사유하는 정신의 노력의 결과며, 이러한 결과는 홀로 떨어진 채 갑자기 출현한 것은 아니다(VGP, 60-61).

근대 철학, 특히 헤겔철학의 정점은 역사철학에서 철학의 역사성에서 마련된다. 전통 형이상학이 역사철학이 되는 것이다. 철학의 역사성이란, 과거 철학사에서 '형이상학'으로서의 철학이 '역사철학'으로 되는 것을 의미한다. 근대적 시간 의식과 근대적 역사관을 통해 시간과 역사는 단일하고 통일적이며 보편

---

21) G. W. F. Hegel, *Vorlesungen über die Geschichte der Philosophie I, Bd. 18.* Frankfurt a.M, Suhrkamp Verlag, 1981. 이하 VGP로 약기. 58쪽.

적으로 이뤄지며, 이러한 보편성은 헤겔철학 특유의 절대 정신의 자기 전개의 기본 기획에서 기원한다. 이는 헤겔의 역사철학이 전통 형이상학을 거부하고 새로운 형이상학으로 등장했지만, 근대 데카르트적인 자폐적 자아에 시간 의식을 집어넣어, 역사의 과정을 절대 정신의 통제 하에 두는 자기중심성을 드러낸 것으로 해석할 여지도 충분히 있다. 절대 정신의 기획 속에서 역사는 연속적이자 단일한 기획으로 보일 수 있기 때문이다. 그러나 헤겔의 이러한 역사적 시간, 자기 의식으로서의 시간은 자기 성찰적 시간이자 자기 안을 들여다보는 반성적인 의식으로서의 시간이다. 이 시간으로 자기 안을 들여다볼 때 근대인은 세계와의 상호 소통을 견지하는 부정성으로서의 시간이자 시대의 위기를 감지한 시간을 갖고 있기 때문이다.

이러한 역사적 시간관은 헤겔 이후에 여러 가지 도전에 직면한다. 가장 대표적인 경우가 헤겔의 관념론적 시간 의식과 대립해 있는 마르크스의 시간관이다. 마르크스는 구체 시간, 추상 시간 등으로 시간에 대한 유물론적 이해, 정치 경제학적인 이해를 드러냈다. 마르크스는 내면의 시간이 밖으로 드러난 현실적 시간을 본 것이며, 내면의 자기 성찰적 시간이 구체적인 근대 자본주의 사회 현실에서 어떻게 외화되어 인간의 삶을 구성하는지 보려고 하였다. 또 하나는 니체의 역사의 과잉 봉사에 대한 비판22)과 푸코가 염려하는 근대 철학이 깊이 빠져 있는 인간학의 잠23)에 대한 비판이다. 헤겔의 절대적 주체는 오직

---

22) F. Nietzsche, *Die Unzeitmäßigen Betrachtungen*, 『반시대적 고찰』, 제2편, 삶에 대한 역사의 공과 참조, 임수길 옮김, 청하, 1982. 이와 연관된 논의는 연효숙, 「위기와 니힐리즘 그리고 유토피아 ─ 헤겔, 니체, 하이데거를 중심으로」, 『시대와 철학』 제18호, 한국철학사상연구회, 1999년 봄, 80-82쪽 참조.

23) 근대 철학이 그 담론에서 뿐만 아니라 파토스에서도 총력을 기울였던 인

유한자와 무한자의 상호 관계와 자기 자신에 도달하고자 하는 소모적 운동에 근거24)를 둔다는 혐의를 받는다.

역사에 대한 과잉 봉사, 인간학의 잠은 그렇다면 왜 위험한 가. 이러한 혐의는 근대 철학의 정점에 있는 헤겔에게로 다 덧씌워질 수밖에 없는가. 내면적 시간으로서의 역사적 시간, 그래서 근대적 시간 의식의 한 전형으로 불릴 수 있는 헤겔철학의 정체성은 인간학의 잠으로부터 덜 깬 여전히 독단적인 철학일 뿐인가. 역사철학이 인간적인 사건이라면, 그런 의미에서 역사철학은 인간학일 수도 있다. 계몽주의로부터 시작해서 칸트를 거쳐 헤겔에 이르는 긴 근대 시대는 '인간학의 잠'에 아직도 푹 빠져 있으며 이 잠에서 이제 깨어날 수밖에 없는가. 전통 형이상학의 자리에 등장한 역사철학, 철학의 역사성이 인간학의 잠의 덫에 빠지지 않고 우리를 각성시킬 수 있는 역할은 어디에서 찾을 수 있는가?

여기서 우리는 헤겔이 살았던 시대의 철학에 대해 책임을 물을 수 있는 것과 없는 것을 구별해야 할 필요가 있다. 근대는 헤겔의 역사철학에 와서 일종의 진보 사관으로서의 나선형적 역사적 시간의 정점을 맞는다. 이때 나선형적 역사관은 역사가 단순히 직선적인 진행형이 아니라는 점, 동일성의 운동을 견지

간에 대한 관심, 즉 인간을 생명 있는 존재, 일하는 개체이자 말하는 주체로 규정하려고 노력했던 근대 철학의 배려는, 오랫동안 목마르게 기다려온 인간의 통치 시대로의 회귀는 오직 소수의 아름다운 영혼의 소유자에게만 전해주는 것이었다고 푸코는 말한다. 그는 근대 철학이 '경험성'과 '선험성' 사이의 빈 공간에서 철학이 다시 한 번 깊은 잠에 빠져 있음을 발견하는데, 이 잠은 독단의 잠이 아니라 인간학의 잠이라고 말하면서 이 잠에서 철학이 깨어나야 한다고 주장한다 (M. Foucault, 『말과 사물(Les mots et les choses)』, 이광래 옮김, 민음사, 1995, 389-391쪽).
24) J. Habermas, 『현대성의 철학적 담론(Der Philosophische Diskurs der Moderne)』, 이진우 옮김, 문예출판사, 1994, 56쪽.

하지만 회귀의 지점이 바로 출발의 그 자리가 아닌, 자기 폐쇄적인 자기 반성이 아니라 현실의 흐름과 부단히 소통하는 자기 부정적인 운동 구조를 갖는다는 점을 우리는 기억해야 한다. 그것은 근대의 시대 이념이 단순히 직선적인 진보의, 다소 순진하기까지 한 시각의 옷을 이미 벗어버리고 자기 완성의 원리가 언제나 현실(세계)로부터 회수당할 수 있다는 것, 그래서 위기감이 언제나 도사리고 있다는 것에 대한 각성이다. 다만 헤겔은 그 위기의 감지를 정신, 주체의 자기 분열, 자기 모순으로 내재화하여 파악했기에 그 위기를 관념론화했다는 비판에서 완전히 벗어날 수는 없다. 그러나 헤겔의 자기 의식, 주체성이 관리하고 지배한 시간을 정신의 영역 속에 안착시킴으로써 근대 시대의 모순과 위기, 분열을 부단히 막으려고 했던 것이다. 이러한 근대적 시간 의식, 시대의 표상은 그래서 그 다음 철학을 준비하는 데 가장 핵심적인 화두로 등장할 수밖에 없게 된다.

□ 참고 문헌

연효숙, 「위기와 니힐리즘 그리고 유토피아 — 헤겔, 니체, 하이데거를 중심으로」, 『시대와 철학』 제18호, 한국철학사상연구회, 1999 봄.

_____, 「헤겔에서의 이성의 근대성과 역사성 — 주체와 이성, 철학의 역사성과 그 근대성」, 『철학』, 한국철학회, 제63집, 2000 여름.

E. Angehrn, 『역사철학(Geschichtsphilosophie)』, 유헌식 옮김, 민음사, 1998.

St. Augustine, 『고백록(Confessionum)』, 김평옥 옮김, 범우사,

1998.

S. F. Baekers, "Die Zeit als Mitte der Philosophie", in *Hegel-Studien 30*, Bonn, Bouvier Verlag, 1995.

O. D. Brauer, *Dialektik der Zeit : Untersuchungen zu Hegels Metaphysik der Weltgeschichte*, Stuttgart, fromman-holzboog, 1982.

M. Foucault, 『말과 사물(*Les mots et les choses*)』, 이광래 옮김, 민음사, 1995.

J. Habermas, 『현대성의 철학적 담론(*Der Philosophische Diskurs der Moderne*)』, 이진우 옮김, 문예출판사, 1994.

G. W. F. Hegel, *Phänomenologie des Geistes, Gesammelte Werke, Bd.9.*(hrg) W. Bonsiepen, R. Heede, Hamburg, Felix Meiner Verlag, 1980

_____, *Grundlinien der Philosophie des Rechts, Bd. 7.* Frankfurt a. M, Suhrkamp Verlag, 1981.

_____, *Enzyklopädie der philosophischen Wissenschaften I, Bd. 8.* Frankfurt a. M, Suhrkamp Verlag, 1981.

_____, *Vorlesungen über die Philosophie der Geschichte, Bd. 12*, Frankfurt a. M, Suhrkamp Verlag, 1982.

_____, *Vorlesungen über die Geschichte der Philosophie I, Bd. 18.* Frankfurt a.M, Suhrkamp Verlag, 1981.

M. Heidegger, 『존재와 시간(*Sein und Zeit*)』, 소광희 옮김, 경문사, 1998.

I. Kant, *Kritik der reinen Vernunft*, Hamburg, Felix Meiner Verlag, 1962.

F. Nietzsche, 반시대적 고찰(*Die Unzeitmäßigen Betrachtungen*)』, 임수길 옮김, 청하, 1982.

Platon, 『티마이오스(*Timaios*)』, 박종현 외 옮김, 서광사, 2000.

G. J. Whiterow, 『시간의 문화사(*Time in History*)』, 이종인 옮김, 영림카디널, 1999.

탈근대론과 근대 역사철학의 위기
— 새로운 역사철학의 정립 가능성 모색

선 우 현 (통일정책연구소 연구위원)

1. 압축적 근대화 과정과 IMF 위기 상황

해방 이후 세계적으로 유례가 없을 만큼 가파른 속도로 '경제적 자립화'와 '정치적 민주화'를 추진해오면서, 한국 사회는 서구식 근대화의 긍정적 성과물을 우리 지형에 맞게 이식하여 세계가 주목하는 성공적인 결과를 거두었다. 하지만 지난 2년여 동안 IMF 지배 체제를 겪으면서, 우리는 서구 근대화의 부정적 결과들이 이 땅의 도처에 얼마나 널려 있는가를 새삼 깨닫게 되었다. 혹독한 시련과 좌절의 고통을 맛보았고 지금도 그 고통이 완치된 것은 아니지만,[1] 일찍이 서구 사회가 수백 년에 걸쳐 진행해온 근대화 경로를 정신없이 뒤

---

[1] 최근 통계청 발표에 의하면 1998년도 연평균 지니 계수가 0.320을 나타냄으로써, 통계청이 지니 계수를 산출하기 시작한 1979년 이래 가장 높은 수치를 기록했다고 한다. 이는 소득 불균형의 정도가 1979년 이후 최고치에 도달했음을 말해준다. 한겨레신문, 2000년 3월 3일자.

밟아온 지난 50여 년 기간을 하나하나 비판적으로 성찰하고 검토해볼 수 있는 기회를 갖게 된 것은 불행 중 다행이라고 하겠다.

사실 2년여에 걸친 IMF 위기 상황은 서구 사회가 오랜 기간 이룩해온 '계몽의 기획'을 불과 수십 년의 시간 속에서 압축적으로 완수하려는 과욕에서 비롯된, 어찌 보면 이미 예정된 사태라고 할 수 있다. 이렇게 볼 때 서구 사회가 '근대화의 역설'을 통해 그네들이 추진했던 근대화 작업과 계몽의 기획을 반성적으로 고찰하여 새롭게 경로를 교정했던 것처럼, 우리도 이번 IMF 위기 상황을 계기로 삼아 이제까지의 근대화 작업을 반성적으로 진단하고 앞으로 나가야 할 방향을 올바르게 잡아나갈 수 있어야 할 것이다.

알다시피 서구 사회의 경우 '합리화의 비합리적 귀결'에 봉착하여 근대화에 대한 다양한 반성적 시도가 이루어졌다. 그 가운데 가장 근원적인 방식으로 행해진 것이 탈근대론의 근대(성) 비판이다. 동시에 이것은 계몽과 해방을 궁극적인 목표로 추진된 근대화의 중요한 이론적 원천 중 하나인 근대 역사철학에 대한 비판으로 이어진다. 해방과 진보를 앞세운 역사철학에 기초해 추진된 계몽과 근대의 기획은 인간을 해방 사회로 인도하기보다 억압과 구속으로 이끌었다는 비판의 목소리가 탈근대론의 주된 입장이기 때문이다.

한국 사회 역시 누구나 자유롭고 평등한 정의 사회의 구현을 목표로 근대화를 추진해왔다. 그런 한에서 우리의 근대화 작업도 '인간 해방'을 이념으로 삼는 근대 역사철학을 이론적 토대로 삼고 있다 하겠다. 그러나 우리 사회 역시 근대화 추진 과정에서 갖가지 사회적 병리 현상을 체험하고 있으며, 이러한 현상들이 집약적으로 응축되어 표출된 것이 IMF 위기 상황이 아닌가싶다. 바로 이 지점에서 우리는 일차적으로 물질적 토대의 확보(경제적 풍요)로 드러나는 해방 사회 기획이 포기되어야 하는가 하는 다소 극단적인 물음을 제기해볼 수 있다. 오늘날 그 영향력이 날로 확산되고 있는 '후기-주의들(Post-isms)'의 주장처럼, 해방이니 정의 사회니 하는 것들이 한갓 거대 이야기요 이룰 수 없는 '담론적 환상'에 불과한 것이라면, 그런 한에서 서구 사회의 행로를 고스란히 좇아온 우리 사회 역시 결국 억압적 사회를 향해 나아가는 것이라면, 근대화 기획의 포기는 빠르면 빠를수록 그만큼 더 좋은 것일 수 있기 때문이다.

우리 사회도 싫든 좋든 서구 사회의 근대화 도정을 고스란히 밟아왔으며, 서구 사회가 직면했던 문제들을 현재 맞고 있다. 이 점에서 우리 사회 역시 서구 사회의 범주에 포함될 수밖에 없다. 그런 까닭에 서구 사회에서 이루어진 탈근대 논쟁 또한 우리에게 유의미한 측면을 담고 있다 하겠다. 동시에 현 단계에서 근대성의 기획을 고수해나갈 것인가 혹은 포기할 것인가 하는 문제는, 결국 그러한 기획의 중요 토대로서 근대 역사철학의 입론에 대한 수용 여부와 관련된다. 즉, 근대 역사철학적 입장은 여전히 유효한가 아니면 구시대의 유물로서 폐기 처분되어야 하는가의 문제와 연결된다. 하지만 "인간 해방이라는 깃발은 이 지구상에서 인간에 대한 억압이 사라지지 않는 한 결코 내릴 수 없는 인간 자존의 상징"[2]이라는 주장에서 드러나듯이, 아직도 실질적 의미의 자유나 사회 정의가 제대로 실현되지 못하고 있는 우리 형편에서는, 인간 해방과 사회 정의의 이념은 쉽게 포기될 수 없는 것들이다. 그러므로 자유 실현

---

2) 최종욱, 「현대 프랑스철학의 비판적 이해」, 『프랑스철학과 우리 1』(1997), 106쪽.

과 해방 사회의 구현을 궁극적 이념으로 추구하는 근대 역사철학 입론은 그 수다한 한계에도 불구하고 쉽사리 폐기 처분될 대상은 아닌 듯싶다. 그렇다면 문제는 그것을 오늘의 변화된 시대 상황에 맞게끔 변형·재구성해야 하는 과제라 할 수 있을 것이다.

이 같은 문제 의식에서 출발하는 이 글은 근대 역사철학이 탈근대론의 집중 공격을 받아 자체의 존립 기반이 결정적으로 흔들리는, 이른바 '포스트적 시대 상황'에서 변화된 시대 조건에 부합하는 '새로운 역사철학의 모델'은 어떻게 정립되어야 하는가를 '대략적으로' 모색해보는 데 일차적 목표를 두고 있다. 이를 위해 우선, 탈근대론이 근대 역사철학에 가하는 비판을 통해 근대 역사철학의 한계를 살펴보고자 한다. 아울러 그 비판의 타당성을 검토해보는 가운데, 탈근대론의 공헌과 문제점을 고찰해볼 것이다. 이어 이 같은 논의를 바탕으로 새로운 역사철학의 모델을 재정립하는 데 근대 역사철학의 주요 특성 가운데, 어떤 것이 여전히 되살리고 계승해야 될 측면이며 동시에 그것들이 어떻게 비판적으로 재구성될 수 있는가에 대해 살펴볼 것이다. 그럼으로써 근대 역사철학의 이론적 취약점을 극복하면서 동시에 탈·반역사철학적 논의들의 한계를 극복할 수 있는 '새로운' 역사철학 모델의 정초 가능성을 검토해볼 것이다.3)

---

3) 이러한 성찰 과정에서 탈근대론의 입장에 대해, 한편으로는 '문화철학의 관점'에서 그 의의와 한계를 살펴볼 것이며, 다른 한편 '역사철학적 관점'에서 그 한계를 조망해봄으로써 '왜' 그러한 입장을 넘어서야 하는가를 곱씹어볼 것이다.

2. 근대 역사철학의 위기와 반역사철학적·탈역사철학적 흐름

1) 근대 역사철학의 위기 징후

오늘날 탈근대론(postmodernism)이 시도하고 있는 근본적 차원의 근대(성) 비판은 궁극적으로 근대 역사철학을 겨냥하고 있다. 동시에 그것의 철학적 토대를 붕괴시킬 만큼 위협을 가하고 있다. 하지만 상황이 이렇다고 해서 근대 역사철학이 더 이상 의미가 없거나 낡은 시대적 유물이라고 단정해버리기는 어려운 실정이다. 적어도 근대 이후 역사철학이 수행해온 역할, 특히 사회적 부정의와 억압 구조를 타파하고 보다 나은 인간 사회를 구현하는 데 기여한 바는 가볍게 여길 수 없을 만큼 상당한 것이기 때문이다.

익히 알려진 것처럼 18세기 계몽주의의 출현 이래 역사철학은 그 이전의 '역사신학'의 성격을 벗어던지고 이성과 계몽에 기초한 근대적 의미의 역사철학으로 그 모습을 일신하였다. 동시에 인간적 해방 사회를 구현코자 시도된 계몽의 기획을 추진하는 도정에서 긍정적인 역할을 수행해왔다.[4] 이처럼 계몽의 기획과 연계되어 서구 사회의 발전 과정에 기여하게 된 근대 역사철학은 몇 가지 주된 특성을 드러낸다. 우선 근대 역사철학은 역사를 반성과 비판을 특징으로 한 '계몽적 이성'의 관점에서 파악하고자 하며 이로부터 역사는 합리적으로 인식 가능하며 그 전개 과정 역시 이성적인 방식으로 이루어진다고 본다. 둘째, 역사는 이성적인 방식으로 분석·체계화될 수 있다고 보

---

4) 역사철학의 신학적 성격과 그로부터의 탈피 및 근대적 의미의 역사철학의 등장에 관해서는 E. Angehrn, *Geschichtephilosophie*(1991), 14-15쪽 참조.

아, 역사의 전개 과정에는 보편성과 통일성, 법칙성과 필연성이
내재되어 있다고 주장한다. 셋째, 역사의 흐름은 자의적이며 우
연적인 행로를 따라 이루어지는 것이 아니라, 발전과 진보를
향해 나아간다고 본다. 이로부터 진보적 역사관이 도출된다. 넷
째, 역사에는 인간 해방이 추구해야 할 '이념적 목적'이 이미 내
장되어 있으며 그 구현을 위한 주체, 역사 발전의 주체로서 이
성적 인간을 요구한다고 주장한다.5)

　하지만 칸트, 헤겔, 마르크스로 대표되는 근대 역사철학은 근
대화 과정에서 나타난 여러 난점들로 인해 그 이론적·실천적
정당성 기반이 점차 훼손되기에 이른다. 가령, 인간 해방을 목
표로 추진된 계몽의 기획은 그 도정에서 이른바 '근대화의 역
설'을 초래함으로써 더 이상 역사의 진보를 운위하기 어렵게
만들었다. 이로써 역사에 대한 합리적 해석의 타당성에 회의의
그림자가 짙게 드리워지는 계기가 마련되었다. 더불어 계몽주
의에 기초한 현재와 미래에 대한 낙관주의적 역사 해석 또한
차츰 그 설득력을 잃어가게 되었다. 이와 함께 이성에 기초한 근
대성 기획이나 해방 사회의 구현을 겨냥한 유토피아 기획들에
대한 비판적 목소리도 확산되어 나갔다. 그리고 이 같은 주된 시
대적 흐름은 마침내 역사 전개 과정을 법칙성과 필연성에 의거
하여 '강하게' 해석하는 근대 역사철학에 대한 회의의 고조로 귀
착되었다. 그에 따라 근대 역사철학을 이루는 핵심적 구성 요소
들에 대한 의심과 회의가 급격히 증대되었다.

---

5) 근대 역사철학의 발생과 전개 과정에 관한 상세한 해명은 E. Angehrn,
Geschichtephilosophie(1991), 57-119쪽 참조. 근대 역사철학의 기본 특징에
대한 개괄적인 설명은 P. Edward(ed.), *The Encyclopedia of Philosophy*,
vol.6(1975), 247-254쪽 참조. 더불어 근대 역사철학에 관한 논의의 대략적인
윤곽은 William H. Dray, *Philosophy of History*(1964), 59-66쪽 참조.

2) 탈역사철학적 · 반역사철학적 흐름의 확산

(1) 마르크스의 역사철학 이후, 근대 역사철학에 대한 도전은 여러 방면에서 시도되었다. 그 중 특히 주목되는 것은, 니체의 비합리주의 철학의 영향을 받은 베버의 사회 이론이다. 주지하다시피 베버의 사회 이론은 고전 사회학 이론 가운데 유일하게 역사철학적 사고의 전제와 진화론의 기본 가정을 탈피하면서, 구유럽 사회의 근대화를 보편사적인 합리화 과정의 결과로서 파악하고자 했던 이론이다.6)

베버는 서구 근대화 과정에 대한 분석에서 형이상학적 전제나 그 자체 입증 불가능한 것에서 출발하는 대신, 철저히 경험적 · 역사적 차원에서 분석 작업을 전개해나갔다. 그로부터 인류 사회를 해방 사회로 이끌어줄 것이라 믿어 의심치 않았던 합리화가 오히려 인간을 억압 구속하는 사태로 이끌고 있다는 사실을 우리에게 보여주었다. 더욱이 베버는 그 같은 역설을 벗어날 이성적 방안을 제시하지 못한 채 근대화 과정에서 초래된 병리적 귀결을 체념적으로 수용함으로써, 비관주의적 염세주의로 귀착하고 말았다. 이로써 당시까지 지배적이었던 진보의 과정으로서의 역사 전개라는 해석에 대해 심대한 타격을 가했던 것'이다.

이처럼 역사 전개에 관한 비관적 해석은 '의미 상실(Sinnverlust)'과 '자유 상실(Freiheitverlust)'의 테제로 응축되어 제시된다.7)

---

6) J. Habermas, *Theorie des kommunikativen Handelns*(1981), 179쪽. 하버마스에 따르면 베버는 작품 전체를 조망하는 시각에서 보면, 일관성의 결여가 현저한데, 베버는 근대의 서구의 사회적 합리화를 분석함에 있어 목적합리성의 제한된 관념에 의거하고 있다. 이는 한편으로 마르크스와, 다른 한편으로 호르크하이머 / 아도르노와 공유하고 있다. J. Habermas(1981), 180쪽.

7) J. Habermas, *Theorie des kommunikativen Handelns 1*(1981), 333쪽.

의미 상실이란 문화의 가치 영역이 과학, 도덕, 예술로 삼분화 됨으로써, 세계의 통일적 보편적 기준이 상실되어 가치 상대주의적 상황에 진입하는 것을 가리킨다. 베버는 이를 보편적 척도가 상실되어 새로운 '다신주의'가 등장한 것으로 파악한다.[8] 다른 한편, 자유 상실이란 단시일 안에 자연에 대한 지배를 통해 물질적 생산력을 확보하기 위한 조직 편제로서 제안된 관료제가 자연의 지배로부터 인류를 벗어나게 해주는 성과를 거두었지만, 그러한 편제를 만든 인간 자신을 옭아매고 부품화·소외화하는 부정적 사태를 가리킨다.[9] 결국 이 같은 베버의 비관적 시대 진단은 인간 해방과 정의 사회 구현을 지향하는 근대 역사철학적 시대 전망에 대한 거부로 이어지고 급기야 역사철학의 부정으로 귀결된다.

(2) 베버의 입장을 계승한 사회철학의 흐름이 바로 비판 이론 1세대다. 호르크하이머와 아도르노에 의해 대변되는 비판 이론은 역사의 전개 과정을, 이성의 총체적 도구화 과정으로 해석하면서 베버의 비관적 시대 진단을 계승한다. 비판 이론에 의하면 해방 사회를 구현하기 위한 문명화의 출발은 이성적 주체에 의한 자연 대상의 정복과 지배에서 비롯되었다. 물론 자연에 대한 지배와 가공은 인류에게 물질적 풍요를 안겨다주었다. 하지만 자연을 정복의 대상으로 바라보게 만들었던 인간의 이성은 결국 다른 인간 주체마저 지배 정복의 대상으로 보게끔 만듦으로써 인간의 이성은 마침내 도구적 이성으로 변질되기에 이르렀다.

비판 이론에 의하면 본래 이성은 설정된 목표 자체가 정당한

---

8) M. Weber, *Gesammelte Aufsätze zur Wissenschaftlehre*(1988), 603-606쪽 참조.
9) M. Weber, *Gesammelte Aufsätze zur Religionssoziologie I*(1988), 202-204쪽 참조.

가를 살펴보고, 행위 자체에 대한 반성적 통찰을 가능케 하는 계몽의 기능을 수행한다. 하지만 문명화 과정을 통해 이성의 기능이 왜곡되면서, 근대화가 진척되면 될수록 인간 사회는 도구적 이성이 만연되는 상황, 이른바 '도구적 이성의 총체화'가 실현되어나갔던 것이다. 이는 자율적·계몽적 이성에 토대를 두고 추진된 '근대의 기획'이 인류에게 해방을 가져다주기는커녕 새로운 차원의 위기 상황을 야기함으로써, 이성에 대한 불신과 회의를 낳게 되었음을 고발하는 것이다. 이런 부정적 시각은 급기야 이성의 위기로 이어졌으며, 결국 이성에 입각한 해방 사회 구현의 기획이 더 이상 추진될 수 없는 것으로 간주되기에 이르렀다. 이른바 '합리화의 비합리적 결과'로 초래된 이 같은 위기 상황은 이성 자체에 내재한, 이성의 자기 파괴적 속성에 따른 불가피한 결과10)라는 인식이 설득력을 더해가고 있다. 이는, 이성은 더 이상 위기 극복을 위한 전망을 제시할 수 없으며 인류의 미래 사회에 대한 조망을 제공할 수 없다는 논리로 귀착된다.

요컨대 비판 이론은 헤겔의 역사철학을 반성적으로 수용하여 그것을 새롭게 부활시켜보고자 했으나, 결국 비관적·부정적 역사관을 제시하는 데 머물렀다. 그 결과 근대 역사철학은 자체의 입지를 더욱더 좁혀나갈 수밖에 없었던 것이다.

(3) 역사철학적 지반의 와해를 추구하는 입장들이 확산되어 나가는 데 있어, 그 주도적인 힘을 발휘한 것이 바로 탈근대론이다. 1960년대 후반에 고조된 탈근대론적 시대 흐름은 1970년대 미국 사회를 풍미한 이후, 1980년대 접어들어 전유럽을 강타하면서 엄청난 괴력을 발휘하였다.11) 이 같은 탈근대적 시대

---

10) U. Beck. *Riskogesellschaft*(1986), 38-40쪽.
11) 이와 관련해 프랑스의 유력 일간지인 르 몽드(le monde)는 1981년 10월

흐름은 이후 전세계적으로 확산되어 나가면서 이른바 근대 / 탈근대 논쟁을 불러일으켰다.

주지하다시피 서구의 근대적 세계관은 이성주의로 요약될 수 있다. 이러한 이성주의는 인간 '사유의 합리성'에 대한 믿음, 이성적 사유를 행하는 주체로서의 '이성적 존재의 자율성'에 대한 믿음, 궁극적으로 사유와 주체의 토대인 '이성의 동일성'에 대한 믿음에 기초를 두고 있다. 하지만 이러한 믿음에 기초한 이성 중심적 근대관은 오늘에 이르러 의문시되기에 이르렀다. 가령, 자기 성찰을 핵으로 한 이성적 사유는 비판 이론이 제시한 '도구적 이성의 총체화' 앞에서 자신을 고발해야 할 지경에 이르렀다. 나아가 자율적 존재에 대한 믿음은 한편으로 사회 구조의 자율적 기능으로, 다른 한편 무의식(혹은 잠재 의식)의 부상으로 인해 흔들리기 시작했으며, 이성의 동일성은 다양한 언어놀이의 발견으로 그 기반이 허물어지기 시작했다.

이처럼 이성주의적 근대적 세계관이 그 이론적 설득력을 점차 상실하면서 그 실천적 한계를 노정해가는 도정에서, 탈근대론은 근대성에 대해 최후의 일격을 가할 양태로 집중적인 공격을 퍼부었다. 이러한 비판적 공격은, 근대 역사철학이 내건 긍정적·진보적 역사관, 곧 역사의 전개는 자유를 확대하고 신장하는 합리적 전개 과정이라는 입론에 대한 거부로 표출되었다. 요컨대 근대 역사철학의 전망과 달리, 역사의 전개 과정은 이성적인 방향으로 나아가기는커녕 그 반대로 인간을 억압하고 구속하는 상황으로 내몰고 있다는 것이다. 이로써 마침내 근대

르메르(G.G.Lemaire)의 이름으로 "포스트모더니즘이라는 유령이 지금 유럽에 출몰하고 있다"는 제목의 칼럼을 게재하기도 했다. 이는 포스트모더니즘이라는 새로운 사상이 1970년대에 미국에서 폭발적인 선풍을 일으키다가 1980년대에 접어들면서부터는 마치 홍수처럼 구라파 전역을 휩쓸고 있는 상황을 빗대어 표현한 것으로 보인다.

적 세계관에 기초한 '역사철학의 종언'이 공식 선포되기에 이르렀다.

3. 반역사철학적 시대 사조의 전위 : 탈근대론

보편성과 절대성, 초월성과 메타성이 근대론(modernism)의 주요 특성이라면, 다원성과 상대성, 비결정성은 탈근대론이 이론적 토대로 내건 기본 개념들이다. 아울러 이것이야말로 탈근대론의 성격을 선명하게 부각시켜 특징화하는 것을 대단히 어렵게 만들고 있다. 이 점에서 탈근대론에 대해 각양각색의 규정들이 난무하는 상황 역시 '탈근대적 성격'을 띠고 있다고 할 수 있다.

그러나 이러한 상황에도 불구하고 탈근대론은 최소한 '잠정적으로' 다음과 같이 규정될 수 있다. 즉, 계몽적 이성에 의거해 사회 · 역사의 발전을 전제하고 그러한 발전의 최종 목표로서 '인간 해방'에 도달코자 시도된 '근대의 기획'이 오늘날 봉착하게 된 비합리적 총체적 위기 상황을 근본적 차원에서 비판하고 반성해보려는 시대 사조가 바로 그것이다. 아울러 이에 대한 구체적인 사례가 이성에 대한 근본적 비판이다.

근원적 비판을 추구한다는 점에서 탈근대론은 확실히 이성에 기초한 근대론의 특징, 즉 비판과 성찰의 정신을 보다 철저히 계승한 사상적 흐름이라고 볼 수 있다. 하지만 비판과 실천의 주체로서의 자아(주체)의 소멸을 주창하고 역사 발전의 법칙성과 필연성 대신 우연성과 임의성을 중시한다는 점에서, 아울러 그 동안 무시되거나 주변적인 것으로 치부되었던 것들 — 가령, 감성과 욕망 — 에 대해 새로운 의미를 부여하고 있다는 점에서 근대론과 구분된다. 이렇게 볼 때, 근대 역사철학과 관련지어 탈근대론이 지닌 기본 특징은, 이성적 주체의 탈중심화, 총체적 거대 이론의 부정, 이성중심주의의 거부, 진보적 역사관의 부정으로 요약될 수 있다.

1) 역사 발전의 주체 비판 : 주체의 탈중심화 및 해체

탈근대론은 사회 발전의 담당자(주체)로 '인간 주체'를 내세우는 입론에 대해, 이를 근저로부터 비판 무화시키고자 한다. 이에 따르면, 인간 자신의 의지와 의도에 따라 자발적으로 행위하고 결정하는 '자율적 주체'에 관한 근대적 주체상(像)은 허구에 지나지 않는다. 사실상 이는 근대 사회의 구조적 질서에 의해 외부로부터 만들어졌다는 것이다. 이로써 실천적 행위의 담지자로서의 주체의 '상실'이 운위된다. 이와 함께 '실천의 주체'는 사회적 구조에 의해 규정된 '위치', 다시 말해 사회내 개별 행위자들에 의해 채워질 수 있는 '빈 공간(le vide)'으로 대체된다.12)

이 같은 입장에 기반하여 탈근대론은 근대 역사철학에서 제시한 역사 발전의 '주인공'으로서의 이성적 주체를 '엑스트라'로 격하시키고자 한다. 이에 대한 경험적·역사적 논거로 제2차 세계대전 당시의 '600만 유태인 대학살'을 예로 들면서, 탈근대론은 '도대체 옳고 그름을 판단할 수 있는 이성적 존재가 이런 만행을 저지를 수 있는가'라는 물음을 제기한다.13) 그럼으로

---

12) M. Foucault, *L'archéologie du sqvoir*(1969), 126쪽.
13) 탈근대론의 입장과 상당 정도 궤를 같이하는 비판 이론 1세대의 일원인 아도르노는 이 점을 다음과 같이 표현하고 있다. "아우슈비츠 이후에 시를 쓴다는 것은 야만적인 일이다", Th.Adorno, *Kulturkritik und Gesellschaft I* (1998), 30쪽.

써 이성에 대한 회의와 이성을 지닌 소위 이성적 존재에 대한 불신을 여과 없이 보여준다. 단적으로 이성 그 자체는 하나의 광기며, 그런 한에서 이성을 가진 존재로서의 주체는 사실상 존재하지 않는다.

마르크스 역사철학에서 혁명의 주체로 제시된 노동 계급의 역할 방기 역시 주체의 탈중심화에 대한 주요한 사례로 제시된다. 주지하다시피, 자본주의가 필연적으로 몰락할 것이라는 '경제결정론'의 예측이 빗나가면서 이에 대한 반성적 대안으로 부상한 것이 이른바 '서구 마르크스주의'다. 특히 이러한 입장의 선구자 루카치는, 역사 발전의 전과정을 인식하고 자본주의 모순을 통찰할 수 있는 노동자 계급의 혁명을 통해 사회주의로의 이행이 가능하다는 새로운 전망을 제시했다.14) 그러나 이 같은 예견 역시 '비판 이론'에 의해 여지없이 무너지고 말았다. 즉, 혁명의 주체로서 노동 계급은 자본주의 체제에 가장 순응적인 집단이자 물화된 계급이며(노동 귀족), 히틀러의 집권을 가장 열렬히 지지하는 행태를 보임으로써, 더 이상 사회 변혁의 주체가 아니라는 사실을 여실히 보여주었다는 것이다. 비록 탈근대론의 사조에 속하진 않지만 근대적 세계관의 입장에 비판적이던 비판 이론의 이 같은 진단은 탈근대론의 입장과 그 궤를 같이 하는 것이었다. 당연히 푸코나 리요타르 등의 탈근대론자들도 이와 동일한 입장을 표명하였다.

학생과 지식인, 노동자 등이 주축이 되어 일으킨 대표적인 사회 변혁 운동이었던 이른바 '6·8운동'의 좌절도 인간중심주의를 비판하는 데 한몫 하였다. 이성적으로 판단할 수 있는 능력과 실천 의지를 지닌 개별 주체들이 연대하여 사회 혁명을 시도한다고 해서 사회의 구조나 체계가 쉽게 혁신되는 것은 아니

---

14) G. Lukacs, *Geschichte und Klassenbewußtsein*(1971), 169쪽.

라는 점을, 6·8운동은 일깨워주었다는 것이다. 탈근대론은 이를 통해 '주체와 구조의 투쟁'에서 사회 구조가 결국 승리를 거두었으며, 인간이 사회의 주체가 아니라 구조에 의해 주조된 존재임을 말해주는 것이라 강변한다.

이 점을 푸코는 자신의 '권력/지식론'을 통해 해명한다. 이에 따르면, 흔히 인간이 권력— 특히 정치 권력— 을 산출하는 것처럼 알기 쉬우나, 사실은 권력 관계가 주인공(주체)이며 인간은 권력 관계의 산물(대상)이라는 점을 강조한다. 이와 관련, 사회의 규범이나 규칙을 모범적으로 준수하는 시민들은, 자신들이 상호 계약을 통해 이런 규칙을 만들었으며 그런 한에서 법규 준수 행위는 그 누가 강제로 시키지 않은 자발적으로 수행하는 것이라고 생각한다. 그러나 푸코에 의하면, 이러한 규칙들은 권력 관계가 자신을 끝없이 확대·재생산하기 위해 산출해낸 것이며[15] 지식과 이성의 정당화 방식을 통해 인간들로 하여금 자발적으로 따르도록 함으로써, 결국 권력 관계 자체에 복속되도록 한다는 것이다.[16]

데리다 역시 이와 유사한 입론을 제시한다. 그에 따르면, 인간이 언어와 그 의미를 창조한다고 생각하기 쉽지만 사실은 언어 체계가 이미 선재하며 나아가 언어가 지닌 의미는 기표들의 자유로운 운동의 산물로서 나타나는 것이다. 이는 인간이 언어 체계를 창조했다기보다 오히려 언어 체계에 종속되어 있으며, 따라서 사회 발전의 주인공이 아니라 조연에 불과한 존재라는 사실을 말해주는 것이라고 강변한다.[17]

---

15) R. Boyne, *Foucault and Derrida: the other side of reason*(1990), 59쪽.
16) 가령, "인식하는 주체, 인식되어야 할 대상, 인식의 양태는 모두 권력/지식의 기본적인 관계와 그것의 역사적 변화의 결과물이라는 점이다"라는 언급에서 확인된다. M. Foucault, Surveiller et Punir, (1975), 32쪽.
17) 데리다에 의하면 존재하는 것은 다양한 입장과 해석들뿐이다. 즉, 텍스트

2) 역사철학적 해방 이론 비판 : 거대 이론의 붕괴 주창

일반적으로 '거대 이론(grand theory)'이란 하나의 본질이나 근본 개념에 입각하여 사회와 문화, 역사 등을 설명하는 이론 체계를 말한다. 아울러 '총체성(totality)'이란 모든 현상을 공통적으로 꿰는 하나의 본질이나 본질적 요소 혹은 이 세계를 궁극적으로 구성하고 있는 근본 성분이나 특질을 가리킨다. 이렇게 볼 때, 근대 역사철학은 총체성에 근거한 대표적인 거대 이론이라 할 수 있다. 이와 관련하여 리요타르는 근대(성)(moderne)를 '자체의 정당성 확보를 위해 거대 이야기(grand récit)에 호소하는 사유 양식'으로 규정하고, 이러한 사유 양식의 근본 원리로 기능하는 거대 이야기는 오직 '하나의 이성(la Raison)'만을 내세워 이를 정당화한다고 지적한다.[18]

하지만 근본 개념이나 본질이 사회의 모든 현상을 설명할 수 있는 것은 아니며, 잉여 지대가 존재한다는 것이 탈근대론의 기본 시각이다. 그리고 이런 맥락에서 탈근대(성)란 이 같은 근대(성)가 근거하는 거대 이야기를 불신하는 시대 사조로 규정한다.[19] 이에 따르면, 근대 역사철학의 대표 주자 헤겔은 절대 정신이 자신을 현현하는 과정으로 역사의 진보를 해명하면서 모든 대상을 절대 정신이 구체화된 것으로 파악하고자 한다. 따라서 여기서는 자연 역시 정신이 외화된 대상으로 드러난다. 마르크스의 경우도 '생산력' 혹은 '토대 / 상부 구조'라는 경제 중심의 분석 틀에 입각하여 사회와 문화, 도덕과 정치 모두를 통찰해낼 수 있다고 보고 있다. 요컨대 '경제환원론'의 관점에서

외에는 아무것도 존재하지 않는다. J. Derrida, *De la grammatologie*(1967), 227쪽.
18) J-F. Lyotard, *Le postmoderne expliqué aux enfants*(1988), 108쪽.
19) J-F. Lyotard, *La condition postmoderne*(1979), 7쪽.

모든 것을 설명해내고자 하는 바, 이 또한 거대 이론의 한 유형이라는 것이다.

그러나 탈근대론에 의하면, 마르크스의 역사유물론은 생산력 혹은 토대/상부 구조를 통해 모든 현상을 제대로 해명하지 못하는 한계를 지닌다. 가령 여성 해방이나 동성애자들의 권리 확보 운동은 경제나 생산력으로 환원되어 설명될 수 있는 것이 아니라는 것이다. 요컨대 자유와 해방을 향한 다양한 형태의 저항이나 투쟁이 모두 경제적 차원에 기초한 항거가 아니며, 이 점에서 동성애자들의 권리 투쟁은 더 이상 총체적 근대 이론에 의해 해명될 수 없다. 작금의 현실은 다양한 영역에 상응하는 다양한 '작은 이야기들(les petit recits)'만이 각각 자신의 고유 영역에서 초래되는 현상들을 설명해낼 수 있다는 것이다. 요컨대 인간 해방을 지향하는 정치적 거대 이야기나 진리에 대한 완전한 인식이 가능하다는 거대 철학적 이야기는 더 이상 그 자체 정당성을 지니지 못하며, 오늘의 시대적 흐름은 다양한 작은 이야기들과 그것들이 토대로 삼고 있는 '복수의 작은 이성'에 의해 유지된다는 것이다. 그러므로 인간 해방이라는 거대 이야기에 기초하여 획일성과 인위적인 통일성을 강요하는 '테러주의'로서의 근대 역사철학도 이제는 그 종언을 고할 수밖에 없으며, 보편적 이성이라는 유일한 잣대를 갖고 모든 것을 재단 평가하는 총체론적 작업 역시 폐기 처분되어야 한다는 것이다.

3) 이성 중심적 역사 해석 비판 및 진보적 역사관 거부

'진리가 너희를 자유케 하리라'는 성경 구절처럼, 계몽주의의 등장 이래 이성은 인류를 해방 사회로 인도할 매체로 인식되고 있다. 하지만 이성은 관료제의 확산, 인간 소외, 생태계 파괴, 과학만능주의의 전횡 등을 통해 인류를 구속과 억압의 상태로 인도해왔다는 것이 탈근대론의 지적이다. 이러한 비판적 지적은 이성 자체가 해방적 성격을 갖기보다, 반대로 억압적 속성을 지니고 있다는 데리다의 이성 비판에서 극단화된다. 그에 따르면 이제껏 서구 사회를 이끌어온 '로고스 중심주의'의 원천으로서 보편적 이성은, 자신과 부합하지 않는 것은 대립항으로 설정하여 그것을 철저히 지배하거나 배제해왔다는 것이다. 따라서 이성 중심적 대립 구도는 하나가 다른 하나를 지배하는 폭력적 위계 질서를 산출한다는 점에서 타파되어야 하며, 이성 중심적 역사 해석 역시 이 같은 예속과 폭력을 정당화한다는 점에서 폐기 처분되어야 한다고 주장한다.

나아가 이성이 잣대가 되어 이성과 부합하면 '이성적임(정상적임)'으로, 그렇지 않으면 '비이성적임(비정상적임)'으로 나누는 구분 방식에 대해서도, 그것은 역사의 전개 과정에서 이루어진 자의적이며 독단적인 구분이라고 비판한다. 요컨대 선악의 구분이나 옳고 그름의 구분 역시 역사 전개 과정에서 자의적·우연적으로 이루어진 것으로, 그 자체 보편타당성과 필연성을 갖지 못한다는 것이다. 이로써 역사의 전개에 대한 이성적인 해석은 단지 다양한 관점의 해석 방식 가운데 우연히 선택된 것일 뿐, 그 자체 논리적 필연성을 갖는 것이 아님이 분명히 밝혀짐으로써, 역사에 대한 합리적 해석의 한계가 드러난다.

근대 역사철학의 이성 중심적 역사 해석의 한계는 권력과 이성의 상호 관계에 대한 비판에서도 여실히 드러난다. 가령, 푸코에 따르면 권력은 폭력적 방식이 아닌, 지식(이성)의 이름 하에 합리적인 방식으로 인간으로 하여금 자신에게 복종토록 만든다. 결국 이성은 권력의 유지 확대를 위한 수단, 곧 권력 이성인 것이다. 이로써 이성은 인간을 해방시키는 매체라기보다 오히려 인간을 지배하고 통제하는 수단임이 명백히 드러난다. 바로 이런 이유에서 이성에 대한 근원적 비판이 필요하며, 이는 이성의 부정과 해체로 이어진다.[20]

계속해서 탈근대론은 이성적 주체의 실천적 활동을 통해 역사가 진보한다는 근대 역사철학적 사고 방식에도 근본적 비판을 가한다. 앞서도 살펴본 것처럼 탈근대론은 인간의 이성적 능력과 그에 기초한 행위에 대해 의심과 회의를 넘어, 이성과 이성적 주체의 해체를 선언한다. 뿐만 아니라 역사의 흐름은 궁극적으로 인간 해방을 향한 것이라는 입장에 대해서도, 그것은 역사에 일정한 목표가 내재되어 있다는 '목적론'인 바 이는 인간을 특정한 목적에 복속시키는 '전체주의'의 다른 표현이며, 나아가 인간 해방에 대한 역사철학의 목적론적 입장은 결국 정당성이 결여된 허구적 환상에 지나지 않는다고 신랄히 비판한다.

또한 이성을 동력원으로 삼아 역사가 발전적인 방향으로 나아간다는 근대 역사철학의 논리도 잘못된 것으로 공격한다. 곧 이성 자체가 폭력적이며 억압적인 것이라면 이성에 기초한 역사의 전개 역시 해방보다 억압의 상태로 우리를 내모는 것이라는 지적이다. 게다가 역사의 전개 과정은 근대론자들이 주장하듯이 이성적 방식에 따라 누적적 연속적인 발전의 과정으로 드

---

20) 이성중심주의에 대한 비판은 근대론의 입장에서도 제기된다. 비판 이론 1세대의 비판이 대표적인 사례다. 비판 이론에 따르면, 이성에 기초한 계몽의 과정은 인간을 해방 사회로 인도한 것이 아니라 총체적 예속을 초래하였는 바, 이는 스탈린주의 / 파시즘 / 획일적 대중 문화 등에서 확인될 수 있다. 비판 이론은 이어 '왜 인류가 진정으로 인간적인 상태에 들어서는 대신 새로운 종류의 야만에 처하게 되었는가'라는 물음을 제기하고 이에 대해 '계몽 그 자체, 계몽적 이성 그 자체에 원인이 있다'고 진단한다. 요컨대 이에 따르면 '계몽의 변증법'은 '계몽의 자기 파괴'로서, 이는 '자연에 대한 지배'가 결국 '인간에 의한 인간의 지배'를 초래하는 것으로 해석한다.

러나지 않으며, 오히려 그것은 단절과 불연속이라는 우연적인 전개 과정으로 드러난다고 반박한다. 일례로, 근대성의 최고 산물인 자연과학마저도 누적적이며 체계적인 방식으로 이루어져 나온 것이라기보다, 불연속적이며 단절적 계기에 기초해 있다는 것이다.

4. '인간 해방' 이념의 상실과 가치론적 무정부주의

1) 탈근대론의 현재적 의미와 의의

앞서도 살펴본 것처럼 탈근대론은 그것이 지닌 한계에도 불구하고 현 시점에서 의미 있는 역할을 수행하고 있다. 근대 역사철학의 위기 상황과 관련지어 탈근대론의 의의를 추적해보면 나음과 같다. 우선 탈근대론은 근대 역사철학의 문제점에 대해 근원적 차원의 비판을 가함으로써, 철저한 반성과 그것이 추구하는 이론적·실천적 궤도상의 수정을 촉구하고 있다. 특히 근대 역사철학이 자신의 이론적 토대로 삼고 있는 이성과 그것에 의거한 역사 해석의 한계를 집요하게 물고 늘어짐으로써, 역사철학이 내건 이성중심주의를 근본적으로 성찰해보도록 자극하고 있다.

둘째, 근대 역사철학이 지향하는 이성적 사회가 드러내는 총체적이며 획일화된 문화 양상이 갖는 횡포와 문제점을 지적해냄으로써, 다양성과 개성이 존중되는 다원주의적 문화를 일구어가는 데 일조하고 있다. 이러한 탈근대론의 입장은 이성 중심적 사회 현실 속에서 문화 다원주의적 양태로 표출되면서, 상이한 삶의 방식에 대한 존중과 관용의 형태로 확산되어가고 있다.

셋째, 탈근대론은 근대 역사철학이 내건 '인간 해방 기획'이라는 거창한 구호 아래서도 여전히 억압받고 착취당하는 사회내 소외 계층 — 가령, 소수의 동성애자 집단 — 의 입장을 대변하고 있다. 즉, 이성에 기초한 단 하나의 문화적 관점에서가 아닌, 보다 다양한 관점에서 이들 소외 계층의 권리와 이익을 옹호함으로써, 다원주의적 민주주의 삶을 넓히는 데 기여하고 있다.

이 같은 탈근대론의 현재적 의미를 우리의 현실과 연관지어 고찰해보면, 무엇보다 다원화된 문화 현상이 공존할 수 있는 기반을 우리 사회에 만들어줌으로써, 삶의 질을 고양시키고 삶의 방식에 대한 선택의 폭을 넓혀주었다는 점을 들 수 있다. 다음으로 그간 억압되어온 하위 문화나 일부 특수 문화가 공개적으로 독립을 선언할 수 있는 분위기를 조성해줌으로써, 다양한 문화들이 공존할 수 있는 풍토를 조성해왔다는 점이다. 이런 현상은 최근 들어 다양한 형태의 성적 담론이나 문학, 예술 등이 자유롭게 표현 발표되는 추세에서 확인해볼 수 있다. 이로써 우리 사회도 위로부터 주어진 획일적 통제 문화의 횡포에서 벗어나 주류 문화와 비주류 문화가 동시에 공존하는 문화적 다원주의 시대를 맞고 있다.

2) 탈근대론의 한계

근대 역사철학에 대해 신랄한 비판을 퍼부음으로써 오늘의 시대 상황에 맞는 새로운 역사철학 모델을 모색토록 자극한 탈근대론적 입론은, 그것이 거둔 이론적·실천적 성과에도 불구하고 여러 측면에서 다양한 문제점을 드러내고 있다.

우선적인 문제점은, 역사철학에 대한 탈근대론의 비판적 관점을 수용하게 될 경우 더 이상 역사의 진보나 발전, 나아가 인간 해방이나 유토피아의 구현에 관해 언급하기 어렵게 된다는 점이다. 하지만 모든 억압과 구속에서 자유로운 가운데 누구나 자아 실현을 이룰 수 있는 이상 사회에 대한 꿈을 접는다는 것은, 사실상 미래에 대해 아무런 희망 없이 살아갈 것을 강권하는 것과 다를 바 없다. 이처럼 유토피아라는 오아시스가 고갈되어버린다면, 진부함과 무력감만이 지배하는 황폐한 현실의 사막만이 끝없이 펼쳐지는 세상이 우리에게 주어질 것이다.[21] 삶의 진정한 의미는 현 상태에 만족하기보다 작금의 상황에서 부딪히는 문제들을 해결 극복하면서 보다 나은 상태로 나아가는 데 있기 때문이다. 즉, 아직 현실적으로 구현되지 않은 상태, 그것이 우리로 하여금 앞으로 실현될 상황에 대한 희망을 품게 하며 궁극적으로 이상 사회를 희구하게 만들기 때문이다. 이러한 이유에서 우리는 역사의 진보와 해방 사회에 관한 전망을 단념하도록 강요하는 탈근대론의 입장을 수용하기 어려운 것이다. 더욱이 역사 발전의 목적지로서의 유토피아를 포기할 경우 역사를 형성해나가는 인간의 의지 그리고 역사를 총체적으로 인식하는 안목마저 상실케 된다는 점에서,[22] 그에 따라 더 이상 우리가 추구하고 실현해야 할 사회상에 대해 언급할 수 없게 된다는 점에서, 우리는 더욱더 탈근대론에 대해 비판적인 태도를 갖게 된다.

둘째, 탈근대론의 입장처럼 진리의 기준이나 윤리적 정당성의 척도를 이성에서 확보하려는 노력을 포기한다면, 나아가 이성이 아닌 것, 즉 '비이성'에서 확보하고자 한다면, 이제 그러한 윤리적 기준은 보편타당성을 확보하기 어려울 것이다. 즉, 상대적 타당성을 갖는 다수의 기준만을 내놓게 됨으로써, 결국 윤

---

21) J. Habermas, *Die Neue Unübersichtlichkeit*(1985), 161쪽.
22) K. Mannheim, *Ideology and Utopia*(1972), 236쪽.

리적 혼란과 가치관의 전도가 초래될 것이다. 물론 그간 인간의 다양한 속성들 가운데 이성의 측면만이 집중적으로 강조되어온 것이 현실이다. 반면 인간이 지닌 또 다른 중요한 본성들, 즉 감성, 욕구, 욕망, 본성 등이 지나치게 억압 통제되어 왔으며 이런 이유에서 이성주의의 한계를 지적하고 왜곡된 인간의 본성을 본래의 상태로 되돌리고자 시도하는 점은 분명 평가해야 할 대목이다. 하지만 윤리적 척도와 관련해서 이성이 아닌 다른 것에서 그 대안을 찾고자 할 경우, 그 결과는 이성주의가 끼친 해독을 능가하게 될 가능성이 크다. 가령, 이성 대신 인간의 욕망이 윤리적 정당성의 기준이 되었다고 해보자. 그렇다면 개인들에 있어 자신의 욕망(가령, 갑자기 길을 가다 남을 흠씬 패주고 싶은 욕망)을 푸는 것이 선한 행위며 정상적인 행위가 될 것이다. 하지만 욕망을 푼 당사자는 쾌감을 느끼면서 만족할지 모르나, 그 욕망을 풀기 위해 선택된 대상으로서의 타인이 당한 피해(죽도로 맞음으로써 반신불수가 될 지경에 처한 사람)는 어떻게 되는가. 결국 욕망이 도덕과 윤리의 척도가 되어버리면 당연히 모든 사람은 자신의 욕망을 충족시키기 위해 행위하고자 할 것이며 이에 따라 어떤 행위가 옳은 것인가에 대한 판단은 불가능해질 것이다. 그리고 마침내 도덕적 혼란에 봉착하면서 사회 질서가 무너지고 그로 인해 사회에 터하고 살아가는 개인의 삶도 무너지고 말 것이다.

셋째, 문화상대주의와 관련하여 탈근대론의 입장은 제한된 의미에서 실천적으로 유의미한 역할을 수행할 수 있겠지만, 그 선을 넘을 경우 사회 붕괴를 초래할 수 있다. 이는 무엇보다 탈근대론 자체의 이론과 실천 사이의 부정합성에 기인한다. 하지만 결국 이론적 차원에서 탈근대론의 문화상대주의적 입장이 살아남을 수 있다 해도 실천적 차원에서 그것이 극단화될 경우 문화상대주의의 문제점뿐만 아니라 결국 윤리적 상대주의의 문제점을 드러내면서 마침내 윤리적 무정부 상태로 귀결되어 버린다. 그러므로 탈근대론적 문화론은 현대 사회에 대한 비판의 한 축으로는 유의미하지만, 그것이 총체화, 전면화될 경우 사회 자체의 몰락을 일으킬 수 있다는 점에서 적절한 한계가 그어져야 할 것이다. 곧, 한 가지 잣대로 행위를 재는 데서 오는 문제점을 지적하는 경우에는 그 의미가 크지만 그것이 절대화 전면화될 때는 극단적 상황을 유발시킨다는 점에서 엄격한 제한이 가해져야 할 것이다.

5. 근대 역사철학 모델의 이론적·실천적 유효성

탈근대론의 관점에서 볼 때, 본질적 개념이나 범주에 입각해 논의를 전개하는 역사철학적 입론은 개인들에게 단 하나의 문화적 삶의 방식을 강요하는 '전체론적' 이론 체계다. 이는 역사 발전 과정의 최종적 종착점으로 제시된 해방 사회의 구현을 위해 개인들의 일방적인 헌신과 각자 고유한 의미 있는 삶의 희생을 강요하는 방식으로 구체화된다.

이에 비해 탈근대론은 '문화적 다원주의'를 수용하여 이를 확산시킴으로써, 개인들에게 다양한 삶의 방식을 영위할 수 있는 계기를 제공해주었다. 사실 오늘의 시대적 추세에 비추어 문화적 다양성과 가치 다원주의는 피할 수 없는 불가피한 선택이다. 더욱이 문화적 다원주의는 현대 민주주의 이념과 그 궤를 같이 하고 있다는 점에서, 바람직할 뿐 아니라 적극적으로 권장해야·할 것으로 받아들여지고 있다. 하지만 여기에도 결정적인 문제점이 자리잡고 있다. 즉, 문화적 혹은 윤리적 다원주의가 극단화할 경우, 그것은 다원주의와 다양성 그 자체가 파괴되는 무정부주의적·허무주의적 상태로 진입하게 된다는 사실이다.

이런 이유 때문에 다양한 가치 영역들의 존립을 허용하면서도 동시에 각각의 가치 영역을 관할하는 가치 기준들 사이의 객관적인 우열성을 판정할 수 있는 보편적 척도가 요구된다. 알다시피 베버 이래 가치 영역은 크게 과학, 도덕, 예술 등 세 영역으로 분화되었고 각각의 기준으로 '진리성', '도덕적 정당성', '예술적 심미성'이 기능해왔다. 상식적으로 보아도 '참과 거짓'의 기준(진리의 기준)과 '옳고 그름'의 척도(윤리적 척도)는 당연히 다를 수밖에 없다. 게다가 오늘의 다원주의적 시대 상황은 진리의 보편 기준이나 윤리적 잣대의 객관성마저도 부정하고자 한다. 하지만 진리 기준의 거부와 윤리적 잣대의 부정은 결국 개인들의 다양한 삶의 양식이 터하고 있는 사회 공동체 자체의 질서를 붕괴시키는 결과를 낳을 수 있다. 그런 까닭에 진리나 도덕, 예술의 보편적 판단 기준, 특히 보편적 윤리 기준이 불가피하게 요청되는 것이다.

그런데 이 경우 이제까지 통용되어온 기독교적 가치관이나 유교적 가치관처럼 그 자체 독단적이고 형이상학적 속성을 담고 있는 가치 기준은 더 이상 보편적인 윤리적 척도로서 그 역할을 수행하기 어렵게 되었다. 왜냐 하면 오늘의 상황이 요청하는 보편적 척도는 변화된 환경, 즉 '탈형이상적 시대 조건'에 부합하는 것이어야 하며, 그 어떤 선험적 전제나 독단적 성격도 제거된 것이어야 하기 때문이다. 그런 점에서 새로운 보편적 가치 기준은 오직 자유롭고 열린 담론(대화)의 절차적 과정에서만 확보될 수 있을 것으로 보인다. 자유롭고 평등한 의사소통의 절차(대화 절차)야말로, 한편으로 문화적 다원성을 인정하면서도 다른 한편 다양한 문화와 가치들 사이의 우열을 판단할 수 있는 보편적 잣대로 기능할 수 있을 것이기 때문이다.

이처럼 탈근대론의 입장은 궁극적으로 윤리적 상대주의와 도덕적 무정부 상태로 귀결될 가능성이 크다는 점에서 결정적인 한계를 드러낸다. 동시에 이 같은 사태가 초래되는 것을 막고 사회의 존립을 보장하는 가운데 보다 나은 인간 사회를 만들어나가기 위해서는, 무엇보다 보편적 가치 기준과 척도가 필요하다. 사정이 이렇다면 근대 역사철학적 입론은 그것이 지닌 수다한 한계에도 불구하고 우리에게 보편적 가치 척도를 제공해주는 이론 체계라는 점에서 그 역사적 의의는 여전하다고 하겠다. 뿐만 아니라 근대 역사철학은, 우리의 삶을 보다 나은 상태로 끊임없이 가꾸어 나가도록 촉구하는 동력원으로서의 유토피아를 비롯하여,23) 역사의 진보나 자유로운 정의 사회의 구현, 역사의 합리적 전개 등 우리의 삶에 지속적으로 필요하고 따라서 비판적으로 재구성할 가치가 있는 긍정적이고 합리적인 요소들을 자체에 풍부히 지니고 있다. 이 점에서 근대 역사철학은 여전히 우리가 껴안고 재구성적으로 활용해야 할 철학적 입론이다. 다시 말해 근대 역사철학과 그것의 핵심적 요소들은 아직 그 이론적 유효성이 소진되지 않았으며 실천적 차원에서도 여전히 긴요하다. 적어도 현 단계에서 진보와 발전에 대한 전망과 희망을 상실해버린 탈근대론적 허무주의 상태에 빠지지 않기 위해서라도 역사철학적 논의 구도에 대한 재정립은 시급하다 하겠다. 자유의 실현과 인간 해방은 인간이 존재하는 한 반드시 추구해야 할 당위론적 목표며, 그것이 현실에

---

23) 블로흐에 따르면 '아직-아님(das Noch-Nicht)'의 상태는 존재론적으로 '희망의 구조'를 나타내며, 이것이 아직 완성되지 못한 상태에 놓여 있는 모든 대상들로 하여금 각자가 지닌 '유토피아적 본질'을 역사적 전개 과정에서 구현하도록 하면서 동시에 유토피아를 추구토록 한다. E. Bloch, *Das Prizip Hoffnung*(1968), 356-360쪽 참조.

서 구현되지 않는 한 우리는 계속적으로 그것이 실현되도록 노력을 기울여야만 하기 때문이다.

6. 맺음말 : '약한' 역사철학의 정초 가능성

이제껏 살펴본 것처럼, 현재의 상황은 근대 역사철학의 논의 구도를 여전히 필요로 하고 있다. 물론 근대 역사철학의 구체적인 내용과 체제는 전면적으로 비판되고 쇄신되어야 한다. 그렇다면 구체적으로 현재의 시대 상황에 부합하는 새로운 역사철학 유형은 어떠해야 하는가. 그것은 적어도 다음의 두 가지 요구 사항을 충족시킬 수 있어야 할 것이다. 우선 역사의 진보에 대한 긍정적·낙관적 전망을 '이성주의적 오류'라고 공격하는 반이성주의적 탈근대론의 견해를 물리칠 수 있어야 한다. 다음으로 필연적 법칙의 수준에서 역사 발전을 전제하는 '강한' 역사철학적 입론의 선험적 한계를 넘어설 수 있어야 한다. 사정이 이러하다면 오늘의 시대 조건에 부합하는 새로운 역사철학 모델로는, 두 가지 조건을 동시에 만족시키는 것으로 '약한' 역사철학 유형이 제시될 수 있을 것 같다. 왜냐 하면 이러한 역사철학 유형만이 근대 역사철학 자체를 거부하는 탈근대론의 반역사철학적·무정부주의적 입장이 지닌 한계를 넘어서면서, 동시에 강한 이성 중심적 역사철학의 독단과 형이상학적 오류에서 벗어날 수 있을 것이기 때문이다.

그렇다면 이처럼 근대 역사철학을 비판적으로 재구성한 '약한' 역사철학적 입론으로 수용할 만한 철학적 입장에는 어떤 것이 있는가. 이와 관련하여 비록 현 시점에서 아직 완결된 형태를 갖춘 것은 아니지만, 적어도 이러한 자격 조건에 근접하는 입론으로 하버마스의 '탈역사철학적 2단계 사회진화론'24)을 들 수 있을 것이다. 이에 따르면, 우선 개인의 학습 과정 수준에서 이루어지는 반성적 문제 해결 능력의 배양이야말로 보다 나은 상태를 향한 발전으로 이해될 수 있다. 나아가 개인이 모여 이루어진 사회 전체의 차원에서도 다양한 사회적 문제를 해결할 수 있는 능력의 증진은 사회의 점진적인 발전 과정으로 인식될 수 있다. 여기서 우리는 탈근대론적 입론에서 부정·거부되고 있는 역사와 사회의 진보와 발전에 관한 '새로운 해석'의 실마리를 얻을 수 있다.

이 같은 탈역사철학적 2단계 사회진화론에 의하면, 학습 과정의 단계적 발전은 근대 역사철학에서처럼, 과학기술적·인지적 차원에 고정되는 것이 아니라 인지적 차원과 도덕적·규범적 차원, 양자에서 동시에 이루어진다. 게다가 이러한 학습 과정의 발전적 진행은 한편으로 생산력의 발전으로, 다른 한편 고도화된 규범 구조의 산출로 나타난다. 여기서 우리는 역사의 진보를 가능케 하는 원천이 다름 아닌 두 차원의 학습 과정임을 확인해볼 수 있다. 그런데 이 경우 규범 구조의 근본 토대를 이루는 것이 바로 '언어적 의사 소통'이며, 이 같은 언어적 의사

---

24) 하버마스는 진보나 발전에 대한 근대 역사철학적 해석을 배격하고 대신 사회진화론의 차원에서 이를 새롭게 파악하고자 한다. 그리하여 진보 대신 진화라는 용어를 사용하여 역사의 발전적 전개 과정을 설명하고자 한다. 그리하여 하버마스는 발전의 의미를 '사회 구조 차원의 혁신적 변화'로 새로이 규정하면서 이를 사회의 '진화'라고 부르고자 한다. 물론 이러한 새로운 탈역사철학적 성격의 사회진화론은 스펜서 등의 사회진화론과는 질적으로 전혀 다른 입론이며, 그런 한에서 진화라는 개념 역시 사회유기체설이나 생물학적 의미에서 쓰이는 진화와는 전혀 다른 내용을 지닌다. 이와 관련하여 진보 개념의 사회진화론적 해석과 탈역사철학적 사회진화론에 관한 개략적인 설명은 선우현, 「진보와 보수의 공존」(1996), 38-42쪽 ; 선우현, 『사회 비판과 정치적 실천』(1999), 158-161쪽 참조.

소통에 의존하여 개인들은 바람직한 인간 관계와 정의 사회를 건립해나갈 수 있는 것이다. 물론 그러한 이상 사회의 구현을 위해서는 현 사회 구조의 실태에 대한 정확한 평가가 선행되어야 하는데, 그러한 진단의 준거 틀이 바로 언어적 의사 소통에 내재되어 있다는 것이 2단계 사회진화론의 주장이다.

나아가 이러한 논거에 의거하여, 사회 관계(인간관계)나 사회적 역할 체계는 마르크스의 역사철학이 주장하듯이 생산 관계나 경제적 토대에 의해 규정되는 것이 아니라, 규범화된 태도 기대에 대한 상호 주관적 인정에 근거하는 언어적 의사 소통을 통해서만 성립 가능하다고 주장한다. 이로써 학습 과정의 동학은 결국 상호 이해의 합리화로 귀결된다. 또한 의사 소통적 합리화(상호 이해의 합리화)로부터 그것과는 범주적으로 구분되는 또 다른 학습 과정의 동력원인 도구적 합리화가 파생되어 나온다. 그리고 이러한 두 합리화 과정은 사회 구조 차원에서 '체계 합리화'와 '생활 세계의 합리화'로 표출된다. 그럼으로써 이제 사회의 발전과 역사의 진보는 '합리화'로서 해석이 가능해진다. 이로써 우리는 반이성주의적 탈근대론적 상황에서 근대 역사철학이 새롭게 재정립될 수 있는 가능성을 확인할 수 있게 된다. 그리고 이는 언어적 의사 소통에서 발현되는 의사 소통 합리성 그리고 그것과 범주적으로 구별되는 체계 합리성, 양자의 전개 과정에 기초를 두고 있는 탈역사철학적 사회진화론의 형태로 구체화된다.

그러므로 새로운 역사철학 유형으로서 이 같은 성격의 사회진화론이 보다 완결적인 형태로 정립될 경우, 그것은 이성주의에 기초한 강한 역사철학 입론 그리고 반이성주의에 근거한 탈근대론, 양자의 한계를 넘어 변증법적으로 통일된 보다 높은 차원의 이론으로 자리잡을 수 있을 것이다. 이때 약한 역사철학으로서의 탈역사철학적 사회진화론은 기존의 강한 역사철학에 비해 이론적·실천적으로 보다 유리한 입장에 서게 될 것이다. 우선 새로운 약한 역사철학은 보편적 법칙으로서의 진보 개념을 포기하는 대신, 두 차원에서 동시에 전개되는 합리화 과정을 퇴보와 발전을 동시에 함축하는 사회적 진보로 새롭게 해석해낼 수 있다. 둘째, 역사 발전의 주체를 그 존재성이 불투명한 '거대 주체'에서 찾기보다, 개별 사회와 그것에 통합된 개별 행위자를 역사 발전의 담당자로 봄으로써, 여전히 이성적 주체의 역할을 확보해낼 수 있다. 셋째, 발전 논리(역사 발전 과정에 대한 논리적 가능 단계)와 발전 동학(실제의 경험적 전개 과정)을 구분함으로써, 역사 전개의 전망과 실제 이루어지는 역사 전개의 실상을 명확히 포착 제시할 수 있다. 넷째, 발전 논리를 과학적 인지적 차원(노동 / 생산력)과 도덕적 규범적 차원(상호 작용 / 도덕 규범)으로 이원화함으로써, 노동 패러다임에 입각한 일원론적 역사 해석의 한계를 벗어날 수 있다.

다른 한편, 약한 역사철학으로서의 2단계 사회진화론은 그것이 완결적 형태로 정립될 경우, 반이성주의적 탈근대론에 비해서도 그것의 이론적 한계를 넘어서는 이론 체계로 자리잡을 것으로 예견된다. 이를 살펴보면 먼저, 탈근대론이 제기하는 이성 비판의 성과를 수용하여 새로운 탈형이상학적 이성을 정초·제시함으로써, 역사의 전개 과정에 대한 합리주의적 해석과 예측이 여전히 가능할 수 있음을 입증해보일 수 있다. 이를 위해 '약한' 역사철학은 형이상학적 선험적 성격의 독백적 이성 대신, 2인 이상이 참여하는 자유로운 대화의 절차 과정에서 발현하는 탈형이상학적이며 상호 주관적인 의사 소통 이성을 정초 제시하고 있다.[25] 둘째, 의사 소통 합리성에서 보편적 척도를

---

25) 이와 함께 새로운 이성은, 누구나 참여할 수 있는 자유로운 열린 대화(논

확보함으로써, 다양한 가치 영역의 존립을 허용하고 문화적 삶의 다양성을 인정하면서 동시에 가치 판단 사이의 우열을 판정할 수 있게 됨으로써, 문화적 다원주의의 한계의 무정부적 상태를 넘어설 수 있다. 셋째, 의사 소통 합리성에 기초한 거대 이론 체계를 유지할 수 있게 되어, 인간 사회의 해방이나 자유로운 정의 구조 등을 여전히 운위할 수 있게 된다. 넷째, 의사 소통 합리성과 목적 합리성의 범주적 구분과 그것에 기초한 두 차원의 합리화 과정에 대한 해명을 통해 역사의 발전과 진보를 여전히 설명해낼 수 있으며, 사회의 발전과 유토피아 사회의 구현 가능성을 또한 언급할 수 있다.

물론 하버마스에 의해 제시된 2단계 사회진화론은 아직 완결된 체제를 갖춘 것은 아니며, 정립 과정에서 다수의 문제점을 노정하고 있다. 이런 의미에서 근대 역사철학을 비판적으로 재구성하여 제시되고 있는 탈역사철학적 사회진화론은 끊임없는 보완과 자기 성찰적 수정이 요구된다. 아울러 이 점에 대한 고찰과 해명은 또 한편의 글쓰기를 요구하는 바, 이러한 작업은 다른 글을 통해 이루어질 것이다. 다만 이 글은 이 같은 2단계 사회진화론이야말로, 변화된 시대 상황에 맞추어 새롭게 제기된 역사철학의 자격 조건에 부합되는 새로운 유형의 '약한' 역사철학으로서 충분히 검토해볼 만한 이론 체계라는 사실만을 지적하고자 한다. 새로운 역사철학 유형으로서 2단계 사회진화론의 궁극적인 수용 여부는 그것이 지닌 다양한 문제점과 한계가 해소되면서 완결된 형태로 정립될 때까지 잠정적으로 유보

쟁)를 통해, 이성적 논증 과정을 거쳐 상호 이해에 도달하고 그로부터 합의를 이끌어내는 '의사 소통적 절차 과정'이 모든 문화 영역의 보편적 척도(진리/도덕/예술 영역의 보편적 기준)가 되는 담론 이론의 체계에 기초해야 한다. 또한 내용상 문화적 다원성을 허용하면서도 동시에 형식상 그 우열을 가릴 수 있는 보편적인 문화 기준을 확보하고 있어야 한다.

될 수밖에 없기 때문이다.

□ 참고 문헌

Adorno, Th., *Kulturkritik und Gesellschaft I*, Wissenschaft-liche Buchgesellschaft, 1998.

Angehrn, E., *Geschichtephilosophie*, Verlag W. Kohlhammer, 1991.

Beck, U., *Riskogesellschaft*, Suhrkamp, 1986.

Bloch, E., *Das Prizip Hoffnung*, Suhrkamp, 1968.

Boyne, R., *Foucault and Derrida : The Other Side of Reason*, Unwin, 1990.

Changyin Chung, *Herbert Spencer's Evoltuionary Liberalism* (Doctoral Thesis), University of Newcastle, 1998.

Derrida, J., *De la grammatologie*, Minuit, 1967.

Dray, W. H., *Philosophy of History*, Prentice-Hall, 1964.

Edward, P.(ed.), *The Encyclopedia of Philosophy*, vol.6, The Macmillan Company & The Free Press, 1975.

Foucault, M., *L'archéologie du sqvoir*, Gallimard, 1969.

Foucault, M., *Surveiller et punir*, Gallimard, 1975.

Frank, Steven A., *Foundations of social evolution*, Princeton University Press, 1998.

Habermas, J., *Zur Rekonstruktion des historischen Material-ismus*, Suhrkamp, 1982.

Habermas, J., *Theorie des kommunikativen Handelns 1*, Suhrkamp, 1981.

Habermas, J., *Die neue Unübersichtlichkeit*, Suhrkamp, 1985.

Hegel, G. W. F., *Vorlesungen über die Philosophie der Geschichte, Werke 12*, Suhrkamp, 1986.

Jaeggi, U./Honneth, A.(hg.), *Theorie des Historischen Materialismus*, Suhrkamp, 1977.

Lukacs, G., *Geschichte und Klassenbewußtsein*, Luchterland, 1971.

Lyotard, J-F., *Le postmoderne expliqué aux enfants*, Editions Galilée, 1988.

Lyotard, J-F., *La condition postmoderne*, Les Editions de Minuit, 1979.

Mannheim, K., *Ideology and Utopia*, RKP, 1972.

Marx, K./Engels, F., *Die deutschen Ideologie, Marx-Engels Werke 3*, Dietz Verlag, 1978.

Marx, K., *Das Kapital III, Marx-Engels Werke 25*, Dietz Verlag, 1975.

Munz, P., *The shapes of time : a new look at the philosophy of history*, Wesleyan University Press, 1977.

Schmid, D., "Habermas's theory of Social Evolution", J. B. Thomson/D. Held(ed.), *Habermas : Critical Debate*, The MIT Press, 1982.

Walsh, W. H., *An introduction to philosophy of history*, Hutchinson's University Library, 1951.

Wiltshire, D., *The social and political thought of Herbert Spencer*, Oxford University Press, 1978.

Yovel, Y, *Kant and the philosophy of history*, Princeton University Press, 1980.

선우현, 『사회 비판과 정치적 실천』, 백의, 1999.

선우현, 「진보와 보수의 공존 : 하버마스 진보관의 의의와 한계」, 『시대와 철학』 제12호, 1996.

양운덕, 「탈구조주의 사회 이론의 기초」, 『시대와 철학』 제3호, 동녘, 1991.

최종욱, 「현대 프랑스철학의 비판적 이해」, 『프랑스철학과 우리 1』, 당대, 1997.

'의미성'의 테제와 '화설주의'

최 성 환 (중앙대 철학과 교수)

1. '역사철학의 종언'과 '역사망각성'

역사의 이성적 설계의 허구성과 그에 따른 '역사에 대한 불신',[1] 그리고 과학적 역사 인식에 대한 점증하는 회의와 새로운 기술-정보 사회에서의 삶의 패턴이 "역사철학의 종언"[2]이라는 목소리를 총체적으로 타당하게 만들고 있다. 이제 역사에의 관심은 단순히 교양이거나 철학의 사변적 자기 만족의 대상으로 치부되고 있다. 실제로 역사철학이 처한 현실은 암담하다. "변두리 학문으로 전락한 이전의 주도 철학"[3]으로 평가절하되고 있는 역사철학은 단지 '역사철학사'로서 철학의 한 분과를 이루

---

1) F. 후쿠야마, 『역사의 종말』(이상훈 역), 한마음사, 1992, 27쪽 아래 참조.
2) O. Marquard, *Schwierigkeiten mit der Geschichtsphilosophie*, FfM 1992, 21쪽.
3) H. M. Baumgartner, Philosophie der Geschichte nach dem Ende der Geschichtsphilosophie. Bemerkungen zum gegenwärtigen Stand des geschichtsphilosophischen Denkens, in : *Allgemeine Zeitschrift für Philosophie*, Jg. 12(1987), 1쪽.

고 있다고 해도 과언이 아니다. 또한 철학의 제반 분과들이 '인
문학의 위기'라는 시대적 흐름 속에서 그 효용성에 대한 회의
와 함께 사치가 아니냐는 평가(Luxusverdacht) 속에 유희 학문
(Entspannungswissenschaft) 정도로 간주될 위험에 처해 있
다.4) 역사에 대한 이러한 회의에 맞서서 새로운 가능성을 찾으
려는 시도 중의 하나가 바로 '의미성(Bedeutsamkeit)'의 테제이
다. 부브너(R. Bubner)에 따르면 역사와 연관된 최근의 논의의
핵심은, 학문적 논쟁의 소용돌이 속에서 삶에서의 역사의 '의미
성'을 희생시켜서는 안 된다는 독자의 요구, 즉 역사의 "공공적
(公共的) 사용"에 대한 주장이다.5) 이 '공공적' 사용에 대한 주
장은 '역사의 대중화'라는 관점에서도 이해될 수 있고, 이러한
논의는 학문 주체와 대상의 상이한 성격 규정에 그 기반을 두
고 있다.6) 이 글은 이러한 '의미성'의 테제에 관한 사상적 배경
을 살피고, 이를 통해서 이 테제가 발전해나갈 수 있는 방향을
진단해보는 데 그 목적이 있다.

그러나 역사학과 역사철학이 실제로 어려운 상황에 처해 있다
고 하더라도 소박한 "역사망각성(Geschichtsvergessenheit)"은 인
간의 삶의 본질을 잘못 이해한 결과이다. 비록 역사(학)로부터 더
이상 고전적인 의미에서 삶의 교시자(敎示者. historia magistra

---

4) W. Frühwald u.a.(Hg), *Geisteswissenschaften heute*, FfM 1991, 33쪽 참
조.
5) R. Bubner, Geschichtswissenschaft und Geschichtsphilosophie, in : *Saeculum*,
Bd. 43(1992), 64쪽.
6) 같은 논문, 같은 곳과 임지현, 「역사의 대중화, 대중의 역사화」, 중앙대 사
학과 40주년 기념 학술 심포지엄(1998), 21-33쪽 참조. 임지현은 '역사의 대중
화'에 대한 최근의 논의들을 인문학의 위기라는 현재의 학문적 위기를 국가
권력이 아니라 시민사회의 요구에 부응하여 타개하려는 시도로 긍정적으로
평가하고, 이 시도는 그 성공 여부와 관계없이 그 자체만으로 일정한 의미를
가진다고 주장한다(22쪽).

vitae)로서의 역할을 기대할 수 없다 하더라도 삶에서의 역사의
의미성은 부인할 수 없는 '근본 사실'이다. 우리는 항상 지나간
일을 되돌아보고 과거의 결정에 대해서 반성하고 있다. '일의
역사'를 통해서 우리는 일에 대해서 현명해지는 것을 자주 체
험한다. 또한 '인간이란 무엇인가'라는 물음에 대한 해명의 열
쇠가 그의 역사 속에 주어져 있다는 주장 또한 쉽게 반박될 수
없다. 따라서 이론적인 측면에서의 역사에 대한 불신이 우리의
삶에서의 역사의 근원성마저 제거할 수 없는 것이다.[7] 역사에
대한 관심은 트뢸체(E. Troeltsch)의 표현처럼 "삶의 과정의 끊
임없는 유동성과, 이 과정을 확고한 규범에 의해 제한하고 형
성하고자 하는 인간 정신의 욕구"[8] 사이에서 생겨나는 것이다.
역사적이며 동시에 이성적인 인간 존재의 모순적 정체성이 역
사적 현실을 적절히 설명할 수 있는 관점(theoria)을 요구하는
것이고, 이 관점이 바로 하나의 역사관이며, 이 역사관을 기반
으로 하여 역사철학이 형성된다. 따라서 '역사철학의 종언'은
지금까지 제시된 역사철학적 구상들이 현실을 더 이상 설득력
있게 해명할 수 없음을 뜻하는 것이지, 역사철학적 반성 자체
가 무의미함을 말하는 것은 아니다.[9] '종언'이란 표현 속에는

---

7) F. Koppe, Die historisch-hermeneutische Disziplinen im System der
Wissenschaften, in : *Zeitschrift für allgemeine Wissenschaftstheorie* 7 (1976),
272쪽.
8) E. Troeltsch, *Ethik und Geschichtsphilosophie* (mit einer Einführung von
M. Marquardt), weinheim 1995, 27쪽.
9) H. M. Baumgartner, 위의 논문, 2쪽 아래와 O. Marquard, 같은 책, 14쪽
참조. '역사철학의 '종언'이 특정한 역사철학의 종언을 의미하는 것이지 역사
적 사유 일반의 종언을 의미하지 않는다는 것은 '역사철학의 다의성'에 의해
서 충분히 이해될 수 있는 것이다. 바움가르트너는 역사철학이라는 표현 아
래에 1) 史實들을 바탕으로 한 지혜로운 반성과 고찰, 2) 전체로서의 역사 과
정에 대한 통찰, 3) 史實的 지식의 인식 이론으로서의 역사철학을 포괄한다.
이에 비해서 마르크바르트는 역사철학을 1) 학으로서의 역사의 지식 이론, 2)

또한 이 '종언'에 대한 '대안'이 이미 마련되었음을 함축하고 있다. 아무런 대안 없이 우리는 '종언'을 선언할 수는 없는 것이다. 결국 역사철학의 '종언'이 바로 역사철학의 '부활'을 이야기할 시점이라는 역설이 성립한다.

2. 역사철학의 위기의 근원 : '하나의' 이성과 '하나의' 역사

"역사에서의 이성"이라는 헤겔 저서의 제목은 고전적인 역사철학의 과제를 모범적으로 정의하고 있다. 이 표현은 '필연적이고 영원한 이성 진리'와 '우연적이고 개별적인 사실 진리'의 관계 정립이라는 전통적인 철학적 물음을 동시에 함축하고 있다. 지금까지의 역사철학적 전통은 이 물음을 다루어왔다. 그러면 이성과 역사 사이의 이러한 관계 정립이 어려운, 심지어 불가능해보이는 이유는 어디에 있는가?[10] 고래로 개별적이고, 우연적이며, 변화하는 영역으로서의 역사 영역은 과학적 접근이 허용되지 않으며, 따라서 이론이 불가능한 것으로 간주되어 왔다 (Singularium non est scientia). 이 영역이 바로 인간적 행위와 그 결과로 나타난 혼돈의 세계(das Chaos der res gestae)이다. 역사란 바로 이러한 영역에 대한 지식(rerum gestarum memoria)인 것이다. 이에 반해 이성은 보편적인 것, 필연적이고 불변적인 것으로 간주되어 왔다. 이성은 세계를 지배하는 누우스(noûs) 그리고 예지적인 세계 구조의 총괄 개념으로 정의되어 왔다.[11]

존재론적 영역으로서의 역사의 영역적 존재론, 3) 인간의 역사성의 기초현상학, 4) 역사가의 (역사가) 지혜(Historikerweisheit)로서의 역사철학을 구분한다.

10) J. Ritter(Hg.), *Historisches Wörterbuch der Philosophie*, Bd. 3, Basel 1973ff, 418쪽 참조.

역사와 이성은 이렇게 본질적으로 상이한 것을 지칭한다. 앙게른(E. Angehrn)은 역사와 이성의 관계를 다음과 같이 함축적으로 표현한다 : "역사철학은 역사가 파악되는 한에서, 역사가 합리적으로 구성되는 한에서, 즉 이성이 역사 안에서 드러날 수 있는 한에서 존재한다. 역사철학은 이성성, 즉 역사의 파악 가능성이 결여될 경우 위기에 처한다. (……) 분명한 것은 역사의 세계를 이성으로 파악할 수 있어야 한다는 **인식상의 요청**이 어느 정도 충족되느냐에 따라서 역사가 실제로 이성적으로 진행한다는 (……) 가정도 근거를 확보하며, 역으로 인류 역사가 쇠퇴기로 접어들었다는 진단은 역사철학이 몰락하는 시기에 강력하게 대두된다. 그래서 양자의 상관 관계는 개념적으로 필연적이지 않고 역사적으로도 통용되지 않는다."12)

일반적으로 "역사적 사고의 이성성(das Vernunftpotential des historischen Denkens)"이 이 사고의 귀결에 대한 동의의 기반(Konsensfähigkeit)이 된다는 것은 무리 없이 받아들일 수 있다.13) 문제는 이 '이성성'을 어떻게 해석할 것인가 하는 것이다. 또한 '역사철학의 종언'이 공공연히 말해지고 있는 현재, 즉 이성성이 결여된 시대를 인류의 역사의 쇠퇴기로 일방적으로 진단할 수는 없다는 사실도 문제 삼지 않을 수 없다. 이것은 현재의 역사적 현실이 다른 방식으로 설명될 수 있음을 암시한다. 따라서 역사철학의 위기는 두 가지 관점에서 그 원인을 추적하고 해결의 실마리를 찾아볼 수 있다. 그 하나는 전래의 이성 개념과 관련된 '합리성'의 논의이고, 다른 하나는 (역사철학의 내적인 문제로서) 새로운 현실성과 연관된 역사철학의 합리적 논

---

11) H. Schnädelbach, *Vernunft und Geschichte*, FfM 1987, 11쪽 아래.
12) E. 앙게른,『역사철학』(유헌식 역), 서광사, 1997, 83쪽 아래.
13) J. Rüsen, *Konfiguration des Historismus*, FfM 1993, 81쪽.

의 가능성에 관한 물음이다. 이러한 관점에서 '이성'의 설계와 범위 그리고 한계를 올바로 설정하는 것이 합리성 이론의 핵심이라고 한다면, 이는 역사의 '이성성'을 문제 삼고 있는 역사철학의 과제이기도 하다.

"이성은 불신에 빠져 있다. 이성은 얼마 전부터 이제 더 이상 자신이 [재판관이] 아닌 법정에 서 있다. 우리는 근원적인 합리성 비판의 시대에 살고 있다."14) 서구에서 전개된 20세기 후반부의 '합리성'에 대한 논의는 기본적으로 '회의적'인 관점을 전제로 하고 있다. 이러한 회의는 "세계에 대해 개별적으로 추구된 지식의 전체를 통일시키지 못하고, 그 전체에서 진리를 찾지 못하는 합리성의 무능력에서 비롯되었고, 이 무능력이 의미 상실과 방향 상실의 현상을 야기함으로써" 제기된 것이다.15) 예를 들면 인간 사회에서의 과학 기술의 명백한 기여와 성과에도 불구하고 과학의 조작가능성의 한계 설정에 대한 주장들이 환경과 생태계에 대한 관심과 더불어 제기되고 있다. 또한 사회-정치적 영역에서 합의를 도출하기 위한 행위의 기준점이 다양한 사회적 요구들에 의해서 쉽사리 확보되지 못하고 있다. 따라서 이 '회의'가 통일성의 부여와 진리의 기준으로서 (합리성의 가반인) 이성에 대한 비판으로 귀착된다는 것은 자명하다.

그런데 슈네델바하(H. Schnädelbach)는 합리성 논의에서 다음과 같은 흥미로운 현상을 지적하고 있다. 즉, 합리성 논의에서 이성이라는 표현이 점차 자취를 감추고 있다는 것이다. 이에 대해 그는 합리성 논의의 핵심은 합리성 이론의 논리적 검토가 아니라, 합리성의 기반으로서의 '이성'에 대한 반성이라고

---

14) H. M. Baumgartner, Wandlungen des Vernunftsbegriffs in der Geschichte des europäischen Denkens, in : ders.(Hg.), *Rationalität*, Freiburg / München 1989, 167쪽.
15) L. Scheffczyk, Vorwort, in : H. M. Baumgartner(Hg.), 위의 책, 8쪽.

주장한다. 이성이라는 표현이 더 이상 합리성 논의에서 사라지는 이유는 바로 이성 비판이 마치 합리성 논의의 전부인 것처럼 간주되는 풍토에 대한 반사 작용이 아닌가 보여진다. "(……) 이성 비판은 이미 오래 전부터 철학적 상투어이고, 이 상투어는 다른 상투어들에 비해서 언제나 고유성의 요구와 더불어, 그리고 충격적인 의도에서 새롭게 개진된다는 점에서 유별나다. 이성 비판은 언제나 근원적이고 따라서 타협의 여지가 없다. 어떻게 이성이 거대한 단수로 치장되고, 그에 대해 우리가 모든 책임을 전가시킬 수 있게 되었는가?" 그 이유를 슈네델바하는 "이성 비판이 헤겔로부터 벗어날 수 없었고, 그리고 너무 많이 니체를 읽었기 때문이다"16)라고 비꼬고 있다. 이 표현은 이성과 반이성, 합리주의와 비합리주의의 대립이 마치 합리성 논의의 전부인 것처럼 받아들여지는 철학 현실에 대한 풍자이자, 동시에 헤겔로 대변되는 이성철학과 이에 대항하는 비합리주의의 노선이 합리성 논의에 끼친 영향을 대변하는 것이다. 그러나 이 표현에는 지금까지 전개된 합리성 논의가 시대와 사조에 따른 특성, 그리고 세부적인 면들을 고려하지 않고 '하나의' 이성을 근거로 진행되어 왔음을 지적하고 있다. 이러한 맥락에서 '계몽'과 "계몽에 대한 계몽"으로서의 역사주의17) 그리고 독단적 이성주의와 이에 대한 반향으로서의 '비합리주의'의 자리매김이 새롭게 시도되어야 하고 또 요구되는 것이다. '통일성의 부여'와 '진리의 기준'으로서의 '하나의' 이성이 오늘날 더 이상 그 기능과 권위를 발휘할 수 없다면, 이제 합리성 논의의 중심에는 '하나의' 이성이 아니라 다양한 합리성 이론들과 그들의

---

16) H. Schnädelbach, *Zur Rehabilitierung des animal rationale*, FfM 1992, 13쪽.
17) H. Schnädelbach, *Philosophie in Deutschland 1831-1933*, FfM 1983, 54쪽.

제한적 타당성이 자리잡게 되는 것이다. 합리성에 대한 논의는 특히 이 논문의 주제이기도한 역사기술(歷史記述)의 문제와 연관되어 중요한 의미를 가진다.

합리성의 논의에 대한 이러한 시각을 역사철학 내적인 물음으로 돌리면 역사철학에 대한 불신의 근원이 분명하게 드러난다. '역사철학'이라는 표현을 처음 사용한 볼테르에게서 이 표현은 '비판적 역사 기술(kritische Historiographie)'을 의미한다. 역사가는 전래된 사건 기록을 단순히 재생하는 것이 아니라, 이 사건에 대해 자신의 고유한 판단을 형성하고 그에 상응하게 '역사'를 쓴다. 이러한 '역사철학'은 이후에 세계사의 전체 흐름의 기술과 해석, 이른바 민족과 국가의 많은 특수한 역사들과 구별되는 '하나의' 그리고 '보편적인' 역사를 지칭하게 된다. 이 '단수'로서의 역사의 성립 과정을 살펴보면, 그 종착점은 모든 개별적 사건 연관들을 포괄하는 것 그리고 규범적 권위를 수반한 마치 하나의 초월적 법정과 같은 것으로 나타난다. 따라서 모든 행위하는 인간들은 이 법정에 예속되며 여기에서 스스로를 책임져야만 하는 것으로 규정된다.[18] 이것이 바로 칸트, 헤르더 그리고 헤겔이 사용하는 '역사철학'의 개념 규정이다. 이 '역사철학'은 동시대의 보편사(Universalhistorie)의 과제들과 연결되고, 이 과제들은 다시금 도덕 교육적이고, 실천적-해방적 기대와 결합된다.[19] 이러한 역사철학은 뢰비트(K. Löwith)의 해석에 따르면 "전적으로(ganz und gar) 신학, 즉 구원사의

---

18) R. Koselleck, Art. >>Geschichte, Historie<<, in : *Geschichtliche Grundbegriffe, Historisches Lexikon zur politisch-sozialen Sprache in Deutschland,* Band 2, Stuttgart 1975, 593쪽 아래 참조.

19) M. Riedel, Kritik der historisch urteilenden Vernunft. Kants Geschichts-philosophie und die Grundlagenkrise der Historiographie, in : ders., *Urteilskraft und Vernunft,* FfM 1989, 126쪽.

신학적 해명에 종속되어 있다"고 한다. 뢰비트의 테제는 18세기에 등장한 역사철학은 그것의 유래에 따라 역사신학이고, 이성적인 진보 또는 인류의 교화에 대한 믿음은 근원적으로 기독교적 교리의 "세속화"라는 것이다.[20] 그러나 뢰비트의 이러한 해석이 역사철학과 역사신학을 동일시함으로써 개념적 혼선을 야기했고, 지배적인 비역사주의(Ahistorismus)를 강화했을 뿐만 아니라 모든 역사철학을 종말론적인 구원 기대로 환원함으로써 역사학의 한계를 넘어서는 역사 이론적인 물음의 **합리적 논의 가능성**을 봉쇄하였다는 비판 또한 만만치 않다.[21]

합리성의 논의가 어떻게 역사 문제와 연관될 수 있는가 하는 점은 역사 연구에 대한 방법론적 논쟁의 차원에서도 살펴볼 수 있다. 그것은 19세기 '역사주의'의 성립 배경과 결부되어 있다. '역사주의'는 이른바 '자연주의'에 대한 반발로 등장하게 되었고, 따라서 '역사주의'의 주장들은 '자연주의'의 한계라는 측면에서 이해되어야 한다.[22] 리이델(M. Riedel)의 분석에 따르면 칸트의 이성 비판은 자연과학이 구성 수단으로서의 자신이 사용하는 개념들에 단지 가설적인 인식 가치만 부여하고, 그들의 방법들을 도덕적-정치적 학문들에 적용하는 것을 막지 못하였다는 것이다. 이런 배경에서 다시금 흄적인 경험주의가 콩트와 밀의 실증주의 철학에서 재현되게 되었다는 것이다. 실증주의적 경험론은 모든 인간적 인식을 의식 사실들의 공존과 연속의

---

20) K. Löwith, *Weltgeschichte und Heilsgeschehen. Die theologischen Voraussetzungen der Geschichtsphilosophie*, Stuttgart 1953, 11쪽.
21) M. Riedel, 위의 논문, 128쪽.
22) E. Troeltsch, *Der Historismus und seine Probleme*, Bd, 1, Aalen 1961, 104쪽 참조. '자연주의'란 트뢸체에 따르면 자연의 설명을 형이상학에서 분리시켜 자연을 자연 자체로 설명하고, 이 설명에서 오직 수학적 모델과 경험적 검증만을 허용하려는 사고 형태이다.

법칙성에 관한 연구에 환원시켰고, 또한 그들은 엄밀한 법칙 학문이라는 미명 아래, 지식 자체를 무의미하고 무관심한 과정으로 만들고 말았다고 리이델은 비판한다. 따라서 이러한 법칙주의적 경험론의 방법론에 반해서 도덕적-정치적 학문의 방법론적 자주성을 주창하고, 이론과 실천의 통일성을 마련키 위한 시도가 역사주의에 의해 전개되었다는 것이다.[23] 실증주의적 역사 이론에 대한 딜타이(W. Dilthey)의 비판은 실증주의가 그들의 '방법론적 강요'에 의해서 역사 세계의 고유성을 완전히 잘못 이해한 점을 지적한다. 실증주의는 엄밀한 경험과학의 요구에서 출발하기 때문에 탐구 대상도 엄격한 과학적 법칙 인식을 허용하는 종류여야 한다는 귀결을 이끌어낸다. 실증주의는 문화와 역사도 결국 자연 현상의 한 유형으로 고찰하는 것이다. 더욱더 문제가 되는 것은, 딜타이가 지적하듯이, 실증주의의 이러한 추구 속에는 '역사형이상학'의 경향이 내재되어 있다는 것이다. 왜냐 하면 그들은 궁극적으로 역사 전체를 설명할 수 있는 자연(역사) 법칙을 확립하고자 시도하기 때문이다.[24]

결국 역사철학에 대한 회의를 야기한 일차적인 책임은 단토 (Arthur C. Danto)가 "실체주의적 역사철학"이라 부르는 '전체로서의 역사 구성', 즉 '하나의' 역사에 대한 추구에 있으며, 이러한 추구는 비록 변형된 방식이지만 실증주의에 의해서도 시도되었다. 사변적 역사 구성에 대한 역사주의의 비판이 인식 원천으로서의 이성의 무절제한 사용에 기인한 **'독단적 통찰'**에 대한 비판이라면, 자연주의적 역사 인식에 대한 비판은 대상의 특성을 고려치 않는 **"방법론적 독단주의"**[25]를 겨냥한다. 위의

---

23) M. Riedel, *Verstehen oder Erklären?* Stuttgart 1978, 68쪽.
24) W. Dilthey, *Gesammelte Schriften*, Bd. XVI, 103쪽 아래. 딜타이의 실증주의에 대한 이해와 비판에 대해서는 Bd. V, 27쪽, Bd. XI, 237쪽, Bd. XVI, 106쪽 참조.

두 관점이 더 이상 역사 문제에서 설득력 있는 해결책을 제시하지 못할 경우 '역사철학의 종언'의 외침은 타당한 것이다.

이제 '종언'의 시대에서 역사철학적 논의를 지속할 수 있는 길은 '관점의 전환'이다. 이 '전환'은 새롭게 제기된 문제점을 그 출발점으로 삼아야 할 것이다. 새로운 관점이 역사 이해의 출발점이 되어야 한다는 주장은 그러나 전혀 새로운 것이 아니다. 이미 괴테(J. W. v. Goethe)와 클라데니우스(J. M. Chladenius : 1710~1759)가 역사 인식에서 '입지준거성(Standortbezogenheit)'이 구성적이라는 점을 분명히 하고 있다[26] : "세계사가 시간의 흐름에 따라 새롭게 기술되어야 한다는 점에서 오늘날 아무런 의심도 제기되지 않는다. (……) 그러나 이러한 필연성은 새로운 사건들이 추가적으로 발견되어서가 아니라, 새로운 견해들이 제시됨에 따라 생겨나는 것이다. 왜냐 하면 새로운 견해를 통하여 발전하는 시대의 사람들이 과거가 새로운 방식으로 조망되고 평가되는 관점으로 인도되기 때문이다."[27] 단토가 말하는 것처럼 "과거는 변하지 않겠지만, 우리가 그것을 조직화하고 구조화하는 방식은 변하는 것이다."[28] 역사 이해의 '입지준거성'은 역사철학이 내용적으로나 이론적으로 '역사적'으로 제한된다는 기본 사실과 함께, 새롭게 제시되는 관점도 언제나 이러한 제한성 때문에 상대적인 의의만을 가질 수 있다는 점을 분명히 한다. 역사 세계에 대한 학문적 논의에서는 여전히 훔볼트가 그의 강연 「역사가의 과제」(1822)에서 정식화한 '사실

25) P. Krausser, *Die Kritik der endlichen Vernunft*, FfM 1968, 40쪽.
26) R. Koselleck, *Vergangene Zukunft*, FfM 1992, 195쪽 참조.
27) J. W. v. Goethe, *Materialien zur Geschichte der Farbenlehre*, in : ders., *Werke* (Hg. E. Trunz), Bd. 14, Hamburg 1960, 93쪽 (R. Koselleck, 위의 책, 같은 곳에서 재인용).
28) Arthur C. Danto, *Analytische Geschichtsphilosophie* (Übers. v. J. Behrens), FfM 1974, 268쪽.

과 이념의 조화'라는 규준과 "보편적 과정의 구성 없는 역사 논리는 단편(斷片), 즉 경험적 사실에 대한 논리적 이론에 불구하고, 논리적으로 확보된 경험 없는 구성은 기초 없는 집, 즉 꿈꾸는 영혼 또는 우월적 자의(恣意)의 이상적인 윤곽상에 불과하다"29)는 트뢸체의 명언은 타당한 것이다, 단지 이 표현의 단순함 속에 숨겨진 과제의 어려움을 도외시한다면!

3. '의미성(Bedeutsamkeit)'의 테제

(이미 제1절에서 언급된 바와 같이) 부브너에 따르면 최근의 역사에 대한 논의, 예를 들면 '구조사' 또는 모든 역사 기술의 '화설적 핵(narrativer Kern)'에 관한 논의들이 바로 "작동된 과학 작업에 의하여 삶에서의 역사의 의미성이 희생되어서는 안 된다는 독자의 기본적 욕구", 즉 "역사학의 공공적 사용"에 관한 주장이라는 것이다. 부브너는 학문적 논쟁과 상관없이 "역사 인식의 실용주의적, 즉 사회적으로 방향 설정하는 기능"은 계속해서 다루어지고 인정된다고 본다.30) 따라서 그는 역사적 지식이 우리 모두를 의미하는 생동적인 역사적 주체의 언어 속에서 번역 가능한 것으로 남아야 하고, 이를 위해서는 역사 기술이 '방법 논쟁' 아래 매몰되어서는 안 되며, 따라서 전문가 집단은 역사에 대한 공공적인 요구들을 위한 공간을 허용해야 한다고 주장한다.31)

그렇다면 역사의 이러한 기능을 가능케 하는 조건들은 무엇

29) E. Troeltsch, *Der Historismus und seine Probleme*, in : Gesammelte Schriften. Bd. 3, Aalen 1961, 70쪽.
30) R. Bubner, 위의 논문, 64쪽.
31) 같은 논문, 65쪽.

인가? 먼저 생각할 수 있는 것은 공공적인 요구에 부응하는 역사의 재해석 가능성이다. 이 경우 '실체주의적 역사철학'은 논의의 대상에서 제외된다. 왜냐 하면 이러한 방향에서의 역사는 단지 '하나의' 의미만을 가지기 때문이다. 마찬가지로 역사 세계를 법칙적으로 파악하려는 실증주의적 역사 이해도 제외된다. 왜냐 하면 그들은 방법론적 압박에 의해서 대상을 법칙이 지배하는 세계로 바라보기 때문이다(그들의 목표는 당연히 역사 전체를 관통하는 '하나의' 역사 법칙의 수립인 것이다). 두 번째로 확보되어야 하는 것은 재해석을 위한 최소한의 인식 이론적 기반이다. 어떤 사람이 역사 속에서 자신의 삶을 사회적으로 방향 설정할 수 있기 위해서는, 이 역사 속에서 자신의 삶과 구조적으로 유사한 어떤 것을 포착할 수 있어야 하고, 이 유사한 것이 그의 삶에 '유의미한 것'으로 파악되어야 한다.32) 따라서 '의미성'이 역사 대상과 역사 인식의 범주로서 타당해야만 한다.

먼저 역사의 새로운 해석가능성에 대한 물음은 역사 기술의 전제와 맞물려 있다. 역설적이지만 역사적 기술들이 자신의 '관점결부성(Aspektgebundenheit)'(이것이 바로 역사적 기술의 전제다) 또는 '입지준거성' 때문에 절대적 기준을 제시해줄 수는 없다는 점에서 새로운 해석의 가능성이 주어지는 것이다.33) 이러한 제한성이 바로 우리에게 역사적 기술들을 끊임없이 '재조

---

32) 따라서 '역사 철학'(*Philosophie de l'historie*, 1765)이라는 표현을 각인한 볼테르가 인간학적인 방법으로 역사의 문제에 접근한 것은 우연이 아니다. 그는 지속적인 인간적 존재 특성의 영역에서 역사를 구조화하는 것을 찾고자 하였다.
33) R. Koselleck, 위의 책, 186-187, 206쪽 참조. 역사적 기술의 '관점결부성'은 이미 역사학을 독립된 분과로 정립한 클라데니우스 이래로 인정되어온 것이다.

직'할 수 있는 가능성을 열어주는 것이다. 단토는 이러한 맥락
에서 역사가의 임무가 과거를 '재생산'하는 데 있는 것이 아니
라 '조직화'하는 데 있다고 규정하고,[34] 이를 통하여 독자가 현
재를 조직화하는 데, 즉 과거에 비추어 현재를 경험하고 이해
하는 데 기여할 수 있다고 본다.[35] 이러한 조직화의 척도가 바
로 '의미성'인 것이다.

　두 번째로 역사의 범주로서의 '의미성'에 대한 문제다. 이것
은 한편으로 '의미성' 자체가 '역사적인 것'의 특성을 형용해야
하고, 다른 한편으로는 '의미성'이 역사적 인식의 범주로 적용
될 수 있어야 한다는 것을 말한다. 이러한 관점에서 '의미성'을
역사 이해에 적용하였던 '역사주의'의 대표적인 학자들로 드로
이젠(J. G. Droysen)과 딜타이를 들 수 있다. 두 사상가는 각각
의 이론에서의 세부적인 차이와 전제에도 불구하고 관념론의
(독단적인) 이성적 역사 설계와 실증주의의 '방법론적 독단주
의'를 거부한다는 공통점이 있다.

　여전히 '실체주의적' 역사철학의 그늘에 머물고 있는 드로이젠
은 칸트적인 선험철학의 전통에서 답보의 상태에 있었던 역사적
지식의 필연적인 조건들에 관한 물음을 제기한다. 어떻게 시간
과 공간에서의 생기(生起)들, 곧 '일상적인 잡무들(Geschäfte)'이
역사(역사적 사건)가 되는가 하는 물음이다.[36] 역사 인식 및 기
술(記述) 과정의 분석을 통하여 드로이젠은 역사적 지식에는

---

34) Arthur C. Danto, 위의 책, 183쪽.
35) 같은 책, 133쪽.
36) 이러한 물음의 해명에는 기본적으로 세 가지의 구분이 필수적이다. 먼저
일상 세계와 역사와의 구분이다. 둘째 이야기들(Erzählungen)로 전해진 다양
한 역사들과 이 이야기들을 전체 과정의 요소들로 만드는 역사 사이의 구별
이다. 마지막으로 일반적[물리적] 시간성과 역사적 시간 사이의 구별이다. 왜
냐 하면 시간 속에 있는 모든 것 또는 시간적인 과정을 가진 모든 것이 역사
적이라고 불리지 않기 때문이다.

단지 대상들과 과정들만이 인식되는 것이 아니라 동시에 인류적 세계의 '의미'들이 이 지식에 결합된다는 중요한 사실을 밝혀낸다. 그러나 드로이젠에 따르면, 역사가는 사건들의 '의미성'을 임의적으로 수립하는 것이 아니라 (이미 인류적 세계의 힘으로 존재하는) 의미성을 찾아내고 그것을 표현한다는 것이다. 그럼에도 불구하고 드로이젠이 강조하는 것은 역사적 화설(Erzählung)에서 가장 기본적이고 본질적인 관점은, 이 화설이 단지 사건의 외적인 경과에 대한 직접적인 재현이 아니라, 하나의 'μίμησις', 즉 사건의 역사적 진리를 통하여 결합되는 주관적 형식이라는 것이다. 이 (예술적 형식이라고 부르기도 하는) 주관적 형식은 기술적으로 사건의 외적인 연계(Nacheinander)에도 적용되지만 인식이 사건의 진리로서 나타내는 연관의 '의미성'을 심화시킨다는 것이다.37) 드로이젠은 '역사적 참(사실들)(historische Richtigkeiten)'과 '역사적 진리'를 구분하는데, 이 진리는 개별적인 것들(사실들)이 역사적으로 작용하는 인류적 힘들의 연관에서 정돈될 때, 바꾸어 말하면 새로운 의미 연관 속에 자리잡을 때 비로소 나타나는 것이다.38)

해석학적 전통에 서 있는 딜타이는 삶의 범주로서 '의미(Bedeutung)'와 '의미성(Bedeutsamkeit)'을 사회적-역사적 세계의 이해에 적용한다. 그는 낭만주의적 해석학의 규준을 수용하여 구체적이고 개별적인 역사적 삶은 단지 전체의 삶과의 관계에서만 '의미성'을 표출할 수 있다고 한다. 비록 딜타이는 분명하게 '의미'와 '의미성'을 엄밀히 구별하여 사용하지는 않지만, 전체로서의 확정된 의미와 개별적인 사건들의 의미성의 관

---

37) J. G. Droysen, *Historik* (Historisch-kritische Ausgabe), Stuttgart 1977, 232쪽 아래.
38) 같은 책, 425쪽.

계를 염두에 두고 있음은 분명하다. 의미 또는 의미성을 '삶의 범주'로 사용하는 딜타이는 삶의 전체로서의 역사를 끊임없이 열려 있고 종결되지 않은 것으로 본다. 따라서 전체의 막연한 형상('안개'라는 은유로 표현되는)이 삶과 역사의 흐름 속에서 늘 새롭고 다르게 구성된다. 그 까닭에 '부분'의 의미는 확정되지 않는다. 이 부분의 의미는 가설적 의의를 가지는 전체 또는 확정된 '의미(Sinn)' 대신에 '의미' 또는 '의미성'이라는 표현으로 묘사된다.39) 의미성은 "작용 연관의 기초 위에서 생겨나는, 전체에 대한 부분의 의미의 규정성"으로 정의된다."40) 역사형 이상학의 거부에도 불구하고 어떤 확정된 '의미(성)'와 '보편사'에 관한 딜타이의 언명들도 그의 저서 여러 곳에서 발견되고 있다. 기독교적인 유럽 전통에서 이러한 확정된 '의미'와 '보편사'에 대한 수용은 충분히 이해될 수 있는 것이지만, 그것이 딜타이의 역사이해의 이론적인 차원에서도 불가피해 보이는 것은 의미성이 전체와 부분의 상호 연관에서 파악될 수 있다는 해석학적 규준을 그가 수용하고 있기 때문이다. 그러나 이 '전체로서의 역사'는 형이상학적 정형(Formel)이 아니라 단지 역사적 탐구를 위한 매개적인 형상(Bild), 즉 탐구의 규준(Forschungsmaxime)으로서만 기능해야 한다는 것이 그의 주장이다.41)

낭만주의 해석학과 역사주의 전통의 영향 아래 '의미성'은 문화 세계의 이해를 위한 새로운 도식으로 정착되어 왔다. 이것은 세계 해석의 주체와 방향의 '전회'를 의미한다. 이제 더 이상 세계를 존재론적으로 해석하는 것이 아니라, 각각의 세계관에

---

39) W. Dilthey, *Gesammelte Schriften*, Bd. VII., 232쪽 아래 참조.
40) 같은 책, 238쪽 아래.
41) 같은 책, 287쪽. 딜타이의 보편사적 관심에 대해서는 Bd. I, 95쪽, Bd. V, 9쪽, Bd. XV, 37쪽 아래, Bd. XX, 109쪽을 참조.

서 자신의 욕구를 충족하는 인간이 능동적으로 세계에 대한 '의미 부여'를 수행한다는 '관점의 변화'가 일어난 것이다. 따라서 '의미 충만한 우주'에서 '의미 수립적인 인간'으로의 전회가 그 이후의 많은 문화 이론에서 '의미성'이라는 개념 사용의 전제가 되고 있다.[42] 이러한 전회가 20세기 후반의 '다원주의'와 '상대주의'의 한 뿌리가 되었다는 점은 의심할 수 없는 사실이다.

4. 화설주의(Narrativismus)

'의미성'을 중심으로 전개되는 '방법론적 역사주의'의 중요한 난관은, 이러한 방향에서 과연 '학으로서의 역사'가 정립될 수

---

42) G. Scholtz, 위의 책, 267쪽. 숄츠는 다음과 같은 학자들의 '의미성'에 관한 다양한 해석을 열거하고 있다. 예를 들면 베버(M. Weber)는 의미성, 즉 역사적 현상의 문화적 의미를 변화하는 관점에 종속되어 있는 것으로 파악하고 있으며 (M. Weber, "Die 'Objektivität' sozialwissenschaftlicher und sozialpolitischer Erkenntnis"(1904), in : Gesammelte Aufsätze zur Wissenschaftslehre (Hg. J. Winckelmann), Tübingen, 1968, 198, 213쪽 참조), 로타크(E. Rothacker)의 역사철학에서 '의미성의 명제(Satz der Bedeutsamkeit)'는 '나'의 세계로의 입구를 발견하게 해주는 것이다. '나'의 세계란 '나에게' 관계하는, '나에게' '어떤 것', 즉 '의미 있는'("was mich angeht, was mir <etwas> <ist>, d.h. bedeutet") 세계라는 표현이다 (E. Rothacker, Geschichtsphilosophie, München 1934, 98쪽 아래). 이러한 관점은 역사 기술에서 '의미심장한 것들(Signifikante)'에 대한 단토의 분석에도 적용된다. 역사가에게는 단지 자신의 전제들과 관계를 가지는 것만이 중요하다. 여기서 자신의 전제들이란 자신의 도덕적 이론적 전제들, (자신이) 중요하다고 생각하는 사건들, 사건들의 연속에 관한 자신의 추측 등이다 (Arthur C. Danto, 위의 책, 215쪽 아래). 이러한 사유 방식은 블루멘베르그(H. Blumenberg)의 신화 해석에도 등장한다. 사건의 의미성의 분석을 통하여 그는 신화 형성의 근원적 뿌리를 드러내고자 한다. 그는 인간의 의미 욕구에 이 의미성, 의미 충전을 자리잡게 한다 (H. Blumenberg, Arbeit am Mythos, FfM 1979, 77쪽 아래 참조).

있는가 하는 문제다.43) 이 문제는 구체적으로 역사적 삶의 표현들이 역사적 지식의 참된 기초로 인정될 수 있는가 하는 물음과 역사적 세계의 보편 타당한 지식이 어떻게 이 표현들의 기초 위에서 가능할 수 있는가 하는 물음이다.44) 이러한 난관을 극복하기 위해 해석학적 전통의 방법론적 역사주의에 의해 취해진 대안이 바로 화설주의(Narrativismus)다. 화설주의란 역사적 생성의 유일하고 적당한 기술 방식으로 화설(Erzählung, narratio)을 주장하는 입장을 말한다.45) 화설은 개별적인 자료를 단순히 연대기적으로 열거하는 것과는 달리, 시간 구조에서 '이후의 것'에 대한 '이전의 것'의 '의미(Bedeutung)'라는 관점에서 조직한다는 점이 특징이다.46) '의미'에 대한 특수한 뜻을 딜타이는 '발전(Entwicklung)'이라는 개념과 연관시켜 명백히 하고 있다. 딜타이에 따르면 자연 인식의 대상에 적용되는 '변화'라는 개념을 내면화의 과정으로서 이해되는 삶에서도 적용할 수 있다. 왜냐 하면 현재의 삶 속에 이미 과거와 미래의 표상이 기억(과거)과 가능성에 의거한 상상력, 그리고 목적 정립적인 활동성에 의하여 포함되어 있기 때문이다. 따라서 이 삶속에서의 변화는 (즉 현재는 과거에 의해 충족되고, 자신 속에 미래를 담는 과정은) '발전'이라는 개념으로 표현될 수 있고, 이

---

43) '방법론적 역사주의'에 대한 가장 신랄한 비판은 알버트(H. Albert)의 「역사와 법칙. 방법론적 역사주의의 비판에 대하여」(1979)라는 논문에서 읽을 수 있다. 이 논문에서 알버트는 '방법론적 역사주의'의 학문적 전제들이 그들의 방법론과 조화될 수 없다고 주장한다. 왜냐 하면 (알버트에 따르면) '방법론적 역사주의'가 그들이 비판하는 실증주의의 기본적인 방법들을 전제하지 않고는 그들의 논의를 전개할 수 없기 때문이다.
44) W. Dilthey, 위의 책, 184쪽 아래.
45) '화설주의'의 역사적 기원과 성립 배경에 관해서는 하르트빅(W. Hardtwig)의 『역사 문화와 과학』(München 1990) 중에서 특히 「역사주의와 계몽주의 사이에서의 역사 서술의 과학화」(58-91쪽) 부분이 상세한 설명을 제시한다.
46) H. Schnädelbach, Vernunft und Geschichte, FfM 1987, 133쪽.

러한 변화와 발전의 근거, 즉 연관성을 부여하는 것이 바로 '의미'인 것이다. 그러나 딜타이는 이 '발전'의 개념과 그 속에 포함된 목적 정립적인 활동성이 일방적으로 개인 또는 국가 등에 적용될 수 없다는 점을 분명히 한다. 왜냐 하면 어떤 대상을 한 개념 아래에서 파악한다는 것은 그 대상을 피안적으로 고찰하는 것에 지나지 않기 때문이다. 이에 반해서 여기서 딜타이가 사용하는 표현들은 개념적인 작용이 부가되지 않은, 볼노(O. F. Bollnow)가 "개념적 고정화에 대한 두려움"으로 딜타이의 용어 사용의 특징을 규정한 바와 같이, 단지 삶에 내재해 있는 (einwohnende) 관계 그 자체를 지칭할 뿐이다.47) 따라서 '발전'은 단지 이 '발전'에 놓인 역동적인 삶의 관계를 구분하는 것을 통해서만 파악될 수 있다. 과거, 현재 그리고 선취적(先取的) 미래는 삶의 연관에서 존재적으로 상호 관계하는 것이 아니라 '이후의 것'에 대한 '이전의 것'의 의미의 양상에서 상호 관계하고, 이 관계는 항상 **특정한** 삶의 연관의 전체에 관련된다.48) 딜타이에 따르면 모든 삶의 계획은 삶의 의미에 대한 파악 (Erfassen)의 표현이다. 따라서 삶의 연관의 구분으로부터 이제 의미 연관의 해석이 이루어진다. "우리는 과거의 계기의 의미를 파악한다. 과거의 계기는 그 안에서 미래에 대한 연결이 행위를 통해서 또는 외적 사건을 통하여 생겨날 때 (또는 미래적인 생활 방식의 계획이 파악되는 한 또는 그러한 계획이 그 실현화의 반대 방향으로 진행될 때) '의미적(bedeutsam)'이다. 의미는 관계의 특별한 방식을 말하는데, 이 관계를 삶의 부분들이 전체에 대하여 가지는 것이다."49)

---

47) W. Dilthey, 위의 책, 232쪽.
48) H. Schnädelbach, 위의 책, 같은 곳 참조.
49) W. Dilthey, 위의 책, 233쪽 아래.

'의미'를 통해 연관된 삶의 내적인 관계들은 단지 부분에 대한 전체 그리고 전체에 대한 부분의 의미라는 해석학적 순환에서 이해될 수 있는 '구조'다. '의미'가 분석되지 않은 삶의 연관에 대한 범주라면, '구조'는 이 삶 속에서 반복되는 것의 분석을 통하여 생겨난다.[50] '구조'를 파악하는 방식은 '발전으로서 역사적 생성'을 의미 이해로서의 이해론의 토대 위에서 해석하는 것이고, 이 이해론는 의미 이해와 언어 이해의 상응이라는 특징을 갖는다.[51] "단어가 그것을 통하여 어떤 것을 형용하는 의미를 가지고, 우리가 구성하는 의미(Sinn)를 명제들이 가지는 것과 같이 삶의 부분의 규정적-비규정적 의미로부터 삶의 연관이 구성될 수 있다."[52] 딜타이에게서 중요한 것은 언어 이해 또한 필연적으로 전체들과 부분들의 상호 작용에서 수행된다는 점이다. 이 상호 작용에서 의미의 '비규정성'이 '규정'되는 것이다. "단어들이 문장에서 이 명제의 이해와 결합되는 것과 같이 체험의 연관이 삶의 과정의 의미를 만든다. 마찬가지로 이것은 역사와 관계한다."[53] '이후의 것'에 대한 '이전의 것'의 의미성과 삶의 연관의 전체, 그리고 문장의 연관 또는 어떤 커다란 의미형성체(Sinngebild)의 연관에서의 한 단어의 의미는 부분과 전체의 관계라는 동질적인 구조를 가지고 있다. 당연히 딜타이는 의미성과 의미의 병행이 제한되어 있음을 암시하고 있다 : "전체로부터의 의미 분절(Bedeutungsglied)의 규정으로서 사실(Tatsache)을 받아들이는 의미성은 삶의 관계이지 지성적인 관계, 즉 사건의 부분 속으로의 이성 또는 사고의 부설(Hineinlegen)이 아니다. 의미성은 삶 자체로부터 가져온 것이

---

50) 같은 책, 237쪽.
51) H. Schnädelbach, 위의 책, 134쪽 아래.
52) W. Dilthey, 위의 책, 233쪽.
53) 같은 책, 235쪽 아래.

다."54)

의미와 의미성의 관계가 단지 제한적으로만 규명될 수 있다는 것은 의미 생산의 과정, 곧 역사의 재해석이 임의적으로 진행되어서는 안 된다는 점을 분명히 한다. 단지 역사적 의미성을 표현하고 있는 언어적 형식들이 하나의 분명한 '작용 연관(의미 연관)'을 수립할 때만 역사적 사건들은 의식으로 다가오고 이해될 수 있는 것이다. 따라서 이 형식들은 그 속에 사건들의 '작용 연관'을 분명히 드러내야 하는 것이다. "(……) 역사는 전체이고 이 전체는 완결될 수 없는 것이다. 역사가는 사료들에 포함된 것, 즉 사건들로부터 (과정) 작용 연관을 만들어낸다. 그리고 역사가의 임무는 이 과정의 현실성을 의식으로 고양하고자 하는 데에 있다."55) 서로에 대한 그리고 전체로서의 역사에 대한 의미성의 관점에서 화설된 사건들의 통시적인 과정은 작용 연관이고, 의식으로 다가오고 이해될 수 있는 작용 연관의 표현 형식은 화설이다 : "(……) 화설자는 그가 어떤 과정의 의미 있는 계기들을 들추어냄으로써 작용한다. 역사 기술자는 인간을 '중요한(bedeutend)' 것으로, 삶의 전환을 '의미 있는(bedeutsam)' 것으로 표현한다. 역사 기술자는 일반적인 상황에 대한 어떤 작품 또는 어떤 인간의 특정한 작용에서 이 작품 또는 인간의 의미를 인식한다."56)

딜타이는 화설주의 기본 개념들을 정립하고 삶의 분석을 통하여 역사적 기술 작업에 대한 기본적인 골격을 제시하였지만 화설에 대한 이론, 언어적인 기술 수단을 스스로 기획하지는 않았다. 따라서 화설자가 과정의 의미 있는 계기들을 들추

---

54) 같은 책, 240쪽.
55) 같은 책, 241쪽.
56) 같은 책, 234쪽.

어냄으로써 작용한다는 것, 즉 전체와 개별적 계기들의 의미 접합은 연대기 작성자의 단순한 기술적 보고를 넘어서서 화설 적으로 이루어진다는 점을 그는 소홀히 다루고 있다고 슈네델 바하는 지적하고 있다. 역사가는 단순히 화설하는 것만이 아니라 화설을 통하여 '작용하는 힘'으로 기능한다는 것이다. 딜타이의 한계는, 그가 심리주의적인 관점에서만 삶, 즉 역사를 기술한 점이라 한다.57) 그러나 이 비판은 딜타이의 의도를 잘 이해하지 못한 데에 기인한다. 딜타이는 '역사회의주의자'가 "동기 (Motiv)를 통하여 구성되는 작용 연관은 의심스러운 것이다"라고 비판한 점을 심각하게 받아들이고 있다. 따라서 그는 적어도 역사 기술에서 최소한의 객관성은 보장되어야 한다고 보는 것이다. 딜타이의 기본적인 과제는 각각의 화설자가 (개별적인 인간들이) 어떤 '동기'에서 역사를 바라볼 수 있는 발판만을 삶에 내재해 있는 구조의 파악을 통해서 제시하는 것이다.58) 이러한 제한은 딜타이가 삶의 이해에서 '전기(傳記. Biographie)'가 아니라 '자서전(自敍傳. Autobiographie)'의 중요성을 강조한 것에서도 분명히 드러난다. 딜타이가 자신의 과제를 제한한 이유는, (시간의 과정과 동시성에서의) 삶의 실현화로서의 역사는 범주적으로 고찰할 때 전체에 대한 부분의 관계에서의 '구조 배열 (Gliederung)'인데, 이 관계가 (딜타이의 비유처럼, 거실 안에 물건들이 나열해 있고, 이 물건들이 이 거실 안으로 들어가는 사람에게 파악되는 것과 같은 의미에서) 객관적인 것은 아니기 때문이다. 전체에 대한 부분의 의미 관계에서 결합되는 역사 속의 사건들의 연대성은 단지 **'어떤'** 사람과 **'어떤'** 삶의 관계에서만 주어진다고 한다.59) 따라서 딜타이는 어떤 특정한 의도

---

57) H. Schnädelbach, 위의 책, 136쪽.
58) W. Dilthey, 위의 책, 259쪽 아래.

나 목적의 전제 없이 역사 곧 삶 속에 포함되어 있는 관계들을 기술하는(beschreiben) 데 그쳐야만 했었다.[60] 화설에 대한 객관적인 이론은 이러한 근거에서 사실상 불가능하다. 결국 딜타이는, 역사가가 '발전으로서의 역사적 생성'을 보편적인 목적론적 제한 없이 표현하려면, 즉 '이후의 것'에 대한 그리고 역사의 전체에 대한 '이전의 것'의 의미성을 형성하려면 전기 작가처럼 화설할 수밖에 없다는 결론을 맺는다.[61] 그러나 이러한 화설의 불가피성은, 그것이 이해의 순환 구조에 의존하고 있는 한, 개별적인 전체('하나의' 역사)를 화설 과정에서 항상 염두에 두어야 한다는 또 다른 귀결을 이끌어낸다. '화설'이라는 방법적 제한이 다시금 전체로서의 '역사'에 대한 관점이 불가피함을 드러내고 있다. 이것이 이 화설주의를 '제한 없는 상대주의'로 빠지게 하지 않을 유일한 길이자 화설주의의 한계이다.[62]

---

59) 같은 책, 243쪽.
60) 같은 책, 234쪽 아래 참조.
61) H. Schnädelbach, 위의 책, 136쪽 아래.
62) G. Scholtz, 위의 책, 315쪽 아래 참조. 숄츠는 단토가 실체주의적 역사철학의 두 가지 잘못된 (인식) 원천으로 1) 역사 전체의 개념의 전제와 2) 과거 사건에 의존한 미래의 진단을 들고 있지만, 이러한 실체주의적 특징으로부터 단토 또한 완전히 자유로울 수 없다고 주장한다. 왜냐 하면 단토가 해석학적 규준을 인정하기 때문에, 이 규준에 의하여 개별적인 것은 단지 전체 문맥에서만 이해될 수 있고, 이 전체 문맥은 언제나 더 포괄적인 전체성으로 사유되기 때문이다. 숄츠는 이 전체로서의 역사 개념이 '문제가 있는 개념'이지만 거부할 수 없는 '경계 개념'이라고 주장한다. 또한 과거 사건을 기반으로 하는 미래의 진단이라는 관점에서도 단토가 벗어날 수 없는 것은, 그가 "우리가 화설의 시초에 무엇을 선택하는가는 결말에 의해 규정된다"는 표현을 통하여 이 화설 내용의 구조 속에 '이후의 것'이 '이전의 것'에 대한 표현의 필연적인 조건임을 분명히 하고 있기 때문이다. 비록 단토가 각각의 역사의 목적은 역사가의 현재적 관심이라고 말하고 있지만, 이러한 관점에서 볼 때 단토 또한 "회귀적인 예언가(ein rückwärtsgewandeter Prophet)"라 부를 수 있다고 숄츠는 주장한다.

이제 여기서 '화설주의'라는 결론에 도달한 딜타이의 지식 이상(Wissensideal)과 그 문제점을 간략히 살펴보고자 한다. 특히 '구조(Struktur)'와 그것의 '표출(Artikulation)'의 기술 내지 서술(Beschreibung)에 국한되는 역사적 현실성의 세계에 대한 인식은 딜타이에 따르면 '개연성(Wahrscheinlichkeit)'에 만족해야만 한다. 이 개연성을 바탕으로 적어도 '용인가능성' 또는 '설득력(Plausibilität)'이라는 또 다른 차원의 합리성의 토대가 제공될 수 있다고 그는 주장한다. 딜타이는 심지어 "이성적 인간이 이보다 더한 무엇을 바라겠는가"라고 반문한다. 이러한 딜타이의 태도는 당연히 그의 반실증주의적인 경향의 발로다. 인간의 인식(결과)을 엄밀한, 마치 수학적인 정형에 담으려는 실증주의의 시도는 딜타이에게서 '자연주의적 오류' 이상의 것이 아니다. 인간을 요소화하고 정형화하는 것은 "발생론적 설명의 허구(die Fiktion der genetischen Erklärung)"에 불과하다고 딜타이는 비판한다.63) 그렇다고 해서 딜타이가 객관성에 대한 노력을 포기한 것은 아니다. 그는 "역사학파의 한계"와 "낭만주의의 내적 걸림돌"이라는 표현을 통하여 역사 인식의 학문성에 문제에 관한 그의 의사를 분명히 하고 있다. 단지 그가 반대하고자 하는 것은 역사철학의 파멸을 자초한 역사형이상학적 경향이며, 이 형이상학적 경향은 딜타이가 실증주의와 관념론에 공히 부여하는 특징이다. 이러한 거부에서 도출된 결론이 다음의 것이다 : "역사의 일반적 과정에서 법칙을 찾고자 하는 것은 쓸모 없는 짓이다. 그러나 그만큼 더 명백해야 할 것은 목적 연관이 그 자체에 법칙성의 계기를 포함하고 있다는 사실이다."64) 단지 딜타이가 비판하고자 하는 것은 역사 현실에 대한 지속적

---

63) W. Dilthey, *Gesammelte Schriften*, Bd. I, 31쪽.
64) W. Dilthey, *Gesammelte Schriften*, Bd. VIII, 219쪽.

인 탐구를 포기한 채 그 탐구의 결과를 독선적으로 정형화하려는 경향들이다. 그가 진정으로 추구하고자 하는 것은 '대상적 특수성'을 고려한 삶, 곧 역사의 "참된 객관적 철학(eine wahre objektive Philosophie)"[65]이다.

딜타이의 역사 이해의 궁극적인 목적은 역사, 즉 인간의 삶에서 작용 연관과 의미 연관의 수립을 통하여, 이 연관 속에서 "사회의 증진에 요구되는 작용들을 합목적적으로 이끌어내고, 사회적 전체의 손상을 치료할 수 있는" 능력을 확보하는 것이다.[66] 이러한 그의 목표는 '과거를 재조직함으로써 현재를 조직하는 것, 즉 독자들이 과거에 비추어 현재를 경험하고 이해하는 데 기여한다'는 현대의 화설주의(단토)의 목표와 일맥 상통한다고 볼 수 있다.[67] 이 목적의 성취가 나름대로 가능해보이는 이유는 마이네케가 말하는 것처럼 역사주의적 역사 이해가 "단순히 정신과학적 방법 이상의 것"을 함축하고 있기 때문이다. 이 방법은 오히려 "삶의 원리", 즉 "역사적 사유 일반에 뿌리내린 가치 척도와 타당성 원리"에 종속되어 있다는 것이다. 역사주의는 "학문 원리와 그것의 적용"이 아니라 "삶의 원리", "이러한 학문 원리가 생겨나오는 인간적 삶 일반의 새로운 조망"이라고 마이네케는 주장한다.[68] 역사주의가 본질적으로 삶에 뿌리를 두고 있다는 '삶의 결부성'은 이 이론의 강점이자 동시에 약점으로 평가되기도 하는 것이다.

---

65) W. Dilthey, *Gesammelte Schriften*, Bd. XX, 257쪽.
66) W. Dilthey, *Gesammelte Schriften*, Bd. XI, 237쪽.
67) Arthur C. Danto, 위의 책, 183쪽 ; R. Schaeffler, *Einführung in die Geschichtsphilosophie*, Darmstadt 1980, 253쪽 참조.
68) F. Meinecke, Zur Entstehungsgeschichte des Historismus und des Schleiermachers Individualitätgedanken, in : ders., *Zur Theorie und Philosophie der Geschichte* (Hg. E. Kessel), Stuttgart 1965, 341쪽.

5. 한계와 전망

　의미성에 근거한 역사 이해는 구체적 인간들이 실용적으로 그들의 삶을 정위할 수 있는 가능성을 삶 속에 포함된 관계들의 규명을 통하여 제시한다. 그러나 전체적이고 객관적인 조망이 없다면 이 역사 이해는 '단편적이고' '주관적'인 차원에 머물게 될 것이다. 여기서 우리는 딜타이가 의미성에 근거한 역사 이해가 '역사회의주의'에 빌미를 제공할 수도 있다고 지적한 점을 상기할 필요가 있다. 비록 단토가 역사 기술의 의미는 행위의 직접적 증거에 대한 지식의 획득이 아니라, 이 행위를 '이후의' 사건들과 연결하고 시대적 전체성의 일부분으로 인지하는 데 있다고 주장하지만,69) 어떤 행위에 대한 직접적이고 충분한 '설명'은 그가 추구하는 '조직화'의 전제 조건임을 간과해서는 안 된다. 딜타이와 드로이젠은 역사 탐구에서 사건의 설명을 목적으로 하는 경험적 연구가 필수적임을 분명히 한다. '설명-이해 논쟁'의 부정적인 결과는 해석학적 전통이 마치 실증주의의 '방법론적 독단주의'와 마찬가지로 '이해-지상주의'를 추구하고 있다는 오해다. 설명과 이해가 상보적이라는 점은 끊임없이 해석학적 전통에서 인정해왔었다.70) 객관성에 대한 노력 없이 의미성에 근거한 역사 이해를 추구한다면, 이것은 학문적인(**wissenschaftlich**) 것이 아니라 단순히 허구적인 "의지의 발로(**Willenschaft**)"에 그칠 공산이 크다.71) '의미성'의 테제는

---

69) Arthur C. Danto, 위의 책, 294쪽.
70) O. F. Bollnow, *Studien zur Hermeneutik*, Bd. 1, Freiburg / München 1982, 123쪽 아래 참조.
71) T. Lessing, *Geschichte als Sinngebung des Sinnlosen*, München 1919, 219쪽 (T. Litt, *Wege und Irrwege geschichtlichen Denkens*, München 1948, 91쪽에서 재인용).

역사 철학의 위기의 잠정적 돌파구일 뿐이다.

그러나 만일 의미성의 테제가 이성과 역사의 교차점인 인간 실존의 존재 방식에 관한 물음을 심화시킴으로써 인간에게 자신의 사회와 세계에 대한 반성을 촉진한다면, 이는 기능화, 요소화되어가는 현대 인간의 위상에서 새로운 인간 존재의 의의를 부각시켜나가게 될 것이다. 의미성에 근거한 역사 이해는 스스로에 대한 지속적인 비판적 관계를 '의미성의 조율'을 통하여 타당하게 하기 때문에, 이러한 방향에서 "통일화와 익명화의 경향에 대항하는 힘", "과속화의 경험, 점차 확산되는 불확실성과 자격 상실의 경험에 대항하는 힘", "삶의 세계에 대한 신뢰 상실에 대항하는 힘"72)으로 이 역사 이해가 자리잡을 수 있다는 가능성을 우리는 배제할 수 없다.

---

72) E. 앙게른, 위의 책, 259쪽.

역사 설명과 이해 : 칼 포퍼를 중심으로

정 보 주 (진주교대 국민윤리교육과 교수)

1. 시작하는 글

월쉬는 1951년 *Introduction to Philosophy of History*에서 당시까지도 영국에서 역사철학은 거의 관심을 끌지 못하였다고 적고 있다.[1] 그것은 19세기 역사철학에 대한 부정적인 시각에 기인한 것이다. 가디너는 이것을 다음과 같이 표현하고 있다.

"'역사철학'이란 여러 연상을 갖게 하였는데, 혹자는 19세기의 형이상학이라는 심해에서 훑어낸, 때로는 쓸데없는 (또는 낯선) 말 — 헤겔의 변증적인 언어 — 로 예언을 뿜어내려고 입을 여는 해저 괴물을 의미하기도 하며, 혹자는 철학도 아니고 그렇다고 역사도 아닌, 이 둘을 모호하게 볼품없이 섞어놓은 불가사의한 주제라고 생각한다."[2]

---

1) W. H. Walsh, Philosophy of History의 초판본. Philosophy of History (N.Y. : Harper & Row Publishers, 1968), 13쪽.
2) P. Gardiner, The Nature of Historical Explanation (Oxford:Oxford

이러한 상황은 역사에 대한 분석철학적 접근이 시작된 후, 바뀌게 되는데 그 결과 역사철학은 철학자나 역사학자 양측으로부터 관심을 갖게 되었다. 이로부터 역사에 대한 철학적 접근의 큰 갈래는, 월쉬의 분류처럼 형이상학적 접근과 비판철학적 접근으로 나누고 이를 사변적 역사철학과 분석적 역사철학이라고 칭하기도 한다. 소위 사변적 역사철학이 역사의 실제 과정에 관심을 갖고, 전우주적이고 보편적인 하나의 계획으로 역사를 보려는 데 비해, 분석적 역사철학은 역사적 탐구의 개념과 구조를 밝히는 데 관심을 가졌다. 지식의 한 형태로서의 역사에 대한 분석적 연구를 통해 역사적 지식의 전제, 성격 그리고 그것이 함축하고 있는 바를 체계적으로 반성하는 것이 주된 목적이 되었던 것이다. 이것이 영미의 역사철학의 특징적 성격이다. 이러한 경향은 1940년대의 헴펠, 콜링우드, 라일에게까지 소급된다. 이들의 주요 논문들은3) 특히 역사 설명의 문제를 분석적 역사철학자들의 주된 관심이 되게 하였다.

역사 설명을 둘러싼 논쟁의 핵심은 역사 설명의 방법론적 통일의 가능성과 역사학 특유의 성격에서 오는 특수한 설명의 가능성의 대립이다. 이것은 이미 역사가 법칙적으로 이해될 수 있느냐에 대해, 19세기말 근대 과학의 법칙주의에 고무된 방법론적 일원론인 실증주의에 반발하여 등장한 드로이젠, 딜타이, 짐멜, 빈델반트, 리케르트, 크로체 등과 같은 소위 관념론자라고 통칭되는 방법론적 이원론자들에 의해 제기된 논쟁을 연상시킨다. 물론 이들의 지적 유산은 20세기에 들어서 지식 사회학자, 현상학 및 해석학에 기초한 비판 이론가들, 그리고 분석철학 내부

University Press, 1961), xi.
3) C. G. Hempel, "Functions of General Laws in Historical Explanation", R. G. Collingwood, The Idea of History, G. Ryle, The Concept of Mind가 이러한 분석적 접근의 시작이라고 말할 수 있다.

에서의 방법론적 일원론에 대한 비판과 연관되어 있다.

그러나 19세기말적 사고는 우연성을 필연성에 정초시키기 위해서는 결국 연역적 필연성의 논리 구조를 찾아야 한다는 주장에 정면으로 맞서지 못했다는 문제점을 지닌다. 실제로 드로 이젠이나 딜타이가 보여준 체험의 이해는 그것이 심리적인 것이지 결코 논리적인 개념일 수 없다는 지적을 피할 수 없다. 그러나 20세기의 논쟁은 설명의 논리를 둘러싸고 일어난 논쟁이라는 차이를 갖는다.

이 글은 이러한 영미철학계에서 역사 설명의 문제를 둘러싸고 일어난 논리적 문제를 포퍼의 사고를 통하여 검토하려고 한다. 포퍼를 논의의 축으로 삼는 것은 포퍼의 출발이 자연과학적이었지만, 스스로 비판을 통해 역사 설명의 대안을 마련했다는 점과 그럼에도 불구하고 그가 계속해서 집착하고 있는 법칙주의, 연역주의가 얼마나 떼어내기 어려운 사고인지를 잘 보여주고 있기 때문이다.

2. 두 개의 설명 이론 : 포괄 법칙 설명 이론과 상황 논리

역사 설명에 대하여 대립하는 몇 개의 이론이 있는데, 이 중에서 실증주의 설명 이론과 합리적 설명 이론의 대립은 자연과 인간의 차이, 일반화와 비일반화의 문제, 법칙적 사고와 비법칙적 사고, 인과적 설명과 목적론적 설명의 차별성, 설명과 이해의 차이, 과학적 방법론 등의 주요 주제들을 둘러싼 대립으로 역사 설명뿐 아니라 역사학의 정체에까지 영향을 미치는 논쟁이다.

포퍼는 처음에는 설명 이론의 논리적 통일을 꾀하는 실증주의 설명 이론의 대표자였지만, 이 이론의 역사학 적용의 한계를 인정하고 합리적 설명으로 입장을 전환한 특이한 입장을 보여주고 있다. 그러나 이러한 입장의 전환에도 불구하고 포퍼는 가설-연역주의라는 방법론적 일원주의를 피할 수 없는 것으로 받아들이고 있다.

1) 포괄 법칙 설명 이론

실증주의적 역사관은 역사를 통괄하는 법칙은 거부하지만 역사적 사건과 사건을 매개하는 인과 법칙은 받아들인다. 그러한 인과 법칙에 따라 역사적 사건이 필연적으로 발생한다고 보는 것이다. 그러므로 역사적 사건의 설명은 바로 그러한 사건과 사건을 매개하는 법칙을 통해서 이루어져야 한다고 본다. 역사 전체의 진행을 지배하는 법칙은 없지만, 하나의 역사적 사건을 설명하기 위해서는 그 사건을 필연적으로 발생하도록 하는 초기 조건과 그것들을 논리적으로 연결시켜주는 법칙이 매개되어야 한다고 보는 것이다. 그러한 법칙들은 사건의 발생과 진행을 파악할 수 있도록 하는 인식론적 전제들이며 또 과학자가 찾아내야 하는 법칙들이다. 바로 이러한 사고에 기초한 역사 설명 이론이 실증주의의 설명 이론이다. 한편, 이러한 법칙주의의 과학적 이상의 배후에는 연역의 논리적 이상이 자리하고 있다. 과학이론에 대한 정합적인 체계의 요구, 법칙의 수학적 정식화 등은 근대 과학의 논리적 기초가 연역 논리에 있다는 것을 보여주기에 충분하다. 비록 중세의 과학 방법론에 대한 비판적 출발로서 경험을 중시하는 귀납법이 제기되었지만 여전히 과학의 논리적 이상은 연역 논리였다는 것을 부정할 수 없을 것이다. 이러한 근대 과학의 이상이 낳은 방법 논리는 가설-연역주의라고 칭할 수 있다.

이 근대 과학이 낳은 과학의 방법 논리는 발견과 검증 또는 반증의 논리로 작동하며 또 설명의 논리로 작동한다. 특히 설명의 논리로 작동할 때, 그것을 포괄 법칙 모형이라고 부른다. 이 설명 이론의 주된 아이디어는 모든 만족스러운 과학적 설명의 설명항은 적어도 피설명항을 논리적으로 함축하는 일반적 진술(법칙)을 포함해야 한다는 주장이다. 법칙과 논리에 의한 설명은 (1) 설명이 제공할 수 있는 지식은 일반적인, 법칙론적 성격을 지녀야 한다. (2) 법칙을 포함하지 않는 지식은 과학적이지 않다. (3) 법칙은 논리적으로 구체적인 현상을 함축해야 한다는 가정 아래서만 설명적 절차의 모형으로 취급될 수 있다는 것을 주장하는 것이다. 이들은 이 과학적 설명 이론을 제 과학에 적용할 수 있는 이론이라고 주장했던 것이며 역사학도 예외가 아니라고 말한다.

포퍼는 이러한 실증주의의 포괄 법칙 설명 이론의 대표자다. 소위 포괄 법칙 모형이 포퍼-헴펠의 설명 이론이라고 별칭되듯이 과학에서의 설명의 이상은 피설명항을 설명항 속에 포섭하는 것이며 그것은 설명항이 법칙을 포함함으로써 가능한 것이라는 게 그의 주장의 논지다. 이 모형을 요약하면 연역주의와 포괄법칙론으로 구분할 수 있다. 즉, (1) 설명되어야 하는 피설명항이 설명항으로부터 연역되어야 하며 (2) 설명항은 적어도 하나 이상의 보편적 법칙을 포함하고 있어야 한다는 것이다.

포퍼는 왜 설명이 연역적이어야 하느냐에 대해 어떤 사건이 왜 발생하지 않고 오히려 발생했는가를 설명하기 위해서는 설명항은 그 사건이 발생하지 않을 가능성을 배제하지 않으면 안 되기 때문이라고 보고 있는 것 같다. 설명이 연역적이지 않으면, 즉 설명항이 피설명항을 논리적으로 함축하지 않으면 피설명 사건이 발생하지 않을 가능성을 배제하지 못하게 될 것이며 왜 그 사건이 발생했는가를 설명하지도 못할 것이므로 설명의 연역주의적 사고 방식을 주장하는 것으로 보인다.4)

그가 포괄 법칙주의자인 까닭은 기본적으로 경험과학은 이론들의 체계며 과학적 이론은 보편적 진술이라고 보기 때문이다. (사실 이 점에서 그는 보편적 이론과 단칭 진술 사이의 차이가 없다고 보고 있다.) 이론은 우리가 '세계'라고 부르는 것을 잡으려고, 즉 세계를 합리화하고 설명하고 지배하려고 던지는 그물이다. 이것은 곧 경험과학적 활동이란 세계를 설명하고 조작하기 위해 일반화하는 작업이라는 것을 의미하는 것이다. 이런 점에서 설명이란 보편적 진술을 전제하는 것 또는 설명하기 위해서 보편적 진술, 이론을 찾아야 하는 것이 된다.

이 설명 이론이 갖는 귀결은 설명과 예견과 확인 사이의 논리적 관계에 대한 발견이 된다. 즉, 한 이론을 구체적인 사건을 예견할 목적으로 사용하는 것은 바로 그러한 사건을 설명할 목적으로 이론을 사용하는 또 다른 측면이다. 확인이나 검사도 비슷하게 관련된 개념이다. 포퍼는 모든 이론적 과학, 즉 일반화를 하는 과학은 자연과학과 사회과학을 막론하고 이러한 방법을 동일하게 사용한다고 본다. 물론 자연과 사회에 관한 이론적 과학의 방법 사이에 아무런 차이도 없는 것은 아니다. 자연과학 내부에서도 차이가 있듯이 자연과학과 사회과학 사이에 차이가 있다는 것을 인정하나 "방법의 본질은 언제나 연역적인 인과적 설명을 제공하고 그 설명을 (예견을 통하여) 검증하는 데에 있다"5)고 본다. 이 방법이 가설-연역적 방법(hypothetico-

---

4) A. Donagan, "The Popper-Hempel Theory Reconsiderd", *Philosophical Analysis and History*, ed. W. H. Dray (N.Y.: Harper & Row Publishers, 1966), 도나간은 포퍼는 연역성을 헴펠은 포괄법칙성을 더 강조하고 있다고 말하고 있다. 130, 132쪽.

deductive method) 또는 가설의 방법(method of hypothesis)이
라고 불려왔다고 말하고 있다.6) 이것이 바로 포퍼를 방법론적
일원론자라고 부르는 이유가 된다.

2) 포괄 법칙적 설명 이론의 문제

포퍼의 포괄 법칙적 설명 이론의 본질은 설명하고자 하는 사
건 또는 사상의 발생이 필연적이었다는 것을 보여주는 데에 있
었다. 그것은 곧 우리의 인식이 가장 단단한 기반 위에 섬으로
써 안심하고자 하는 사고의 관습, 사고의 문법에 기인하는 것
일 수 있다. 바로 그것이 세계에 대한 법칙적 해석 그리고 논리
적 논증으로 나타난 것이다. 그런데 문제는 이 설명 이론이 자
연과학에서도 실제로 과학적 현실을 반영하지 못했다는 점이
다. 헴펠은 현실적인 이유, 즉 통계적 법칙이 존재하고 어떤 경
우는 그 통계 법칙에 의거해 설명하고 예견할 수밖에 없는 경
우를 인정함으로써 과학적 설명이 필연성의 토대 위에 선다는
것의 한계를 스스로 인정하였다. 그리고 많은 경우 과학적 설
명들이 논증적 구조를 갖지 않는다. 그러므로 과학적 설명을
논리적 필연성에 기초시키려고 하는 것은 논리적 조작에 지나
지 않는다. 자연에 대한 과학적 태도는 그러한 수학적, 논리적
조작에 익숙해 있고 또 그렇게 함으로써 자연을 적절하게 통제
하고 예견하는 데 성공적이었다고 말할 수 있을 것이다. 그러
나 그것은 자연과학에 대한 올바른 이해는 아니다. 과학에서의
추론은 법칙으로부터의 연역이라기보다 법칙에 따른 추론이라

---

5) K. R. Popper, *The Poverty of Historicism* (N.Y. : Harper & Row
Publishers, 1961), 131쪽. 이하 *PH*로 약칭.
6) *PH*, 131쪽.

고 말하는 것이 과학의 현실을 보다 잘 반영하는 주장일 것이다.[7]

이러한 조작적, 방법론적 설명 이론을 역사에 적용할 때, 그 허구성은 더 잘 드러난다. 왜냐 하면 역사는 자연에 비해 훨씬 조작적이거나 인위적일 수가 없다는 것이 분명하기 때문이다. 이미 일회적으로 지나가버린 과거를 일반적, 보편적 법칙으로 잡아내려고 하는 것이 무슨 의미가 있는가? 우리는 과거로부터 미래를 예견하기를 바란다. 그 또한 우리의 중요한 관심사다. 그러나 과거를 하나의 사례로 보고 그 사례로부터 미래를 예측한다는 것은 얼마나 위험한 일인가? 역사를 보편적 법칙과 연역적 논증으로 설명하려고 하는 시도는 근본적으로 잘못된 시도이다. 그런데 그 잘못된 시도가 우리로 하여금 설명의 논리적 성격에 대한 본질적인 반성을 촉구하게 될 기회를 제공한다.

3) 포괄 법칙적 설명 이론의 역사 적용 실패와 상황 논리

포퍼는 역사학이 이론 과학과는 달리 보편적 법칙의 발견에 관심을 갖기보다 단칭적 언명을 발견하고 검증하는 데 관심을 갖는다고 봄으로써 서술 과학이라고 규정한다. 즉, 역사가는 분명하고 구체적인 시공간 지역의 사태 서술, 즉 소위 구체적인 초기 조건이라는 것을 발견하고, 그들의 적확성 또는 정확성을 검사하거나 체크하는 데 관심이 있다는 것이다. 역사학은 단칭적 사상의 인과적 설명에 실제로 관심을 가지며 그것이 바로 설명을 역사적이게 한다고 말하고 있다.[8]

---

7) S. Toulmin, *The Philosophy of Science* (London : Hutchinson University Library, 1967), 3장 참조.
8) 물론 단칭적 진술에 대한 관심이 역사학의 고유한 것은 아니다. 예컨대, '이 화합물은 유황을 내포하고 있다'와 같은 단칭적 가설에 대한 화학자의 검

그러나 처음 포퍼는 과학과 역사학에서 설명의 차이는 없다고 보았다. 역사학의 특징이 역사 설명을 다만 단칭적 사건과 사건의 인과 관계로만 지시할 수 있도록 만드는 것은 아니기 때문이다. 어떠한 사건이든 사건과 사건의 원인과 결과의 관계는 법칙적으로 연결되어야 한다는 것이 포퍼의 생각이었다.

"단칭 초기 조건이 서술하는 사태는 '원인'이라고 부를 수 있고 '피설명항'이 서술하는 것은 '결과'라고 부를 수 있다. …… 이 용어를 사용하려면 이 용어들이 오직 이론이나 보편적 법칙에 상대적으로만 의미를 얻는다는 것을 상기해야 한다. 원인과 결과 사이에 논리적 연결을 이루는 것은 이론과 법칙이다. 그래서 'A는 B의 원인이다'는 진술은 다음과 같이 분석되어야 한다. 즉, '독자적으로 검사할 수 있고 또 검사된 이론 T가 있다. 그로부터 독자적으로 검사되는, 어떤 구체적인 상황의, 서술 A와 연언으로, 또 다른 구체적인 상황의 서술 B를 논리적으로 연역할 수 있다.'('원인'과 '결과' 사이의 그러한 논리적 연결의 존재는 이러한 용어 사용에 바로 전제되어 있다는 것을 흄을 포함하여 많은 철학자들이 간과해왔다.)9)

그러므로 우리는 원인과 결과를 결코 무조건적으로 운위할 수는 없고 한 사상은 반드시 어떤 보편적 법칙과의 관계에 있어서만 다른 사상의 원인이 된다고 말하지 않으면 안 된다.10) 이것은 곧 원인과 결과의 필연적 관계는 원인과 결과를 매개하

증이 있을 수 있다. 그러나 이러한 경우 그 화학자의 관심을 우리는 역사적 관심, 즉 일단의 특정한 사상들이나 하나의 개별적 물체에 관한 서술이라고 말한다. *PH*, 145-6쪽.

9) K. R. Popper, *Objective Knowledge* (Oxford : Oxford University Press, 1972), 352쪽. 이하 *OK*로 약칭.

10) K. R. Popper, The Logic of Scientific Discovery (N.Y. : Harper & Row Publishers, 1965), 60쪽. 이하 LSD로 약칭.

는 보편적 법칙에 의해서 가능하며 원인과 결과의 개념 사용의 규칙인 것이다.

그러므로 역사학자가 비록 단칭적 사상들 사이의 관계에 관심을 갖는다 하더라도 그리고 비록 의식하지 못한다 하더라도 그의 기대의 지평에 속하는 모든 종류의 보편 법칙을 사용하지 않을 수 없다는 것이 포퍼의 생각이다. 다만 차이는 이론 과학은 보편적 법칙을 문제 삼는 데 비해 역사학은 단칭적 사실, 특수한 사실을 문제 삼고 또 관심을 갖는다는 것, 그리고 한편으로는 역사적 설명에서 보편적 법칙에 대한 비중이 이론 과학의 설명에 비해 약화되고 때로는 그 법칙들은 언급할 가치도 없는 것으로 보이는 경우가 대부분이라는 것이다. 그러나 그러한 법칙이 우리의 인과적 설명 가운데 무언중에 가정되어 있다는 것이다.11)

포퍼는 이러한 역사 설명의 방식을 통하여 역사 설명에서 법칙의 필요성을 주장하는 역사주의자와 역사적 사건의 일회성으로 말미암아 역사에서는 단 한 번밖에 일어나지 않고 또 '일반적'인 것이라고는 아무것도 갖지 않는 사상조차도 다른 사상의 원인이 될 수 있고, 그것이 역사가가 관심을 갖는 종류의 인과성이라는 주장 사이의 논쟁을 종식시키고자 하였다. 즉, "보편적 법칙과 특정한 사상은 모두가 어떠한 인과적 설명에나 필요하지만 이론적 과학을 제외하고는 보편적 법칙은 거의 관심을 일으키지 않는다"는 것이다.12) 다만 이때 역사적 사태의 유일무이성(uniquness)은 인정되어야 하는데, 그것은 인과적인 설명의 문제가 아니라 서술의 문제일 뿐이다. 따라서 역사학은 두 가지 관심을 갖고 있는데, 하나는 특정한 사태들에 대한 인

---

11) *PH*, 145쪽.
12) *PH*, 146쪽.

과적 설명이요 다른 하나는 그 사태 자체에 대한 서술이라는 것이다. 인과의 얽힌 실타래를 푸는 것과 이 실들이 어떻게 우연적으로 짜여졌는가를 서술하는 것이 역사에서 두 개의 과제면서 상호 보조적인 것이다.

그러므로 역사가에게 설명이란 여전히 사태를 전형적인 것으로서, 즉 사태의 종류나 부류에 속하는 것으로서 다루는 것이어야 한다는 것이 포퍼의 주장이다. "왜냐 하면 바로 그러한 경우에만 인과적 설명이라는 연역적 방법이 적용될 수 있기 때문이다."13)

그런데 포퍼는 포괄 법칙의 역사 설명을 주장하는 가운데 역사학에서 법칙의 필요성에 대한 거부할 수 없는 의문에 봉착하였다. 포퍼식의 법칙이란 단지 단칭적 사상과 사상을 연결시키기 위해서 요구되는, 그런 사소한 법칙에 지나지 않는다. 스크리븐의 표현을 빌리면 설명에 아무런 도움도 주지 않는 진부한 진리에 불과하다.14) 포퍼가 보기에도 역사학은 보편적 법칙에 대해 무관심할 뿐 아니라 더욱이 이론적 과학에서 법칙이 관찰이 관계하는 관심의 중심으로 작용하거나 관찰이 행해지는 관점으로 작용하는 데 비해 역사학에서 사용된다고 보는 보편적 법칙이란 대부분이 보잘것없는 것이요 무의식적으로 사용되는 것이므로 그러한 기능을 수행할 수가 없다는 것이 분명하다. 다시 말해서 역사에서 보편 법칙들이란 설명에서도 사소하지만 역사 탐구에서도 이론 과학에서 법칙들이 담당하는 역할조차 기대할 수 없는 것들이 된다. 역사에서 보편 법칙들은 선택 원리, 통합 원리 그리고 역사에 대한 어떤 '관점'도 제공하지 못

---

13) *PH*, 146쪽.
14) Michael Scriven, "Truism as the Grounds for Historical Explanation", *Theories of History*, ed. P. Gardiner (N.Y.: The Free Press, 1959), 465쪽.

하는 것이 된다.15) 그러나 역사에서는 일반적으로는 더 많은 선택 원리나 관점이 필요한 것이 아닌가? 그것은 또한 관심의 중심점이기도 하지 않는가? 보편 법칙과 어떤 점에서 유사한 선입견은 그러한 선택 원리나 관점을 제공하기도 한다고 포퍼는 말한다. 예컨대, 역사에서 <위인>, <국민성>, <경제 조건> 등이 중요하다고 생각하는 선입견이다.16) 그러나 이 선입견은 이론도 법칙도 아니지 않는가?

사실 관점이 없는 역사란 존재할 수가 없으므로 그러한 관점의 기능을 담당할 것이 역사에선 필요할 것이다. 그것을 포퍼는 "미리 생각해둔 선택적 관점"이라고도 말한다.17) 이 선택적 접근법이 이론 과학의 이론의 기능과 유사한 기능을 담당할 수 있다고 말한다. 그러나 그것은 법칙으로서의 기능과는 다른 것이다.

비록 역사 이론이라고 하더라도 그것은 과학 이론과 다를 수밖에 없는 것은 유효한 사실의 제한이라는 데에 있다. 그 사실들은 반복이 불가능하며 공급도 여의치 않다. 그 사실들조차도 어떤 상정된 관점에 따라 수집된 것이다. 따라서 시험이 불가능하며 어떤 의미에서 순환 논증적이다. 그렇기 때문에 포퍼는 이와 같은 역사적 이론들을 유사 이론(quasi-theory)이라고 하기도 하고18) 과학적 이론들과 구별하여 일반적 해석(general interpretation)이라고 명명하는 것이다.19)

역사에서 시험될 수 있는 과학적 성격을 지닌 이론은 드물고 관점은 불가피하다. 그런데 해석이 바로 그 관점을 나타내는

---

15) K. R. Popper, *The Open Society and Its Enemies*, Vol.II (N.Y. : Harper & Row, Publishers, 1966), 264쪽. 물론, 권력 관계의 역사, 경제 관계의 역사 등으로 역사를 제한하면 그것은 가능하다. 이하 *OSE*로 약칭.
16) *OSE*, Vol.II, 265쪽.
17) *PH*, 150쪽.
18) *OSE*, Vol.II, 265쪽.
19) *OSE*, Vol.II, 266쪽.

것이고, 그 해석은 역사적 사료들과 일치한다고 확증될 수 있는 것이 아니다. 그렇다면 역사에서 이론이란 무엇인가? 그것은 역사 설명에 하나의 설명항으로 등장할 수 있는 논리적 자격을 얻는가? 포퍼에 의하면, 오히려 과학적 이론과 비교될 수 있는 것은 역사적 가설이다. 왜냐 하면 그 가설은 시험될 수 있기 때문이다. 그런데 이 가설은 역사적 사건의 설명에서 보편 법칙의 역할보다는 가설적인 초기 조건의 역할을 수행한다. 또는 특수 해석으로서 유사 이론으로 분류할 수 있는 경우도 있다.[20] 그러나 그것은 논리적 성격상 보편적이어야 하는가? 이러한 문제점에 직면하면서 포퍼는 다음과 같이 고백하면서 다른 역사 설명 이론을 채택하게 된다.

"사실, 대부분의 역사적 설명은 암암리에 사소한 사회적 법칙이나 심리학적 법칙을 그렇게 많이 사용하는 것이 아니라 …… 상황의 논리를 사용한다."[21]

이러한 대안의 제시는 그의 가설-연역주의에 기초한 포괄 법칙적 설명 이론이 처음부터 역사학에의 적용에 실패했다는 것을 고백하는 것에 다르지 않다. 그럼에도 불구하고 포퍼는 다른 방식으로 가설-연역주의를 고수하려고 한다.

4) 대안적 역사 설명 이론으로서의 상황의 분석

상황 논리가 역사적 설명의 방법으로 도입되는 배경은 다음과 같다. (1) 역사학은 보편 법칙에 관심이 없고 특수한 사건에

---

20) *OSE*, Vol.II, 266쪽.
21) *OSE*, Vol.II, 265쪽.

관심을 갖는다. (2) 역사학에서 보편적 법칙은 대부분 보잘것없고 역사적 관찰에서 관점의 역할도 수행하기가 어렵다. (3) 사회적 (또는 역사적) 상황을 인간의 동기나 인간성의 일반 법칙으로 환원하기가 매우 어렵다. 포퍼는 이 상황 논리를 이렇게 규정한다.

"내가 의미하는 상황 분석이란, 행위자가 처한 상황에 호소하는 인간 행위에 관한 일종의 잠정적이거나 추측적인 설명이다. 이것을 역사적 설명이라고 부를 수도 있다. 아마 우리는 어떤 사상의 구조가 어떻게 그리고 왜 창조되었는가를 설명하길 원할 것이다. 어떠한 창조적 행위도 충분히 설명될 수는 없다. 그래도 우리는 추측하여, 행위자가 처한 문제 상황에 대해서 이상적인 재구성을 시도할 수 있고 어느 정도 그 행위를 '이해할 수 있게' (또는 합리적으로 이해할 수 있게) 만들 수 있다. 즉, 행위자가 파악한 행위자의 상황에 적합하게 만들 수 있다. 이러한 상황 분석의 방법은 합리성의 원리의 적용이라고 기술할 수도 있다."[22]

그러므로 포퍼의 상황 논리는 일종의 합리적 설명이다. 물론 합리적 설명의 범주에는 성향에 의한 설명에서부터 인간의 동기, 목적, 의도 등에 의한 설명을 포함하지만, 포퍼는 동기와 성향 등에 의한 심리적 견해만으로는 설명이 이루어질 수 없다고 본다. 예컨대 인간 행위로부터 의도되지 않은 결과가 나타나는 것을 경제 행위로 설명해볼 수 있는데, 어떤 사람이 싼값에 집을 사기를 원한다고 하자. 그러나 그가 집을 사기 위하여 시장에 나타나는 것 자체가 집 값을 올리게 할 가능성이 있다. 구매자로서는 전혀 의도하지 않은 결과가 나타난 것이다. 그러므로 사회적 상황은 동기와 인간성에 관한 일반 법칙으로 환원하기

---

22) *OK*, 179쪽.

가 어렵다.[23] 그러므로 상황에 대한 분석이 필요하다는 것이다.

물론 심리적인 설명이 전혀 불필요한 것은 아니다. 가령 길을 건널 때, 다가오는 차를 피하는 사람의 방식에 대한 설명은 상황을 넘어서서 그의 동기나 자기 보존의 '본능' 또는 고통을 피하려고 하는 그의 소원 등에 의해서 이루어질 수 있다. 그러나 그 설명에서 이러한 심리적 부분은 상황의 논리라고 부를 수 있는 것에 의해서 그 행위가 세세하게 결정되는 것에 비하면 아주 종종 사소하다는 것이다.[24]

이러한 상황의 논리는 결국 인간 본성의 합리성과 관련된 심리학적 가정에 기초하지 않는다는 것을 말하는 것이다.[25] 그럼에도 불구하고 포퍼는 상황 분석을 적용하기 위해서 인간의 합리성, 사회적 상황의 합리성을 일종의 사소한 일반 법칙으로 전제한다고 보고 있다. 그렇다면 인간이 합리적으로 행동하리라는 것은 인간에 대한 심리학적 고찰의 결과가 아닌 인간의 행동을 설명하기 위한 방법론적 규약이 된다. 이 방법론적 규약은 인간의 행동을 설명하기 위한 합리적 전략을 짜는 데 유용하다. 그러나 그것이 곧 개별적인 인간의 행동을 설명하는 데 결정적인 설명항으로 작동하지는 않는다. 그것은 마치 물리학의 인과율이 물리적 설명에 전제되어 있다고 주장하는 것과 같다. 포퍼는 인과의 원리를 형이상학적 원리로 가정하고 인과적 설명을 방법론적으로 받아들이는 것처럼, 인간의 합리성의 원리를 가정하고 상황의 분석을 인간 행동, 역사의 설명 방법론으로 받아들이고 있다. 인간의 합리성을 전제함으로써 포퍼는 인간의 행동과 상호 작용에 관한 비교적 단순한 모형을 구

---

23) *OSE*, Vol.II, 96쪽.
24) *OSE*, Vol.II, 97쪽.
25) *OSE*, Vol.II, 97쪽.

성하고 이 모형을 근사치로 사용하는 방법을 상황 분석에 중요 방법으로 제시한다.26) 이 합리적 구성의 방법은 그가 사회과학의 한 방법으로 추천한 영의 방법(the zero method)을 의미하는 것이다.

그런데 이 상황 분석을 도입하고 포퍼는 이것을 연역적 모형으로 짜맞추려고 한다. 이 상황 분석을 위해서 포퍼는 다음의 두 가지를 제안함으로써 가설-연역의 방법에 대한 집착을 버리지 않았던 것이다.27)

(1) 정치적 상황 모형뿐 아니라 과학, 산업 진보와 같은 사회 운동의 모형 분석이 필요하다. (2) 누군가의 역사에 미리 생각한 선택적 관점을 도입할 필요가 있다.

이렇게 함으로써 가설-연역의 방식으로 상황의 분석을 일치시킬 수가 있다. 일종의 모형이나 선택적 관점은 가설로서의 역할을 담당할 수가 있다. 사회과학의 한 방법으로서의 영의 방법은 바로 이 모형 분석의 한 예가 될 것이다. 특정한 모형을 중심으로 우리가 설명하고자 하는 역사적 상황이 어느 정도 근사하고 또는 일탈되었느냐를 고려하는 것이다. 선택적 관점 역시 이 경우 역사적 상황을 이해하는 이론의 지도적 역할을 담당한다는 점에서 가설적 역할을 담당한다고 말할 수 있는 것이다.

이러한 포퍼의 생각은 3세계론을 주장하는 가운데 분명히 드러난다. 그는 세계 3에 이론적 체계뿐 아니라 문제와 문제 상황, 나아가서 비판적 논증, 논의 및 비판적 논증 상태도 포함시킨다.28) 세계 3에서의 관계들은 세계 1에서처럼 인과적 관계가 아니라 문제 상황과 문제 상황에 대한 대답들간의 전제, 함축,

---

26) *PH*, 140쪽.
27) *PH*, 150쪽.
28) *OK*, 107쪽

적합성 등의 관계를 지닌다. 역사에 등장하는 문제 상황과 그 상황에 대한 응답으로서의 역사적 행위간의 관계는 확실히 세계 3 내부의 관계가 된다. 역사가는 이러한 문제 상황의 재구성에 의해 그 관계를 확립하고자 할 것이다. 그렇다면 "모든 역사적 이해의 주된 목적은 역사적 문제 상황의 가설적 재구성이 된다."[29] 그런데 이 상황 분석의 방법을 세계 3이라는 형이상학적 틀 속에 집어넣을 때, 가설 연역의 방법이 다시 등장하게 되고 자연과학과 인간과학 간의 방법론적 통일을 다시 꾀한다.[30]

가령, 과학의 역사를 예로 들어서 갈릴레오의 조수 이론의 등장을 이해하기 위해서, 역사가(과학사가)는 갈릴레오의 문제 상황(P1)을 재구성해야 한다. 이 재구성은 하나의 추측인데, 그 다음에는 이 추측이 해결하려고 하는 문제(Pu), 즉 갈릴레오의 이론(TT)을 이해하는 것이 된다. 이 양자는 세계 3 안에서도 서로 다른 위상을 갖는 것으로 P1에 비해 Pu는 메타 문제가 된다. 포퍼는 이 이해의 문제를 해결하기 위해 계획된 이론이 메타 이론이며 이 이론은 P1, TT뿐 아니라 TT의 실패(EE) 그리고 새로운 문제 상황(T2)이 실제로 무엇으로 되어 있는가를 발견하는 것이다.[31]

즉, 갈릴레오의 조수 이론과 관련하여 우리는 그것을 갈릴레오의 이론과 세계 3의 다른 대상들과의 관계인, 문제 상황에 관한 잠정적인 이론을 제안할 것이다. 그 다음에는 그 잠정적인 이론을 여러 사실 문헌의 증거들과 비교해서 비판하거나 논박한다. 이론과 증거 사이에 충돌이 일어나면 새로운 문제에 직

29) *OK*, 170쪽.
30) Peter Skagestad, *Making Sense of History: The Philosophies of Popper and Collingwood* (Oslo:Universitetsfolaget, 1975), 46쪽.
31) *OK*, 176-177쪽.

면하게 된다. 결국 포퍼는 역사 자체를 문제 상황과 그 문제에 대한 해결의 과정으로 파악하고, 역사 설명 역시 그러한 과정을 드러내는 것으로 보는 것이다. "행동을 문제 해결의 시도라고 해석할 수 있기 때문에 추측과 반박 또는 그 유사한 도식에 의한 문제 해결의 도식은 인간 행동에 대한 설명적 이론으로 사용할 수 있을 것"32)이라고 주장한다. 이렇게 해서 포퍼는 상황 분석과 관련하여 그의 가설-연역주의의 방법을 다시 한 번 자연과학과 역사학의 방법적 통일을 하게 되는 근거가 되게 한다. 이렇게 보면 포퍼는 그의 방법론적 일원주의를 가설-연역의 방법으로 끝까지 고수한다.

3. 포퍼의 역사 설명 이론에 대한 평가

법칙과 연역 논리를 과학적 설명의 축으로 삼는 포퍼는 역사학의 설명 또한 그러한 설명 이론이 적용 가능한 것이라고 보았다. 그것은 바로 그의 전 철학을 일관하는 가설-연역주의 논리의 적용이다. 그러나 그 엄격한 법칙주의와 연역의 논리를 역사학에 대입하려는 포퍼의 시도는 이미 그 실패를 예견하게 한다. 실제로 포퍼의 이 법칙과 연역에 의한 역사 설명은 하나의 이상에 불과하며 역사에서의 설명이란 기껏해야 가설-연역을 유비적으로 적용할 수 있는 상황 분석이 주된 것으로 나타나고 있다. 그것은 결국 역사 설명에서 법칙 사용이 불필요하다는 것, 역사의 설명이란 사건과 사건을 법칙에 의해 매개하는 것일 수 없다는 자각에서 나온다.

그런 점에서 포퍼는 역사학에서 설명의 특이성을 인정한 셈

---

32) *OK*, 179쪽.

이다. 그러나 문제는 포퍼가 이러한 반성에도 불구하고 상황의 분석에 의한 역사적 사건의 설명의 논리는 가설-연역 논리에 준한다고 생각한다는 점이다. 이러한 사고는 그의 가설-연역의 방법론의 적용 가능성이 과학의 구획 기준이라는 전제에 충실함으로써 나오는 결과다. 역사는 명백하게 자연과학의 가설-연역의 논리로 잡아낼 수 없는 것이지만 상황은 가설에 준하고 역사적 사건은 그 상황으로부터의 연역에 준한다고 보면 가설-연역의 방법론으로부터 크게 벗어난 것이 아닌 것이 된다. 또한 역사적 사건이 왜 발생했는가를 설명하기 위해서 요구되는 상황 설정은 역사학자의 인식론적인 관점에서 단지 가설에 불과한 것이라고 보면 상황을 분석하는 일은 가설을 발견하는 것에 해당하고 상황의 폐기는 그 상황으로 설명할 수 없는 역사적 자료의 발견에 있는 것이 된다. 이러한 비유법은 일견 그럴듯해보이고 또 그렇게 함으로써 역사학의 과학성을 담보해내는 것으로 보이지만 이러한 주장은 합당하지 않다. 왜냐 하면 역사에서 문헌적 자료는 그 자체 해석의 대상이지 과학에서처럼 가설을 논박할 수 있는 기초 진술의 자격을 갖는 것이 아니기 때문이다. 역사에서 상황의 분석 결과가 가설의 범주를 벗어나지 못한다는 것은 인정할 수 있으나, 어떤 단독적인 역사적 사실도 그 상황의 분석을 반증할 수는 없다. 역사의 증거, 전거들 자체가 비판적으로 검토되어야 할 대상일 뿐 아니라 역사에서는 서로 모순된 증거들조차 함께 고려하지 않을 수 없다는 것, 분석된 상황을 부정할 만한 사료가 있다 하더라도 그 사료 단독으로 반박의 역할을 하지 못한다는 것은 역사학에서는 상식이다. 그러므로 역사의 문헌적 자료들은 과학에서 이론과 구분되는 독립적인 사실의 수준과는 다르다. 그러므로 지적인 산물의 세계인 세계 3 안에서 가설-연역의 방법으로 역사 설명을

논박하는 방법을 그대로 적용할 수는 없다.[33]

  역사의 과학성을 담보해내기 위해서 역사의 설명 논리가 가설-연역의 방법론을 유비적으로 적용할 수 있는 것이라고 주장한다고 해서 역사의 설명 논리가 곧 가설-연역주의인 것은 아니다. 뿐만 아니라 역사학의 과학성을 그런 식으로 증명할 필요도 없다. 역사학은 자신의 특유한 설명의 논리를 갖고 있으며 그 논리적 특성은 오히려 자연과학에서 실패했던 가설-연역주의의 논리를 대체할 수 있도록 하는 대안으로 등장할 수 있다. 포퍼의 근본적인 문제는 바로 이러한 사고의 전환이 갖는 의미를 깊이 있게 자각하지 못했다는 데에 있다.

  그리고 상황 논리의 중요성을 인정한다면 모형 분석의 제안은 아주 비적절한 것이다. 필요한 것은 역사가가 역사 연구의 분석 모델을 가져다 대는 것이 아니라 역사에서 발견되는 전통, 문제, 문제 상황을 인정하는 것이다. 그와 같은 선입관은 이 문맥에서 가치가 없다. 문제가 되는 것은 각각의 역사적 사건에 적절한 하나의 그리고 오직 하나의 관점이 있다는 것을 인정하는 것이다.[34]

4. 맺음말

  포퍼의 설명 이론의 핵심은 법칙에 의한 설명 사건의 포섭에 있었다. 그것은 발생한 사건이 왜 필연적으로 발생했는가를 보장하는 가장 기본적인 방식이다. 어떠어떠한 초기 조건이 주어지면 어떠어떠한 사건은 규칙적으로 일어난다는 것을 앎으로

---

33) 앞의 책, 48-51쪽.
34) 앞의 책, 37쪽.

써 발생 사건의 필연성을 확보할 수 있는 것이다. 이러한 과학적 설명의 기준을 세우고 이것을 역사학에다 적용하려고 했을 때, 발생하는 문제의 가장 핵심은 역사의 설명이 대체로 법칙없이 이루어진다는 사실이다. 비록 어떤 규칙성에 호소한다 하더라도 그것은 인간의 본성에 대한 일반적인 사실에 해당하거나 일반적인 용어 사용의 경우에 해당하지 그것이 곧 일반적 법칙이라고 말할 수 없는 것들이다. 예컨대, 사람들은 생존을 위해서 노력한다든가, 사람들은 대체로 합리적으로 행동하려고 한다든가, 전쟁, 제도 등과 같은 일반적 개념을 역사가가 사용한다는 등을 마치 역사가가 일반적 법칙에 의해서 역사적 사건을 설명한다는 것을 정당화할 수 있는 것으로 혼동하는 경우가 왕왕 있다. 이러한 오류는 포퍼 자신은 물론이고, 역사의 주제가 유일무이한 사건을 다룬다는 주장에 대한 비판에 동조하는 철학자들에게도 나타난다.35)

역사가는 자신이 존재하는 시공간과 멀리 떨어진 과거를 다룬다. 그러므로 역사가가 존재하는 시점에서 과거를 보려고 해서는 안 된다. 그러나 그렇다고 해서 역사가가 완전히 자신을 버리고, 무전제로부터 출발하여 과거를 탐구할 수 없다. 역사가는 자신의 관점에서 과거를 보지 않을 수 없다. 그것은 곧 과거와 현재의 역사적 행위자와 역사가의 인간성의 유사성을 전제하는 것이다. 역사가가 자신이 합리적이라고 생각하는 기준에서 역사적 행위자의 행위를 판단할 것이다. 그러나 역사가는 그것이 전부라고 생각하지 않는다. 과거의 역사적 행위자가 현재와 동일한 합리성의 기준과 행동의 규범을 가지고 있었을 것이라고 생각하지 않을 것이다. 다만 그들 방식의 특유의 합리적 행동을 했으리라고 생각하는 것이며 그것을 이해하기 위해

---

35) W, H. Walsh, 앞의 책, 59-65쪽.

자신의 합리성의 기준으로부터 출발할 수 있을 것이라고 보는 것이다. 그러나 역사가의 방식은 실패할 수도 성공할 수도 있다. 실패한다면, 역사가는 자신의 기준으로부터 일탈된 행위를 이해하기 위한 다른 기준을 설정할 것이다. 그러므로 인간이 합리적으로 행동하리라는 것이 곧 역사적 행위자의 어떤 행위를 필연적이게 만드는 데 결정적인 것이 아니다. 문제는 역사가가 탐구하고자 하는 시대의, 그리고 어떤 특정한 역사적 행위자의 합리성의 기준이다. 그것은 시대적으로 특이하고, 개인적으로 특정한 것일 수 있다. 역사가의 관심은 바로 여기에 있는 것이다.

그러므로 법칙은 역사에서 사소하다. 그 사소성은 설명에 어떠한 결정적 도움도 되지 못한다는 것이며 결국 역사 설명에 등장할 필요가 없다는 것을 의미한다. 그 결과 포퍼에게서는 상황의 분석이 대안으로 제시되었다. 이 상황의 논리의 수용은 역사에 대한 상식적이고도 자연과학적인 사고 방식이 암묵적으로 함의하고 있는 전제들에 대한 수정을 요구한다. 즉, 역사가의 임무는 시대의 흐름을 현상적으로 파악하고 그 현상들을 법칙들에 의해서 매개하는 것이 아니라 시대마다 사건과 상황에 기저하는 배경적 요소들을 찾는 것이 중요하다는 것을 긍정하는 것이다. 그렇게 되면 시대적 상황과 특수성들의 매개는 보편적인 규칙성에 의해 포괄 법칙적으로 또는 논리적으로 이루어지는 문제로 볼 것이 아니라 역사적 상황의 밑에 깔려 있는 사건의 주제가 갖는 관점과 입장이 역사적 사건과 어떻게 맞물리는가를 아는 것이 요구된다. 역사적 사건의 필연성은 보편적 법칙에 의해서 보장되는 것이 아니다. 역사에서 필연성이란 시대를 넘어서는 필연성이 아니며 어떤 역사적 사건의 밑바닥에 가정되어 있는, 즉 전제되어 있는 근거의 필연적 산물이라고 보아야 하기 때문이다. 역사는 보편적인 법칙을 매개로 이해되고 설명되는 것이 아니라 시대와 상황의 조건에 따라 이해되고 설명되어야 하는 것이다. 그렇게 될 때, 역사를 어떤 법칙적 연결 관계로 보지 않고 그 시대적 상황과 맞물려 결정되며 또 시대적 상황 이상으로 나아갈 수 있는 가능성을 열어둘 수 있다.

그런데 포퍼는 이 상황분석론이 결국 추측과 반박의 방법론에 지나지 않으며 이 상황 분석에 가설-연역주의가 유비적으로 적용될 수 있는 것처럼 해석했다. 그렇게 함으로써 포퍼에게 상황의 분석은 단지 당시의 문제 상황과 그 문제 상황에 대한 합리적 대응으로서의 문제풀이를 재구성하는 것 이상으로 더 이상 발전되지 않았다. 포퍼는 단지 방법론적 충고로서 역사적 행위자의 행위는 합리적인 행위라는 것을 전제하고 추측하라고 말하는 것뿐이다. 그러므로 포퍼의 상황분석론은 여전히 가설-연역주의의 논리적 토대를 버리지 않으며 역사적 사건은 그 사건을 둘러싼 상황의 연역적 산물이라고 보는 것이다. 이것은 지나친 단순화일 뿐 아니라 연역주의 논리가 기초하는 전제가 함축하는 범위에서 결론이 유도된다는 사고의 다른 표현일 뿐이다. 왜 포퍼는 이러한 논리적 사고로부터 벗어나지 못하는가? 그것은 바로 포퍼가 기대고 있는 논리가 서양의 지성사를 고대로부터 지금까지 받쳐온 연역주의의 토대에 서 있기 때문이다. 포퍼는 그것을 추측과 반박이라는 아주 단순하고도 간명한 개념으로 보여주었을 뿐이다.

역사에서 제 사실들은 특정한 방식으로 늘 묶이는 것이 아니라 전혀 시간, 공간을 달리했던 사실들이 어떤 계기에서 서로 만나고 새로운 역사를 창출해낸다. 그들이 엮이는 방식은 법칙으로 묶어낼 만큼 단순하지 않으며 폐쇄되어 있지도 않다. 선행된 역사적 사건들 그리고 역사적 상황들이 후속하는 사건 발생에 필연적이라고 해도 그것은 후속된 사건이 연역 논리적으로 필연적이었다는 것을 의미하는 것이 아니다. 추상적인 연역 논리에서 결론은 전제에 의해서 폐쇄당한다. 그러나 역사에서 사건은 역사적 상황에서 폐쇄된 사건이 아니라 개방된 사건이다. 어떤 역사적 상황에서 나오는 사건도 새로운 것이며 그 역사적 상황 자체를 넘어서는 의미를 지닌다. 그러므로 역사는 미래에 대해서 개방되어 있는 것이다. 이러한 개방된 역사 자체를 잡아내는 논리는 단칭 사건을 가설적 상황에 함축시키는 논리가 아니라 역사적 시대, 상황에서 역사적 사건이 일어나는 것을 드러내주는 논리여야 한다. 상황은 사건을 포함하는 것이 아니라 상황과 사건은 중첩되어 있는 것이다. 그 중첩의 과정을 드러내주는 논리가 필요한 것이다.

데카르트에서 이성의 힘과 철학한다는 것의 의미
— 대륙 이성론 강의 노트 I*

윤 병 태 (연세대 철학과 교수)

1. 데카르트와 '철학한다'는 것의 의미

철학을 제외한 다른 학문들은 자기 자신이 누구이고 무엇인지를 근원적으로 묻자마자 스스로의 본성을 잃어버리는 묘한 습성이 있다. 가령 누가 '수학이란 무엇인가'를 묻거나 '경영학이란 무엇인가'에 대해 진지하게 묻고 답하려고 하면 할수록 수학이나 경영학의 본성에서 멀어지고 만다. 이 같은 사정은 일정한 직업을 가지고 살아가는 일상인들에게서도 마찬가지다. 만일 목수가 '목수란 누구인가'를 묻거나 경찰이 '경찰은 무엇인가'하는 문제에 전적으로 몰두하면 그는 목수나 경찰의 본성에서 멀어질 뿐 아니라 이것은 오히려 자신들의 업무 수행에 방해가 될 수도 있다. 어떤 개인에게서나 또는 학문에서나 그 스스로에 대해 묻고 해답을 추구하기 위해 고민하고 노력하는 태도야말로

---

* 이 글은 학부생을 위한 강의 노트 중 일부다.

철학의 전형적인 습성일 것이다. 다시 말해 철학은 끊임없이 자신의 본질에 대해 묻고 또 그에 대한 답의 보편성과 타당성의 검색에 몰입하는 '태도' 그 자체인 것이다. 이 때문에 서양에서는 철학이나 철학자라는 말보다 '철학한다(philosophein)'는 말이 먼저 생긴 것이다.[1]

'철학이란 무엇인가'에 대해 그리고 '철학자는 누구인가'에 대해 가장 먼저 심각하게 물음을 제기한 이는 소크라테스며, 또 이 때문에 그를 지금까지도 최초의 진정한 철학자로 일컫는 것이다. 그에 의해 궤변과 말장난이나 일삼던 소피스트가 지혜를 사랑하는 이들의 대열에서 쫓겨나고 또 그에 의해 지혜를 사랑하는 철학적 방법이 의심과 회의로 확립된다. 그는 지혜가 진리를 배워나가는 것이고 진리를 배우는 태도를 철학, 즉 지혜를 사랑하고 갈망하는 것으로 정의한다.[2] 진리와 지혜를 사랑하는 자만이 진리와 지혜가 무엇인지 그 토대에서부터 물을 수 있으며 또 그들만이 일상과 세속 속에서 생각 없이 진리와 지혜라 일컬어지는 모든 것을 그 근원에서부터 의심할 수 있다. 지혜를 사랑하기 위한 최선의 근원적 물음은 '나는 누구며 무엇인가'며 이 물음은 자아의 인식적 구도를 밝혀내려는 태도와 더불어 그 해명이 준비된다. 이와 같은 소크라테스의 철학적 문제 의식을 의식적으로 넘겨받아 그것을 시대적 상황에서 재조명한 근대의 대표적인 철학자가 데카르트다.

"철학이란 말은 지혜를 탐구한다는 뜻이다. 지혜는 세상살이에서 처세를 잘하는 것뿐만 아니라 생활이나 건강은 물론 모든 기술의 발견을 위해서, 그리고 우리가 알 수 있는 사물에 대한

---

1) 이 말이 최초로 나타난 곳은 Herodotos의 Historiae이다.
2) Platon, *Politeia*, in *Platons Werke*, Deutsche Übersetzung von F, Schleiermacher (Darmstadt : Wissenschaft Buchgesellschaft, 1971), 376b 참조. 407e, 473c, 475b 참조.

완전한 지식을 모두 포함하는 것이다. 지식이 완전한 것이 되려면 제1원인에서 연역되어야 한다. 본시 철학이란 이처럼 사물에 대한 완전한 지식을 얻는 것인데 이러한 지식을 획득하려면 제1원인인 원리들에 대한 탐구로부터 시작해야 한다. 이 원리들에는 두 가지 조건이 있는데, 하나는 이 원리들이 분명하고 변증적이어서 우리의 정신이 주의 깊게 그것들을 고찰할 때 진리성을 의심할 수 없어야 하는 것이다. 다른 하나는 사물들의 인식이 이 원리에 의존하며 따라서 다른 사물들 없이도 이 원리들은 인식될 수 있지만 반대로 이 원리들 없이는 다른 사물들이 인식될 수 없다고 하는 것이다."3) 이것은 데카르트가 『철학의 원리』라는 책의 서문에서 한 말이다. 먼저 지혜와 지식을 사랑한다는 것은 '철학(Philosophie)' 자체의 말뜻이며 소크라테스 이래 철학에 대한 정의로 확립된 것이다. 데카르트는 지혜에 대한 사랑을 '지혜의 탐구'로 바꿈으로써 학문적 능동성과 활동성을 철학하는 행위에 부여하고 그렇게 함으로써 철학에 새로운 과제와 방향을 설정한다. 말하자면 이제 더 이상 지혜에 대한 관조적 사랑이 아니라 보다 적극적인 탐구 행위를 철학의 본질로 본 것이다. 그렇다면 지혜란 무엇인가?

지혜는 상식적으로 살아가는 데 최선의 방식이다. 세상살이의 처세를 잘하는 것이 무엇을 말하는지 확실치는 않으나 제 편리한 대로 사는 것을 뜻하지 않는 것임은 분명하다. 제 멋대로 사는 것은 제 자신에게도 남에게도 도움이 되지 않으며 그렇게 사는 이 치고 처세술이 있는 자라는 말을 들을 수 없다. 진짜 처세술이 있는 이는 가장 올바른 길을 따라 살고 원칙에

---

3) R. Descartes, *Principes de la philosophie*, in *Oeuvres de Descartes*, ed. by C. Adam & P. Tannery (Paris : Vrin, 1973ff), IX-2, 2쪽. 이하에서는 AT로 약기하고 권수를 표시함.

위배되지 않으며 남과의 만남에서 언제나 기쁨을 주는 사람이다. 지혜 있다는 말의 일상적 의미가 여기에 있는 것이다. 그러나 지혜란 눈치껏 상황을 파악하고 상대방에게 환심을 살 것이나 생각하는 교활한 생활 속에 있지 않고 처해진 상황이나 사태의 본질을 완전하게 파악하는 인식적 행위를 본질로 한다. 인식한다는 것은 안다는 말이요 안다는 말은 진리를 이해하고 포착한다는 말이다. 건강을 보존하기 위해서는 무엇이 몸에 좋고 나쁜지를 완전히 알기 위해서는 훌륭한 의사가 되어야 하고 또 아는 것을 실천하기 위해서는 훌륭한 교사요 지도자가 되어야 한다.

인식은 구체적이고 경험적인 사태들에 대한 지식을 함축하지만 동시에 그 지식의 원리에 대한 탐구를 근원적으로 요구한다. 경험적 사태들이란 우리의 감각 기관에 의해 잡히는 상들이며 이 상들이 우리의 마음에 각인되고 재구성될 때 지식이된다. 이것은 경험적 지식 자체가 대상적 측면으로만 되어 있는 것이 아니고 그 대상을 대상으로 규정하는 주관적 측면을 언제나 가지고 있음을 뜻한다. 이 주관적 측면은 경험 대상적 사태와 무관한 것이 아니라 그것과의 관계 속에서만 인식적 의미가 있는 것이다. 또 이 주객 관계는 임의적이고 우연적인 것이 아니라 일정한 어떤 규칙과 원칙에 의해 짜여져 있다. 이 같은 점들을 모두 고려하여 탐구할 때 비로소 사물에 대한 완전한 지식에 도달할 수 있다.

완전한 지식에 도달하기 위해 데카르트는 제1원인들의 탐구에서 시작해야 한다고 강조하는데 이 제1원인은 건물 건축에 있어서 주춧돌 같은 것이다. 주춧돌이 튼튼하고 견실해야 건물이 무너지거나 흔들리지 않는다. 모래땅이나 물위에 높은 건물을 지을 수 없듯이 임의의 원리들 위에 진리와 지식의 체계를 쌓아올릴 수 없다. 그래서 데카르트는 제1원인의 두 가지 조건으로 확실하고 분명할 것과 근원적이고 시원적일 것을 내세운 것이다. '확실하고 분명하다'는 것은 애매하거나 모호하지 않고 누가 어디서 언제 보아도 명약관화한 것을, '근원적이고 시원적이다'는 것은 모든 구체적이고 경험적인 인식들이 바로 그것에서 시작되고 출발하고 그것 위에 쌓아올려지므로 그것 없이는 지식 자체가 불가능한 최초의 원리라는 뜻이다.

데카르트에게서 인식이 이론적으로 실천보다 앞서는 것은 이처럼 무엇에 대해 완전하게 알고난 이후에 그 안 것을 행할 수 있다는 데 제일 큰 원인이 있다. 그러나 인식한다는 것, 지혜를 추구한다는 것은 그 자체가 정신의 활동이요 실천이다. 이 활동과 실천은 잘못이나 허위가 아니라 진리를 목표로 삼으며 이 같은 태도가 일상 생활에서도 실천의 제1덕목으로 설정된다면 인식과 실천을 떼어놓고 보는 것은 잘못된 것이다. 그가 이 같은 태도를 취하고 있는 것은 물론이다.

철학이 넓은 의미에서 지혜를 탐구하고 사물에 대한 완전한 지식을 얻으며 그러기 위해 제1원리를 찾아내는 노력이라면 그것은 인식의 기초 형이상학이다. "모든 철학은 한 그루의 나무와 같다. 뿌리는 형이상학이며 줄기는 물리학이요 가지는 다른 모든 과학들이다. 그리고 이 모든 다른 과학들은 세 가지 주요 과학인 의학과 역학 그리고 도덕에 귀결된다."4) 학문의 최일선은 언제나 구체적 대상들에 대한 지식을 체계화하는 개별 과학들이고 또 이 개별 과학들이 직접적으로 우리의 생활에 도움을 준다. 데카르트는 이 다양한 개별 과학을 크게 셋으로 분류하고 그 첫 번째로 의학을 꼽는다. 의학이란 인간의 건강과 질병

---

4) R. Descartes, *Principes de la philosophie*, in *Ouevres philosophiques de Descartes*, Ⅲ, ed. by F. Alquié (Paris : Garnier, 1963ff), 779쪽.

을 다루는 것으로 학문의 역사에서 가장 오래된 것들 중의 하나지만 기초학은 아니며 종합적 응용학이다. 역학 또한 개별적 자연물들과 그 운동에 관한 학으로 그 열매는 기술이라는 점에서 응용학이요, 도덕은 인간의 사회적 삶의 구체적 상황들을 고려한 실천적 규범학이라는 점에서 요즘 식으로 말하자면 일종의 사회과학이다. 의학이든 역학이든 도덕이든 그것이 학문일 수 있기 위해서는 물리학에 토대를 두고 있어야 한다. 물리적 자연의 세계를 벗어나 있는 것은 적어도 물리적 자연계에는 없다. 인간의 정신과 영혼이 비록 특수하다고는 하나 물리적 자연으로서의 육체를 떠나 생의 본질로 확립될 수 없으며 이 점은 특히 구체적 개별 과학과의 관계에서 더욱 분명하다. 그러나 자연과 세계 본질에 대한 물음과 더불어 물리학은 기초학문이며 물리학은 보다 근원학인 형이상학의 뿌리라는 고향을 되새겨야 한다. 형이상학은 물리학의 기초 학문이며 물리학은 다른 개별 과학의 기초 학문이다. 이 셋을 체계적으로 합쳐 놓으면 철학이라는 하나의 전체 나무요 각각을 헤쳐보면 형이상학의 뿌리를 가진 물리학이 그 가지로서 개별 과학을 거느린 것으로 그려진다. 물론 개별 과학의 열매들은 인간의 구체적 삶에 어떤 방식으로든 유용한 역할을 하는 것이다.

만일 이상의 데카르트의 주장을 곧이곧대로 받아들이면 순전히 형이상학만 탐구하거나 물리학만 탐구하거나 개별 과학들에만 몰두하는 것은 제대로 철학을 탐구하는 태도는 아니다. 같은 말이긴 하지만 개별 과학과 그 성과를 무시하거나 그에 무지한 자는 비록 그가 심오한 주장들을 한다 해도 철학자는 아니며 물리학의 근본 법칙들을 고려하지 않는 이론들은 비록 그럴 듯해도 시나 문학은 될 수 있어도 철학은 아니다. 뿌리만 있거나 줄기나 가지만 있는 나무는 죽은 나무이지 산 나무는 아니며, 데카르트가 철학에 비유한 나무는 살아 있는 나무이지 죽은 나무는 아니다. 이것은 진짜 철학이란 어떤 개별적 사태를 뿌리에서부터 본질적으로 탐구하는 것이고 어떤 본질적 문제들도 그것이 세상과 자연에서 어떤 방식으로 현상하고 나타나며 어떤 궤적을 그리고 또 어떤 방식으로 우리와 세계 모두에게 영향을 끼치는지를 입체적으로 탐구하는 태도라는 뜻일 것이다.

어떤 이는 데카르트가 철학을 과학과 동일시했고 과학은 자연에 대한 단순한 인식이 아니라 정복에 그 목적이 있다고 단언한다. 그래서 데카르트는 베이컨과 마찬가지로 나무 그 자체가 아니라 그 나무의 가지에서 딸 수 있는 열매와 과일을 얻기 위해 나무를 심고 이용하려 했으며 그리하여 자연에 대한 정확한 이해를 통해 자연 정복의 가능성을 열기 위해 나무를 예로 들었다고 생각한다.[5] 그러나 과학이 자연 과학 특히 물리학을 의미하는 한, 그리고 과학과 철학의 동일시가 나무에 대한 비유에서 얻은 이해인 한 이 같은 해석은 잘못된 것이다. 비록 개별 학문이 삶에 대한 유용성을 포기하는 한, 개별 학문의 존재 값을 상실하는 것은 예나 지금이나 마찬가지이긴 하지만, 철학은 곧바로 개별 과학도 물리학도 아니며 따라서, 단순하게 철학을 과학과 동일시하거나 과학이 자연 정복의 목적이라고 단언하는 것은 지나치다. 그보다 선행하는 철학의 궁극 목적은 진리의 탐구요 진리의 탐구가 반드시 유용성을 함축하는 것은 아니다.

어쨌거나 데카르트는 지식을 다섯 단계로 나누고 그 정점이 지혜의 봉우리라고 이해한다.[6] 첫 번째 단계는 별다른 성찰을

---

5) E. M. Curley, 『데카르트와 회의주의』, 문성학 옮김(서울 : 고려원, 1993), 24쪽 참조.

거치지 않고도 가질 수 있는 분명하고 명석한 개념들(notions)에 대한 지식이다. 이것은 가령 삼각형이 세 변으로 되어 있다든가 원이 둥글다는 관념에 대한 지식이 될 것이다. 두 번째 단계는 우리의 감각에 들어오는 것들을 아는 지식이다. 일반적으로 이 지식을 주도하는 직접적인 것은 눈, 코, 귀, 입, 접촉과 같은 감각 기관이다. 이 감각 기관을 통해 성립된 지식을 우리는 상식적으로 가장 확실하다고 믿는다. 세 번째 단계는 사람들과의 대화와 담론에서 얻는 지식으로 일상 생활에서 사회 문화적 교류와 더불어 얻어지는 앎이다. 네 번째 단계는 우리의 스승들, 역사적으로 지혜 있는 이들이 우리에게 좋은 교훈을 주기 위해 쓴 책들과 가르침을 통해 배운 지식이다. 다섯 번째는 앞의 네 가지와 본질적으로 다른 지식으로 제1원인들과 원리에 대한 지식이다. 좁은 의미의 철학이란 이 다섯 번째의 지식과 지혜를 뜻한다. 넷째 단계까지의 지식이 살아가는 데 수단으로 필요한 상식으로서 지식이요 구체적 실존체로서 개인들이 자연적 조건과 문화 사회적 조건 아래서 전수받고 구성하는 지식이라면 이 다섯 번째의 지식은 그것을 뛰어넘어 근원적 원인과 존재에 대한 물음으로부터 얻은 지식이요 지혜며 보통 철학자라 불리는 이들은 이 지혜를 갖기 위해 몰두한 이들이다.[7] 이 지혜를 가진 이들만이 '최고선'에 도달할 수 있으며 최고선에 도달할 수 있는 자만이 진정한 철학자인 것이다.

그렇다면 철학의 본질로 간주되는 '제1원리'란 무엇인가? 데카르트는 이렇게 주장한다. "이 세상의 모든 것에 대해 의심하는 자라 할지라도 자기가 의심하고 있는 동안에는 그 자기가 있다

---

6) AT, IX-2, 4쪽 아래. 최명관, 「데카르트의 중심 사상」, 『방법서설, 성찰, 데카르트 연구』(서울 : 서광사, 1987), 141쪽.
7) AT, IX-2, 5쪽. 최명관, 앞의 글, 142쪽.

는 것을 의심할 수는 없다. 자기 자신에 의해 의심할 수 없으면 서 그 밖의 다른 모든 것에 대해 의심하는 이 같은 추리는 우리 의 실체가 아니라 우리의 정신, 다시 말해 우리의 생각(Pensée) 이 그렇게 하는 것이다. 이 생각의 존재를 제1원리로 삼아 이로 부터 명약 관화하게 다음을 연역할 수 있었다. 즉, 하나의 신이 있고 그가 세계에 존재하는 모든 것을 만들었다는 것, 그는 모 든 진리의 원천이므로 우리의 오성이 명석 판명하게 지각하는 것들에 대한 판단을 내림에 오판할 수 있도록 창조하지 않았으 리라는 것이다. 또 이것들은 비물질적 형이상학적 사물들에 대 해 내가 사용하는 원리들의 전부며 이로부터 나는 물체와 사물 들의 원리, 요컨대 길이, 넓이 및 깊이를 가지는 연장된 물체들 과 그 모양 및 운동에 대해 연역하였다. 말하자면 이것이야말 로 내가 거기서 다른 사물들의 진리를 연역해내는 진리의 전부 다."[8] 데카르트철학의 핵심에 담긴 말은 '내가 존재한다는 것' 과 이때 존재하는 나는 '정신이요 생각'이라는 것이며 이것이 그가 말하는 철학의 제1원리인 것이다. 아마도 신이 존재한다 는 것과 그가 진리의 원천이라는 것은 비록 그의 철학의 두 번 째 원리이기는 하나 제1원리를 위해 반드시 필요한 것인지는 여전히 의심스럽다. 또한 최고선이란 이 제1원리 위에 쌓아올 려진 진리와 지혜를 이성에 의해 찾아내는 것 이외에 다른 것 이 아니다.[9]

　데카르트에 의하면 제1원리를 찾아가는 힘도 또 그 위에 진 리의 체계를 구축하고 최고선에 도달하는 힘도 모두다 이성의 힘이다. 이성은 중세 스콜라철학에서 신앙의 도움을 받지 않고 도 그것이 비추고 가리키는 대로 찾아가기만 하면 신의 영역에

---

8) AT, IX-2, 9쪽 이하.
9) AT, IX-2, 4쪽.

도달할 수 있는 '자연의 빛'으로 이해되었는데 데카르트 역시 이 같은 이해를 그대로 받아들인다. 형이상학은 물론 물리학이나 도덕학 그리고 그 밖의 모든 개별 과학들은 이성에 의해 짜여지고 축조되어 있으므로 이성에 의해 밝혀진다. 이 이성은 곧 정신의 본질이다. 철학은 인간 이성이 비추는 모든 것이며 그 자체 이성의 활동이다. 철학은 인간과 동물을 가르는 기점일 뿐 아니라 현명한 자와 미련하고 몽매한 자를 가르는 징표이기도 하다. 이것은 국가와 민족에서도 마찬가지다. "어떤 나라든 그 국민이 깊이 철학하면 할수록 더 발전하고 세련되는 것이다. 훌륭하고 참된 철학자를 어떤 나라가 가지고 있다는 것은 그 나라의 최고의 축복이라는 것을 믿어야 한다. 개인에게서도 마찬가지다. 철학자들과 함께 생활하는 것은 누구에게나 유익하며 그 스스로 철학하는 것은 무엇보다 좋은 일이다. 스스로 철학하는 것은 마치 자기 자신의 눈으로 직접 보면서 길을 걷는 것과 같다. 이것은 여러 가지 색채와 빛의 아름다움을 즐기는 것이 눈을 감고 남의 안내를 받는 것보다 훨씬 더 근사한 것과 같은 이치인 것이다. 물론 장님이 혼자 더듬거리며 길을 가는 것보다는 남의 안내를 받는 것이 더 좋기는 하다. 여하간에 철학하지 않고 산다는 것은 눈을 감고 한 번도 떠보려고 하지 않는 것과 같다. 그리고 우리 시야에 펼쳐지는 사물들을 보는 즐거움은 철학함으로써 알게 되는 세상 인식의 즐거움에 비할 바 아니다. 마지막으로 말할 것은 우리가 길을 가는 데에 보는 눈이 중요한 것 이상으로 철학함은 우리의 행동이 제대로 된 것인지, 또 인생에서 어느 길이 가장 훌륭한 것인지를 제대로 판단할 수 있도록 우리를 이끌어간다. 야생 짐승들은 제 육체만 보존하면 되므로 멋을 것을 구하는 데만 급급하지만 인간은 정신이 본질이므로 정신의 참된 양식인 지혜의 탐구를 그 본성으로 해야 한다."10)

2. 방법적 회의

방법은 그리스어로 '길을 따라 간다(meta+hodos)'는 뜻이다.
우리가 어떤 목적지를 가려면 가장 효과적인 길을 택해야 만족
스럽게 될 수 있다. 세상에는 무수한 종류의 길이 있어서 잘못
길을 접어들면 엉뚱한 곳이 나타나는 것은 일상 생활에서 늘
있는 일이다. 일상의 물리적이고 경험적인 세계에서 뿐 아니라
인간의 내면 세계에서도 사정은 마찬가지다. 사람은 누구나 사
람으로 태어나는 것이 아니라 사람으로 되어가는 것이다. 세상
에는 허울만 사람 가면을 쓴 이들이 얼마든지 있는데 그들은
잘못된 길을 걸어온 사람들이다. 그들은 사람이라는 목적지에
도달하지 못하고 짐승처럼 어슬렁거리다 사라지게 된다. 철이
들면서 진정한 인간이 되어야 한다는 목적 의식을 가지고 거기
에 가장 알맞은 길을 찾기 위해 노력하는 것은 생각하는 인간
이 갖추어야 할 가장 초보적인 조건이다. '길을 따라간다'는 것
은 먼저 목적이 무엇인지를 설정하고 그 목적과 관계되는 다양
한 길들을 비교 분석해보고 가장 적합한 길을 찾아내는 인식적
작업과 한눈 팔지 않고 그 길을 가겠다는 실천적 의지의 종합
으로서만 가능한 것이다.

방법은 목적이 무엇인가에 따라 달라진다. 다시 말해 어디를
갈 것인지 무엇을 할 것인지에 따라 어떤 방법을 취할 것인지
를 정하게 된다. 일반적으로 목적이 좋으면 수단도 좋은 것이
되고 목적이 나쁘면 수단 또한 나쁜 것이 된다. 우리가 언젠가

10) AT, IX-2, 3쪽 이하.

좋은 지향점을 가져야 한다는 것은 이 같은 이유 때문이다. 강도를 목적으로 하는 살인과 선량한 다수 국민을 살리기 위해 독재자를 죽이는 것은 비록 같은 수단인 살인이라는 방법을 사용함에도 근본적으로 다른 의미를 가진다.

어쨌거나 데카르트에서는 철학이 진리라는 목적에 도달하기 위한 탐구 활동으로 규정되며 따라서 진리 추구의 방법이요 탐구 활동의 방법이 되는 셈이다. 그는 진리와 지혜를 찾아가기 위해서는 먼저 스스로의 생활과 행동을 규제할 수 있는 도덕을 배워야 한다고 생각한다.[11]

도덕이란 복잡한 이론 체계로 되어있는 윤리학이 아니라 어떻게 해야 할 것인지에 대한 가장 자명하고도 분명한 사회적 인류적 덕목을 습득하고 그것을 실천하는 것을 말한다. 도덕적으로 삐뚤어진 행위나 삶을 가지고는 진리나 지혜는커녕 사회적 상식의 수준에 도달하는 것조차 불가능하기 때문이다. 데카르트 자신이 직접 말하지는 않았지만 도덕적 최고의 삶은 자신뿐 아니라 인간 모두의 행복을 증대시키는 인격적 생활일 것이다. 하여간 자신의 삶과 생활에 대한 도덕적 훈련이 어느 정도 완수된 뒤에는 논리학을 공부해야 한다. 논리학은 진리와 상관없이 말이나 잘하도록 가르치는 '변증법'이나 '스콜라철학의 논리학'이 아니라 우리의 지식을 증대시키고 알지 못하는 진리의 세계를 발견하기 위해 '이성을 올바르게 인도하는 것을 가르쳐주는 논리학'이어야 한다.[12] 이 논리학을 배우는 데 무엇보다도 중요한 것은 사유의 논리적 연습으로서 수학 문제들을 끊임없이 풀어보는 훈련이 필요하다.[13] 이렇게 해서 논리학을 충분히

---

11) AT, IX-2, 13쪽 이하 참조.
12) 최명관, 앞의 글, 144쪽 이하.
13) 같은 글, 145쪽.

배운 뒤에 비로소 진리 탐구, 다시 말해 진정한 철학적 탐구로 이행할 수 있는 것이다.

한 그루의 나무를 관찰하는 데 제일 먼저 눈에 들어오는 것은 가지와 잎새 그리고 줄기다. 이것들의 일반적 특징들에 대한 경험적 분석이 끝나면 그 뿌리가 어떻게 되어 있는지를 살펴야 하고 또 그렇게 함으로써 한 그루의 나무를 종합적으로 탐구한 것이 될 것이다. 자연학과 물리학의 탐구가 철학의 시작임은 이런 이유 때문이며 형이상학으로서 뿌리에 대한 탐구와 더불어 진리 탐구가 완결되는 것 또한 이런 이유 때문이다. 방법적 회의란 자연학에서부터 그 뿌리인 형이상학의 실체에 이르는 과정 전체에 대한, 다시 말해 진리체계 전반에 걸친 데카르트적 회의를 말한다. '합법칙적인 것'이 진리 체계 전체를 목적지로 하는 '길(道)'이라면 '회의'란 이 길의 반성적 특징으로서 의심이라는 뜻이다.

의심이나 회의는 철학의 근본 태도다. 탈레스 이래, 특히 소크라테스가 사태와 개념의 본질에 도달하기 위해 끊임없이 묻고 또 물음에 대한 답에 의문점을 제기한 이래 철학의 근본 태도는 의심하는 사유 행위로 확립된다. 데카르트는 이것을 확인하고 강조함으로써 소크라테스가 행했던 철학의 혁명, 사유의 혁명을 수행하려 한다. 소크라테스와 다른 점이 있다면 데카르트는 인간 본성 자체에 대해 재점검하기를 요구하고 그로부터 학문의 체계를 수립하려고 시도한다는 것이다. "무슨 문제든 의심스러운 점들을 찾아 그것을 잘 생각해 살펴봄으로써 전에 내 마음속에 스며들어온 오류를 깨끗하게 제거할 수 있었다. 그러나 나는 의심하기 위해 의심하는, 그래서 늘 아무것도 결정하지 못하는 회의주의자들을 흉내내지 않는다. 이와 반대로 나는 흙과 모래를 걷어내고 바위를 찾아내려고 늘 노력했다."14) 이것은 데카르트가 자신의 회의의 성격에 대해 한 말이다. 그는 회의가 결코 진리를 파괴하거나 모든 주장을 쓸데없는 것으로 만들어버리는 무책임하고도 대책 없는 파괴가 아니라 진리를 뒤덮고 있는 더러운 오류들을 닦아내는 방법이라고 강조한다.

데카르트는 인간이 자연적으로나 사회적으로 제약되어 있어서 그대로는 진리를 찾아낼 수 없다고 생각한다. 게다가 인간은 어른이 되기 전에는 이성이 없거나 있다고 해도 사용할 수 없는 아이로 있어서 제가 보고 느끼고 판단한 것들이 옳은지 어떤지 판별조차 할 수 없다. 또 어른이 된다 해도 철학적으로 진리를 탐구하겠다는 문제 의식이 없이 사는 한 끝없이 제 주관적 성향이나 경향에 따라 세상을 판단하므로 오류에서 벗어날 길이 없다. 이 오류로부터 벗어나는 것은 의심하는 것이다. "이러한 잘못된 판단들로부터 해방되려면 조금이라도 불확실하다고 생각되는 모든 것에 대해 일생에 한 번은 근원적으로 의심해보는 길밖에 다른 도리가 없다. …… 확실하고 분명한 것이 무엇인지를 찾아내기 위해서는 조금이라도 의심스러운 것은 거짓된 것으로 보고 그것을 버리는 것이 현명하다."15) 이것은 방법적 회의의 근본 특징이 의심할 수 있는 모든 것을 의심하여 조금도 의심할 수 없는 어떤 확실한 지점을 찾아내는 데 있다는 것을 의미한다.

데카르트는 지식의 세 가지 형태를 순서적으로 의심하는 것이 회의의 순서라고 생각한다. 그 첫 번째가 감각적 경험지에 대한 의심이다. 감각적 경험지는 상식에서 가장 확실하고 중요하다고 여겨지는 지식이지만 곰곰이 따져보면 그것보다 더 불확실한 것은 없다. "지금까지 내가 가장 참되다고 보아온 모든

---

14) AT, VI, 28쪽 이하.
15) AT, IX-2, 25쪽 이하.

것을 나는 감각을 통해서 받아들였다. 그런데 나는 감각이 가끔 우리를 속인다는 것을 나는 경험한다. 그리고 단 한 번이라도 우리를 속인 것을 전적으로 믿지 않는 것이 현명하다."16) 감각적 경험지에 대해 인식적으로 의문을 제기하는 것은 고대 그리스철학, 특히 플라톤철학의 중요한 특징 중의 하나다. 내 감각이든 남의 감각이든 그것은 상황이나 조건에 따라 얼마든지 달라질 수 있으며 또 주체의 건강 상태나 처한 위치에 따라서도 다른 지각을 만들어내는 것을 우리는 쉽게 발견할 수 있다. 물론 내가 지금 난롯가에 앉아 있고 책을 보거나 글을 쓰고 있다는 것을 나는 내 자신의 감각으로 보고 있고 이것을 의심하는 것은 부질없는 일인 것처럼 보일 수 있다. 게다가 내 몸과 내 손이 내 것이라는 것을 내 눈으로 직접 보고 있는데 이것을 어찌 의심할 수 있으며 이것을 의심하면 미친 이 취급을 받아도 당연한 것 아닌가?17) 그러나 본시 인간이란 잠을 자고 꿈을 꾸며 "꿈속에서 미친 이가 깨어 있을 때 머리 속에 그리는 것과 같은 것을 그리기도 하고 그보다 훨씬 더 엉뚱한 것을 그려내기도 한다. 밤에 옷을 벗고 침대에 누워 잠들어 있음에도 불구하고 내가 옷을 입고 난롯가에 앉아 있다고 믿은 적이 한두 번이 아니다. …… 허나 지금 나는 깨어 있고 내 머리는 잠자지 않는다. …… 그러나 주의 깊게 생각해보면 잠들어 있을 때도 그런 착각에 가끔 속은 적이 있고 따라서 깨어 있는 것과 잠들어 있는 것을 확실히 구별할 수 있는 표적이 전혀 없음에 나는 매우 놀라고 있다. 그리고 그 놀라움이 어찌나 큰지 나는 지금 꿈꾸고 있다고 믿을 정도다."18) 꿈과 현실을 가르는 기준이 무엇

---

16) AT, IX-1, 14쪽.
17) AT, VII, 제1성찰.
18) 같은 곳.

이며 깨어 있음과 잠들어 있음의 분명한 구분점은 적어도 감각과 그 지식으로는 찾아낼 수 없는 것이다.

감각과 경험지에 이어 두 번째로 그가 의심한 것은 일반적인 것 또는 보편적인 것에 관한 지식이다. 본시 일반적으로 존재하는 것의 모양이나 형태는 의심의 대상이라기보다 확실한 대상으로 여겨온 것들이다. 감각이나 경험으로 알 수 있는 것이 불확실하고 의심스럽다 해도 확실한 것으로 보이는 것은 난로의 모양이나 나무의 모습 또는 짐승의 형태 등이다. 우리가 깨어 있든 꿈을 꾸든 난로의 모습이나 나무의 모양 또는 짐승의 형태 등은 마찬가지로 같은 것들이다. 현실의 빨간색은 꿈속에서도 빨간색이지 노란색은 아니다. 비록 우리가 꿈이나 환상 속에서 이상한 동물, 가령 용이나 인어를 그린다 해도 그것은 전적으로 새로운 어떤 것이라기보다 여러 가지 동물들의 각 부분을 이리저리 뒤섞어놓은 것일 뿐이다. 말하자면 현실적이냐 아니냐에 상관없이 일반적이고 개념적인 지식은 결코 의심할 수 없는 것처럼 보이며 이런 종류에 속하는 것으로 '물질적 본성 일반 내지 그 연장(延長) 또 연장을 가지고 있는 것들의 모양과 양, 크기와 수 그리고 그것들이 있는 장소와 지속하는 시간 등'이 있다.[19]

보편적 개념지에 이어 세 번째로 의심의 대상으로 삼은 것은 수학적 지식이다. 수학은 대수학이든 기하학이든 그 대상이 현실적이냐 어떠냐는 전혀 문제 삼지 않는다는 점에서 두 번째의 보편적 개념지와 같은 성질을 가지고 있지만 동어 반복적이라는 점에서 분석지라고도 할 수 있다. 수학은 일반적 원리의 논리성만을 대상으로 하고 따라서 예로부터 가장 확실한 지식으로 간주되어온 것이다. 내가 있든 없든, 깨어 있든 잠을 자든 둘

---

19) 같은 곳.

에 셋을 더하면 다섯이 되며 사각형의 변이 네 개라는 것은 자명하다.[20] 일상 생활에서 그것을 의심하면 저능아라는 소리를 듣기 십상이지만 데카르트는 정말 무조건적으로 자명하고 확실한지 어떤지 의심해보아야 한다고 생각한다. 여기서 주의할 점은 두 번째의 개념지와 세 번째의 수학지를 의심할 수 있는 근거를 근원적 존재자에 대한 의혹에서 찾을 수 있다는 점이다. "…… 나는 모든 것을 할 수 있는 신에 대한 관념을 가지며 그가 지금의 나를 창조했다고 생각한다. 그가 할 수 없는 일이 없으므로 신은 땅과 하늘은 물론 연장을 가진 모든 것조차도 그리고 모습과 크기와 장소 등이 실제로는 없는데 내가 그런 것들이 있다고 생각하도록 했는지도 모른다. …… 마찬가지로 둘에 셋을 더할 때마다, 또는 사각형의 변을 셀 때마다 혹은 더 쉬운 것을 상상할 경우에조차 신이 나로 하여금 잘못하도록 처음부터 만들었다고 할 수도 있을 것이다."[21] 말하자면 신은 전지전능하므로 인간이 생각하고 합리화할 수 있는 모든 것이 잘못되도록 할 수도 있고 이런 추정이 맞다면 보편적 개념지는 물로 수학적 지식도 모두 거짓이 된다. 물론 데카르트는 악령이 아니고서야 신이 그럴 리 없다는 것을 곧바로 강조하지만, 그는 우리가 습관적으로 옳다고 믿었던 모든 것에 대해 뿌리에서부터 의심해보아야 한다는 것을 가르친다.

그러나 모든 것을 의심스러운 것으로 결론을 내리고 폐기해버리면 진리를 찾는 길은 사라진다. 회의와 의심 그 자체는 확고부동한 어떤 것을 찾지 못하는 한 방황이요 포기며 절망이다. 회의가 방법적일 수 있으려면 적어도 의심을 위한 의심이어서는 안 되며 흔들리지 않는 확실성의 반석(盤石)을 찾아내야 한

---

20) 같은 곳.
21) 같은 곳.

다. 이 흔들리지 않는 확실성의 반석은 아르키메데스의 기점과 같아서 그것 위에 모든 학문과 진리의 체계를 쌓아올릴 수 있는 초석이며 또한 지렛대인 것이다. 데카르트는 이 기점을 '나는 생각한다 그러므로 나는 존재한다'는 명제로 확립한다. 이 명제는 중세와 근대를 경계짓는 이성 철학의 깃발이며 또한 현대적 합리주의의 원천으로 평가된다.

□ 참고 문헌

Descartes, R. *Oeuvres de Descartes*, ed. by Adam, C. & Tannery, P(Paris : Vrin, 1973ff).

Descartes, R. *Ouevres philosophiques de Descartes*, III, de. by Alquié, F(Paris : Garnier, 1963ff).

Platon, *Politeia*, in *Platons Werke*, Deutsche Übersetzung von Schleiermacher, F(Darmstadt : Wissenschaft Buchgesellschaft, 1971).

Curley, E. M. 『데카르트와 회의주의』, 문성학 옮김(서울 : 고려원, 1993).

최명관, 「데카르트의 중심 사상」, 『방법서설, 성찰, 데카르트 연구』(서울 : 서광사, 1987).

■ 필자 소개_(원고 게재순)

□ 박순영

한국신학대를 졸업하고 연세대 대학원에서 석사 과정과 박사 과정을 수료하고, 독일 보쿰대학에서 철학 박사 학위를 받았으며 , 지금은 연세대 철학과 교수로 재직중이다. 저서로는 『산업 사회의 이데올로기』, 『사회 구조와 삶의 질서』가 있고, 번역서로는 『해석학의 철학』이 있으며 드로이젠과 딜타이, 리케르트의 해석학 등에 관한 논문이 다수 있다.

□ 김석수

서강대 철학과와 동 대학원을 졸업하고 서강대에서 철학 박사 학위를 받았으며, 지금은 서경대 철학과에 겸임 교수로 재직중이다. 주요 저서로는 『인간이라는 심연』, 『현대인의 삶과 윤리』가 있으며, 논문으로는 「칸트에 있어서 법과 도덕」, 「칸트의 초월적 관념론에 대한 비판적 고찰」, 「반성적 판단력과 현대철학」, 「이념과 실재 — 칸트와 아퀴나스를 중심으로」 등이 있다.

□ 유헌식

연세대 철학과 대학원을 졸업하고 독일 프랑크푸르트대학에서 철학 박사 학위를 받았으며 지금은 세종대 겸임 교수로 재직중이다. 논문으로는 「새로운 의식의 출현 과정과 그 서술의 문제」, 「기억과 행위의 변증법」, 「인문학의 새로운 글쓰기에 나타난 감정의 교육을 경계한다」, 「헤겔의 역사철학에 나타난 세계사적 민족의 출현 구조」 등이 있으며, 역서로는 『헤겔』(R. 크로너)와 『역사철학』(E 앙게른)이 있다.

□ 연효숙

연세대 교육학과, 동 대학원 철학과를 졸업하고 연세대에서 철학 박사 학위를 받았으며, 교육부 국내 박사후 연수 과정(Post-Doc)을 고려대에서 수료하였다. 지금은 연세철학연구소 전문연구원, 연세대, 광운대 강사로 활동중이다. 주요 논문으로 「목적론 그리고 주체와 역사 과정」, 「의식의 자기 회의와 자기 확신의 변증법」, 「위기와 니힐리즘 그리고 유토피아」, 「헤겔의 사변적 자연철학과 목적론적 자연관」, 「헤겔에게서의 이성의 근대성과 역사성」, 「윤리적 주체와 차이의 존재론」 등 다수가 있으며, 역서로는 『칸트 : 칸트에서 헤겔까지 1』 등이 있다.

□ 선우현

연세대 철학과를 졸업하고 서울대 철학과 대학원을 수료하였으며 서울대에서 철학 박사 학위를 받았다. 지금은 사단법인 통일정책연구소 연구위원으로 재직하면서 경희대 등에 출강하고 있다. 주요 저서로는 『사회 비판과 정치적 실천』, 『우리 시대의 북한철학』, 『하버마스의 사상』(공저)가 있으며, 논문으로는 「끝없는 발전의 도정으로서의 유토피아」, 「의사 소통 행위 이론의 정치 이론적 재편 기획(1)」, 「비판적 사회 이론으로서 권력 / 지식론」 등이 있으며, 역서로는 『하버마스 — 철학과 사회 이론』(발터 레제-쉐퍼)과 『정의와 다원적 평등』(마이클 월쩌, 공역)이 있다.

□ 최성환
중앙대 철학과 및 동 대학원을 졸업하고 독일 본대학에서 철학박사 학위를 받았으며 지금은 중앙대 철학과 교수로 재직중이다. 주요 논문으로는 "Der Systemgedanke Wilhelm Diltheys" (박사 학위 논문), 「셸링의 역사 개념」, 「칸트와 헤르더의 역사 개념」, 「해석과 체계」, 「역사철학의 근본 문제와 현대의 역사 의식」 등이 있다.

□ 정보주
연세대 철학과와 동 대학원을 졸업하고 철학 박사 학위를 받았으며, 지금은 진주교육대 도덕교육과 교수로 재직중이다. 주요 저작 및 논문으로는 「윤리적 언명의 의미와 기능」, 「헴펠의 과학적 설명 이론」, 「노자의 부정의 논리」, 「도덕적 추리의 논리」, 「포퍼의 역사 설명의 논리」 등이 있다.

□ 윤병태
연세대 철학과와 동 대학원을 졸업하고, 독일 괴팅겐대학에서 철학 박사 학위를 받았으며, 지금은 연세대 철학과 교수로 재직중이다. 주요 논문으로는 "Studien zur Hegels Theorie des Selbstbewusstsiens in der Jenaer Zeit"(박사 학위 논문), 「산다는 것의 인류적 구조」, 「안다는 것의 의식적 구조」, 「헤겔의 소유 개념」 외 다수의 글이 있다.

역사와 이성

초판 1쇄 인쇄 / 2000년 11월 25일
초판 1쇄 발행 / 2000년 11월 30일

●

지은이 / 김 형 석 외
펴낸이 / 전 춘 호
펴낸곳 / 철학과현실사
서울특별시 서초구 양재동 338의 10호
전화 579-5908~9

●

등록일자 / 1987년 12월 15일(등록번호 / 제1-583호)

●

ISBN 89-7775-317-1 03100
*엮은이와의 협의에 의하여 인지는 생략합니다.
*잘못된 책은 바꾸어 드립니다.

값 10,000원